세 상 을
움 직 이 는
사 모 펀 드
이 야 기

세상을 움직이는 큰손 이야기

위험을 극복하고
초과 수익을 얻는
투자의 비밀

사친 카주리아 지음
장용원 옮김

블랙스톤, 칼라일, KKR…,
0.1% 슈퍼리치는 누구에게 돈을 맡기는가

길벗

목차

비평가는 중요하지 않다. 어디에서 실수했고, 어떻게 하면 더 잘할 수 있을지 지적하는 사람은 중요하지 않다. 칭찬과 공功은 먼지와 땀과 피로 범벅이 된 얼굴로 경기장에서 용감하게 싸우는 사람에게 돌아가야 한다. 실수와 결함이 없는 노력은 없기에 이런 사람은 실수도 하고, 몇 번이고 실패도 한다. 하지만 일을 성취하기 위해 열심히 노력하는 사람이다. 이런 사람은 열정이 무엇인지, 전념한다는 것이 무엇인지 안다. 소중한 이상을 위해 자신을 내던진다. 이런 사람은 결국 높은 목표를 성취하는 데 따르는 승리감을 맛볼 것이다. 최악의 경우 실패한다 해도 담대히 맞서다 실패하기 때문에 승리도 패배도 모르는 미적지근하고 소심한 사람들과는 차원이 다르다.

- 시어도어 루스벨트Theodore Roosevelt,《공화국 시민Citizenship in a Republic》

일러두기

◇ 우리가 흔히 사용하는 '사모펀드'라는 용어는 영어로 Private Equity Fund_{PEF}로 표기하며 사모펀드를 운영하는 회사는 Private Equity_{PE}로 표기하여 서로 구분됩니다.

◇ 이 책에서 저자는 사모펀드 자체를 의미하는 프라이빗에퀴티_{Private equity}뿐만 아니라 신용, 부동산, 천연자원, 인프라, 성장자본투자 등 사모펀드 회사가 구사하는 다양한 대체자산 투자 전략을 아울러서 '사모펀드'로 사용하고 있습니다,

◇ 따라서 이를 구분하기 위해 사모펀드 회사가 설정한 펀드_{Private equity fund}는 '사모펀드'로, 사모펀드를 통해 투자한 투자금은 '사모자본'으로 표기했습니다.

◇ 책 속 사례에 등장하는 사모펀드 회사_{Private equity firm}는 동어 반복을 줄이기 위해 굵은 글씨로 '회사'라고 표기했습니다.

연간 운용 보수 2%에 투자 수익의 20%. 사모펀드가 투자자에게 받는 총 수수료다. 사모펀드는 수탁 자금을 운용하는 보수는 물론이고 수익의 일정 비율을 보수로 받는다. 그것이 2%와 20%다. 펀드에 따라 차이는 있지만 '2+20'이라는 공식은 사모펀드 업계의 표준으로 자리 잡았다. 이런 보상이 있기에 사모펀드 회사는 엄청난 부를 창출할 수 있었다. 이 보상은 위험을 무릅쓰고 돈을 투자하는 사람들의 목표와 그들을 대신해 수익을 추구하는 사람들의 목표가 일치하도록 만드는 매개체다. 쉽게 말해 투자자가 돈을 많이 벌수록 사모펀드 회사도 돈을 많이 버는 구조, 즉 윈윈 모델이다.

오늘날 사모펀드는 모든 형태의 사모자본private capital을 합해 12조 달러 규모(한화로 1경 5,300조 원에 달한다-옮긴이)의 산업이 되었다. 사모펀드는 2010년대에 두 배 넘게 성장했고, 2030년이면 20조 달러를 넘어설 것으로 보인다. 사모펀드의 가장 기본적인 사업 구조는 부실화되거나 성장을 위해 자본이 필요한 기업에 돈을 투자해 기업 가치를 올린 다음 되팔아 수익을 내는 것이다. 이렇게 말하면 참으로 간단하게 들릴 것이다. 거래의 득실을 따지는 것만으로는 사모펀드 전문가라 불릴 수 없다. 유능한 CEO처럼 온갖 불투명한 자료들 사이에서 기업 내부의 본질적 경영 실태를 파악해야 한다. 게다가 사모펀드는 대부분 지배적 지분에 이르는 투자를 하기 때문에 투자 후 경영에 직접 참여하는 소유주로서 활동한다. 즉, 이들은 직접 요리해서 그 결과물을 먹는다. 그 때문에 모든 것이 달라진다.

현재 사모펀드가 전 세계 경제에 미치는 영향은 아무리 강조해도 지나치지 않다. 사모펀드는 화학, 에너지, 전력, 은행, 보험, 소매업, 항공우주, 정부, 제조업, 미디어, 통신, 레저, 엔터테인먼트, 의료 서비스, 제약, 기술 등 거의 모든 영역에 진출해 있다. 게다가 전통적으로 월스트리트의 영역으로 생각하지 않는 분야, 예컨대 학교, 식품 저장 시설, 데이팅 앱, 족보 추적, 군사 및 정보 기술 등에도 투자한다. 투자를 위해 이용하는 수단 또한 어지러울 정도로 다양하다. 투자용 자본을 먼저 조성한 뒤 필요에 따라 약정자금을 인출하는◆ 전통적인 방식의 사모펀드가 있고, 증시에 상장된 사모펀드도 있으며, 최근 급성장하고 있는 정해진 투자 기간 없이 존속하는 사모펀드(이른바 '영구' 자본 또는 '영속' 자본)도 있다. 연기

◆　약정자금 인출draw down 투자자가 사모펀드에 납입하기로 약정했더라도 그 돈이 바로 납입되지는 않는다. 투자가 금방 이루어지는 것이 아니기 때문이다. 약정한 돈은 투자가 이루어질 때마다 납입된다. 투자자는 돈을 납입하겠다는 약정을 하고(법적 효력이 있는 계약서 작성), 사모펀드는 투자자금이 필요하면 투자자에게 통보하는데, 이 통보를 '캐피털 콜 capital call'이라고 한다. 이런 식으로 자금이 납입되는 것을 약정자금 인출이라고 한다.

금이나 기타 투자자 또는 사모펀드 회사의 자체 자금으로 일회성으로 투자하는 특수목적법인도 있다. 시장에 확실하게 자리 잡은 사모펀드 회사만도 수백 개에 이르고, 수백 개의 신생 회사가 더 있다. 해마다 많은 사모펀드 회사가 새로 설립된다. 이 산업의 정점에는 10여 개의 대형 회사가 자리 잡고 있는데, 그중에서도 규모가 큰 블랙스톤Blackstone이나 칼라일Carlyle, KKR 등과 같은 회사는 증시에 상장되어 있다. 이렇게 복잡하다 보니 업계에 대해 잘 모르는 사람은 길을 잃기 십상이다.

블랙스톤은 8,750억 달러가 넘는 자산을 운용하고 있다. 몇몇 회사는 몇 년 안에 1조 달러가 넘는 자산을 운용하겠다는 야망을 숨기지 않는다. 증시에 상장된 대형 사모펀드 회사들이 운용하는 자산만 합해도 2조 5천억 달러(한화로 약 3,350조 원)가 넘는다. 이것만으로도 펀드 운용 규모가 어마어마하다는 생각이 들겠지만, 레버리지◆ 효과를 감안하면 각 회사의 실제 구매력은 훨씬 늘어난다. 사모펀드에 자금이 투입되면 그 돈을 기반으로 부채를 일으킬 수 있기 때문이다. 사모펀드에 모금되어 아직 집행되지 않은 돈(이를 '드라이 파우더'◆◆라 부른다)은 그 돈을 기반으로 한 부채까지 더해져 몇 배로 불어나 투자된다. 10억 달러의 투자금을 모집해 30억 달러의 부채를 일으켜 40억 달러의 구매력을 만든다. 사모펀

◆　　레버리지leverage 기업이 운영 비용을 조달하기 위해, 또는 투자자(혹은 투자자를 대신한 사모펀드 회사)가 투자하는 돈의 구매력을 늘려 투자 수익을 증대시키기 위해 이용하는 차입금을 말한다. 사모펀드는 프로젝트의 성과를 더욱 높이기 위해 부채를 이용한다.

◆◆　드라이 파우더dry powder 사모펀드 등의 펀드에 모금되었으나 아직 투자 집행이 이루어지지 않은 돈을 말한다.

드 회사가 운용하는 모든 형태의 사모자본이 투자자금을 기반으로 부채를 일으킨다고 생각해 보라. 투자할 수 있는 돈이 수조 달러에 이를 것이다.

아이들 세대가 되면 사모펀드 산업은 수십조 달러의 자산을 운용하게 될 것이다. 이 산업은 거대하고 수익성이 높으며 우리 경제의 거의 모든 분야에 손을 뻗치고 있다. 하지만 일반인은 사모펀드에 아예 관심이 없거나, 있다고 해도 사모펀드의 운용 실태를 잘 모른다. 사모펀드에서 운용되는 자금 상당 부분은 앞으로 은퇴할 사람들의 돈이다. 그런데도 은퇴예정자들은 자신이 노년에 사용할 연금을 만들어주는 산업에 대해 거의 모르고 있다. 여기서 말하는 사람은 교사나 소방관을 비롯해 앞으로 연금 수급자가 될 전 세계 수천만 명에 이르는 근로자다.

사모펀드는 눈에 띄지 않게 성장해왔다. 이 업계는 아마존이나 테슬라, 애플 같은 빅테크 기업처럼 대중적으로 알려진 경영자를 배출한 적이 없다. 하지만 활동 영역은 놀라울 만큼 넓다. 투자자들은 더 높고 안정적인 수익을 주는 사모펀드로 몰린다. 사모펀드 회사가 신용이나 부동산, 인프라 등 기존과 다른 투자 전략을 도입하자 투자자들도 그 전략에 돈을 배분했다. 대형 사모펀드 회사는 다양한 대체 투자를 한 곳에서 처리할 수 있는 원스톱 서비스를 제공한다. 하지만 월스트리트 외부에 있는 사람들은 대부분 사모펀드가 무엇인지조차 모른다.

이런 지식 비대칭은 바뀌어야 한다. 사모펀드 업계에서 무슨 일이 일어나고 있으며, 배후에서 조종하고 있는 사람들의 특성과 동기유발 요소가 무엇인지 알 때가 되었다. 그것이 이 책을 쓴 목적이다.

사모펀드 업계 사람들은 2007~2008년 금융위기의 대혼란에 깊숙이 개입되어 있던 월스트리트의 '빅뱅크'에 대해 생각하고 말하는 데 매우 익숙하다. 그들은 실리콘밸리의 빅테크와 IPO(기업공개)에 집착한다. 일상에 스며든 빅테크의 영향력과 성공한 기술기업이 창출하는 천문학적 규모의 부 때문이다. 401(k)(미국의 확정기여형 기업연금 제도-옮긴이)에 가입한 사람이라면 애플이나 마이크로소프트, 아마존, 구글 등의 두문자 약어(티커)를 알고 있을 것이다. 이 회사 주식들의 동향에 자신의 퇴직 후 소득이 걸려 있다는 사실을 알기 때문이다. 그렇다면 사모펀드는 어떤가? 사모펀드를 통제하는 소수의 대가나 그 밑에서 돕는 사람들에 대해 아는 사람은 거의 없다. 이들이 실질적으로 연금 수급자의 돈을 꽉 움켜쥐고 있는데 말이다. 이 엘리트 계층은 일반인의 입에 거의 오르내리지 않고 있다. 내가 이 책을 쓴 이유는 2+20을 뛰어나게 잘 수행하고 있는 이들의 특성과 기질, 그리고 이들이 뛰어난 성과를 내도록 하는 기업 문화를 세상에 알리기 위해서다.

2+20은 사모펀드 업계 전반적으로 통용되는 수수료 구조지만 실제 투자 성과는 개별 사모펀드나 회사에 따라 천차만별이다. 어떤 회사는 뮤추얼펀드나 인덱스펀드, 상장지수펀드ETF보다 높은 투자 수익을 훨씬 낮은 비용으로 지속해서 창출하는가 하면, 어떤 회사는 S&P500 지수의 수익률조차 따라잡지 못한다. 많은 사모펀드 회사가 초과수익을 창출해 투자자에게 돌려줄 수 있는 것은 직원들에게 높은 보상을 약속하기 때문만은 아니다.

지난 20년 사이 사모펀드는 투자은행과 헤지펀드를 대체해왔다. 오늘날 사모펀드는 금융 부문에서 가장 재능 있는 젊은이들이 성공을 찾아모여드는 곳이다. 사모펀드는 사람 장사다. 따라서 성공의 이면에 있는 마법은 일정 부분 이렇게 모인 사람들이 이기기 위해 어떻게 행동하고 어떻게 자신을 다스리는가에 달려 있다. 이들은 회사의 문화라는 거시적 틀 안에서 상호작용을 한다. 승리하겠다는 마음가짐을 견인하는 것은 이런 환경과 강한 동기다. 이 책을 통해 나는 이들의 동기를 유발하는 요소, 이들의 야망과 믿음이 업무에 미치는 영향, 사모펀드가 투자한 회사의 경영진이나 기타 이해관계자와의 제휴 등을 파헤칠 것이다. 일이 잘못되었을 때는 어째서, 왜 그런 일이 생겼는지, 해결 방법은 무엇인지 등에 대해서도 다룰 것이다.

사모펀드의 내부를 들여다보고 관련된 사람들의 심리까지 헤아리면 어째서 특정 펀드나 회사가 다른 회사들보다 더 좋은 실적을 거두는지 알 수 있을 것이다. 당신이 사모펀드 업계에 취업하고 싶은 젊은이든, 경험 많은 전문가든, 투자자든 간에 이 책에서 당신에게 필요한 정보와 재미를 얻을 수 있기를 바란다. 나는 이 책을 통해 당신이 비즈니스 세계에서 가장 크고, 가장 빠르게 성장하고, 가장 영향력 있으며, 가장 불투명한 왕국을 이해하고 헤쳐나가는 데 필요한 지식과 통찰력으로 무장하길 바란다.

이 미로를 안내할 사람으로 나를 믿어야 할 이유는 무엇일까? 사모펀드에서 거래가 이루어지는 동기유발 요소를 파악하기란 업계 외부인에게는 어려운 일이다. 사모펀드에서 일하고자 하는 열망이 있거나 사업적 또는 재무적 안목이 있는 사람이라 해도 마찬가지다. 나는 이 업계에 25년간 몸담았다. 처음에는 투자은행가IB로 시작했지만, 나중에는 대형 사모펀드 회사의 파트너로 활동했다. 나는 이 산업의 열렬한 지지자이며 대형 회사 여러 곳에 직접 투자하는 적극적 투자자이기도 하다. 나는 사모펀드의 내막을 잘 알 뿐만 아니라 이제는 독립적인 입장이다. 나는 의도를 숨긴 말을 하거나 에둘러 말하는 것을 싫어하므로 있는 그대로 이야기할 것이다.

나는 사모펀드 산업이 얼마나 많은 백만장자나 억만장자를 배출했고, 이들이 내야 할 세금은 얼마이며, 이들은 공석이나 사석에서 어떤 행동을 하는지 등을 다루는 가십성 뉴스를 넘어서려 노력했다. 나는 2+20 이면에 있는 본질, 즉 거래의 성사에 초점을 맞췄다. 이것은 시장 수익률을 뛰어넘는 프로젝트를 개발하고 실행해 성공한 투자 전문가에게 직접 배운 것이다. 그들이 그 자리에 갈 수 있었고 그만큼의 부를 축적한 것은 투자자에게 높고 꾸준한 수익을 안겨주었기 때문이다.

각 장마다 가상의 투자 사례를 통해 사모펀드 업계의 사고방식을 다양하게 살펴볼 것이다. 사건이나 상호작용을 먼저 살핀 후 이것을 통해 사모펀드 상층부에서는 실제로 어떤 일이 일어나고 있는지 알아보는 식이다. 이들 이야기 중 일부는 실제로 있었던 거래나 사건에서 가져왔다. 물론 비밀을 지켜야 하므로 세부적인 내용은 감추거나 바꾸었다. 가상의 사례지만 투자에 얽힌 이야기에 초점을 맞춘다면 가치 있는 교훈을 얻을 수 있을 것이다.

내가 강조하는 원칙을 하나로 모으면 일종의 전략서, 다시 말해 사모펀드를 성공적으로 운영하는 지침서가 될 것이다. 갈수록 경제 시스템의 중요한 한 축이 되어가는 사모펀드에 생명력을 불어넣는 것이 바로 사모펀드의 행동 패턴이다. 우리는 경제의 재무 건전성을 유지하는 데 중요한 역할을 하는 이 산업을 제대로 알아야 한다.

'사모펀드'라는 말에서 좋은 것을 연상하는 사람도 있지만 불쾌감을 느끼는 사람도 많다. 사모자본에 관한 이야기에 긍정적인 시선을 갖게 하는 것이 나의 바람이기는 하지만, 내가 몸담았던 산업에 대해 최대한 객관적으로 쓰려고 노력했다. 그래서 있는 그대로, 잘못된 점들까지도 낱낱이 밝힐 것이다.

당신이 이 책의 마지막 페이지를 넘기며 내가 한때 일부를 담당했던 산업의 생생한 모습을 알게 되었다고 느낀다면 좋겠다. 그리하여 전 세계의 펀드 분야에서 점점 커지는 이 산업의 역할을 잘 이해하게 되기를 바란다.

이해하면 그만큼 개선의 가능성도 커질 것이다.

우리는
최고의 게임을 한다

01

PRIVATE EQUITY FUND

세계 경제가 무너졌다.

서브프라임 모기지(비우량 주택담보대출) 손실로 발생한 작은 틈이 전세계 금융 시스템에 엄청난 충격을 가했다. 평범한 시민들은 지독한 경기 침체에 직면했다. 실업률은 두 자릿수를 향해 치솟았고, 집을 가진 사람들은 압류의 늪에 빠져 허우적댔다. 신용경색이 발생하자 연방준비제도이사회(연준)는 금리를 큰 폭으로 떨어뜨렸다. 가계와 기업을 살리기 위해 각국 정부는 대규모 경기 부양과 국유화라는 마지막 수단에 기댈 수밖에 없었다. 미국 정부는 어쩔 수 없이 주택담보대출 회사 패니메이 Fannie Mae와 프레디맥 Freddie Mac에 공적자금을 투입하기로 했다. 그로부터 일주일 뒤 상상할 수도 없던 일이 벌어졌다. 대형 투자은행♦ 리먼 브라더스 Lehman Brothers가 파산 신청을 한 것이다. 역사상 가장 큰 규모의 파산이었다.

2008년이었다.

맨해튼 미드타운에 있는 시그램 빌딩 37층, 떡갈나무 목재로 벽을 두른 임원 회의실에 사모펀드 회사의 파트너 열한 명이 모여 이번 사태에 관한 이야기를 나누고 있었다. 다음에는 무슨 일이 일어날 것인지, 어떻게 하면 이 위기를 이용해 돈을 벌 수 있을지가 주요 논의 내용이었다.

♦ 투자은행Investment bank 복잡한 금융 거래를 중재하거나 자문에 응하는 금융기관이다. 예컨대 주식이나 채권의 발행을 인수·주선underwriting하는 방법으로 기업을 위해 투자자로부터 자금을 모집한다. 인수·합병을 하려는 기업에 금융 자문을 제공하기도 한다. 대부분의 투자은행은 주식, 채권, 파생상품 같은 증권 거래도 하고, 일부 투자은행은 자산 운용 같은 활동을 하기도 한다. 이 책에서 사용하는 '월스트리트 은행'이라는 표현은 골드만삭스나 모건스탠리 같은 대형 투자은행을 뜻한다. 대형 투자은행은 사모펀드 회사에 기업 매수, 매각 및 재융자에 관한 자문을 제공하고, 이들 기업의 주식(예컨대 IPO)이나 채권(예컨대 하이일드 채권)의 발행을 인수·주선한다.

이 **회사**의 투자자 중에는 독일의 지방 공무원 퇴직기금도 있었다. 평균 3만 유로의 연봉을 받는 바이에른주의 공무원들은 뉴욕에 있는 거대 자산운용사가 자신들을 위해 일하고 있다는 사실을 모르겠지만 말이다.

회의실을 압도하는 타원형의 프랑스산 호두나무 테이블 앞쪽에 **회사** 설립자가 앉아 있었고, 그 옆으로 파트너 열 명의 자리가 배치되어 있었다. 이들이 앉은 의자도 테이블과 같은 나무로 만들어져 품격 있다는 느낌을 주었지만 팔걸이가 없었다. 설립자의 의자만이 달랐다. **회사** 로비의 엄청나게 비싼 계단과 같은 재질인 티타늄 합금으로 만들어진 이 의자는 의자라기보다는 마치 왕좌 같았다. 설립자가 없을 때도 이 의자에는 아무도 앉으려고 하지 않았다. 조명은 너무나 밝아 병원 응급실에 달아도 손색이 없을 것 같았다. 바닥에서 천장까지 이어진 통유리를 통해 유럽풍의 부티크가 늘어선 파크 애비뉴의 화려한 모습이 내다보였다. 하지만 한 치 앞도 보이지 않는 세계 경제의 위기 속에서 누구도 한가로이 경치를 즐길 여유는 없었다.

오전 11시 45분이었다. 6시간 전에 일어난 설립자는 지금까지 빡빡한 일정을 소화했다. 햄프턴 해변에 있는 저택에서 뉴욕까지 헬리콥터를 타고 이동한 뒤, US오픈 상위권 테니스 선수와 한 시간 동안 격렬하게 땀을 흘린 다음, 하버드 클럽의 전용 식당에서 연준 이사와 간단한 아침 식사를 하며 현재의 경제 상황을 논의했다.

설립자는 40대 초반에 억만장자가 되었다. 그는 침착하고 확신에 찬 모습으로 입을 열었다. 방 안에 있는 모두에게 하는 이야기였다. 목소리는 부드러웠고 발음은 정확했다. 태도는 딱딱했지만 연륜과 위압감이 뒤섞인 위엄이 있었다. 그는 몸을 앞으로 기울인 채 이야기했다. 깔끔하게

세상을 움직이는 사모펀드 이야기

다듬은 두 손은 테이블 위에 놓인 노란 괘선지 묶음과 두꺼운 엑셀 프린트물 위에 올려져 있었다. 그는 아무런 망설임이나 감정 없이 견해를 밝혔다. 의견이라기보다는 사실 진술 같았다. 30년이 넘는 동안 그가 투자에서 손해를 본 것은 단 두 번뿐이었다. 그래서 그에게서는 주변 사람뿐만 아니라 경쟁자로부터도 존경을 받는 사람 특유의 자신감이 묻어났다. 모든 사람이 **회사** 밖에서 벌어지고 있는 사회적·경제적 재앙에 마음을 빼앗겨 아무런 주의도 기울이지 않고 있을 때도 그는 새로운 투자를 계획하고 있었다.

"전에도 본 적 있는 광경이오. 유럽은 몇 달 늦게 미국을 뒤쫓아오곤 하지. 유럽이 곧 세게 한 방 맞을 거요, 아주 세게. 뭐에 맞았는지도 모를 테지. 그들이 원인을 찾기 전에 이 회사를 매수할 수 있게 작업을 마무리하세요. 곧 가격이 급락할 테니. 자, 준비합시다."

건물 안의 공기처럼 냉랭한 표정으로 듣고 있었지만, 파트너들 역시 설립자의 말이 맞다는 사실을 알았다. 벽을 따라 빙 둘러앉아 있던 중간급 및 초급 간부 열다섯 명은 설립자의 지시를 마음속에 새기며 그 지시를 이행할 세부 계획을 머릿속에 그려보았다. 이들은 설립자의 말이 황금이나 되는 듯 뉘앙스와 몸짓까지 하나도 놓치지 않으려고 눈을 반짝이고 있었다. 모두 맞춤 양복을 입고 값비싼 단화를 신고 있었지만 파트너들은 넥타이를 매지 않았다. 한쪽 구석에서는 변호사 세 명이 필요한 내용을 받아 적고 있었다. 이따금 하는 이들의 조언으로 인해 회의에는 변호인-의뢰인 특권에 따른 비밀 보호의 혜택이 주어졌다.

이것이 **회사** 투자위원회◆의 일반적인 풍경이었다. 투자위원회는 의결권을 가진 파트너들로 구성된 의사결정기구로, 나머지 참석자들은 참

관인이나 배석자였다. 위원회는 동부 표준시로 매주 월요일 오전 10시에 어김없이 개최되었다. 위원들은 이미, 세 명의 투자 전문가로 이루어진 투자팀♦♦이 이번 프로젝트를 위해 주도면밀하게 작성한 46쪽짜리 투자 보고서♦♦♦의 분석 내용을 90분에 걸쳐 샅샅이 검토한 다음이었다. 투자팀은 열흘 동안 밤낮을 가리지 않고 이 보고서에 매달렸다. 이들은 설립자에게서 받은 지침뿐만 아니라 최종 시안에 대한 각 파트너의 피드백을 반영한 다음 위원회가 개최되기 며칠 전 보고서 완성본을 배포했다. 투자 보고서에는 컨설턴트, 회계사, 변호사 등에게서 받은 의견과 꼼꼼한 보충 자료 및 월스트리트 대형 은행들로부터 받은 융자 조건 등이 들어 있었다. 하지만 진행 여부는 투자 건을 냉철하게 분석한 뒤 내리는 결정에 달려 있었다.

◆ **투자위원회**|Investment committee **사모펀드 회사의 파트너(설립자가 아직 회사에 남아있다면 설립자 포함)로 구성된 의사결정기구다. 이들은 주기적으로 모여 투자 안건을 승인하거나 불승인하고, 투자 프로젝트의 진척 상황을 논의하며, 운용하는 펀드의 성과를 검토한다. 일반적으로 직급과 관계없이 회사의 모든 투자 전문가를 참여시킨다. 대형 사모펀드 회사의 투자위원회는 개최 빈도가 잦고(예컨대 주 1회), 해외 사무소 직원들도 화상 회의 방식으로 참여시킨다. 투자위원회의 심의를 거쳐 승인을 받아야 사모펀드의 투자가 이루어진다.**

◆◆ **투자팀**|Deal team **사모펀드 회사나 그밖에 다른 자산운용사에서 투자 업무를 수행하는 팀을 말한다. 투자팀은 투자 경험이 제각각인 소수의 투자 전문가로 구성된다. 각 구성원은 2개 이상의 팀에 소속되어 다른 투자 업무를 병행할 수도 있다. 투자팀장은 일반적으로 파트너가 맡는다. 파트너라는 명칭 대신 시니어 디렉터나 멤버 같은 직함을 사용하기도 한다.**

◆◆◆ **투자 보고서**|Investment memo **투자위원회나 기타 포럼에서 논의할 수 있도록 투자팀에서 당면한 투자 건에 관해 상세하게 작성한 보고서를 말한다. 일반적으로 재무 분석 결과, 투자의 장단점 검토서와 함께 회계사나 세무사, 경영 컨설턴트, 변호사 등 외부 전문가가 작성한 보고서로 이루어진다. 투자위원회는 투자 보고서를 중심으로 논의를 진행한다. 일단 투자가 이루어지면 투자 성과에 대한 최신 정보를 제공하기 위해, 그리고 궁극적으로는 매각 관련 정보를 제공하기 위해 주기적으로 추가 보고서를 작성한다.**

이 결정은 파트너들이 투자팀에 던지는 까다로운 질문에 대한 답의 질과 **회사**의 투자자들이 베팅 리스크를 적절히 보상받을 수 있을지에 대한 엄밀한 판단에 달려 있었다. 계속 진행할 만한 가치가 있는지를 가늠하는 것이다.

주말마다 투자팀은 위원들의 최종 질문에 대한 답변을 준비했다. 그중에는 보고서 내용의 약점을 파헤치는 비판적인 질문도 있었다. 추가 자료를 준비하기 위해 또 하루 밤샘 작업을 해야 한다는 뜻이다. 회의를 앞둔 투자팀에 자신감을 불어넣는 우호적인 피드백도 있었다. 이런 여러 피드백이 더해지면서 다음 단계를 어떻게 가져갈 것인지에 대한 올바른 답으로 이어진다. 계속 진행할 것인가, 만약 진행한다면 어떤 조건으로 할 것인가? 이것이 사모펀드 투자가 이루어지는 과정이며 당면한 투자 문제의 실체를 드러내기 위해 고안된 과정이다. 하지만 설립자의 말 한마디에 할 것인가 말 것인가의 끝없는 논쟁은 끝났다. 우호적인 제안을 가장해 위원회의 승인이 떨어진 것이다. 이제 투자팀은 안심하고 시장에 들어가 빨리 매수할 준비를 해야 했다. 무자비해질 시간이다.

표적 기업◆은 독일에서 가장 큰 지상파 TV와 라디오 방송사인 도이치 TV였다. 도이치 TV는 지금은 상장기업이지만 이전에는 **회사**가 소유하고 있던 방송사였다. 그래서 **회사**에는 도이치 TV와 그 경쟁사 정보가 산더미처럼 쌓여 있었다. 게다가 **회사**는 매각 후에도 도이치 TV를 계속

◆   표적 기업(또는 표적 자산)^{Target} 투자 대상으로 고려되고 있는 기업이나 자산을 말한다. 일반적으로 사모펀드 회사의 표적 자산은 기업이다. 그리고 사모펀드 회사는 운용하는 사모펀드를 통해 해당 기업의 지분 전부 또는 일부를 인수한다. 기업 지분 대신 해당 기업이 발행한 채권을 매수하기도 한다.

주시하고 있었다. 3년 전 해당 프로젝트에서 엑시트◆한 뒤에도 **회사**의 애널리스트들은 분기마다 광고 업계나 할리우드 영화 산업 등 관련 업계의 영업 및 재무 자료를 수집·가공해 재무 모델을 만들어왔다. 우호적인 도이치 TV의 고위 임원들은 회사의 현장 정보를 그때그때 제공해줬다. 덕분에 **회사**는 도이치 TV와 관련된 중요한 사실이나 동향을 잘 알고 있었다. **회사**가 분석을 마쳤지만 조건이 맞지 않거나 경쟁사에 패배해 거래까지는 이르지 못한 유사 업계나 인접 시장의 분석 자료도 정보를 풍부하게 하는 데 도움이 되었다. **회사**는 프랑스와 스칸디나비아의 TV 및 라디오 방송국 투자를 검토하기도 했고, 영국의 방송송신탑 계약 체결 일보 직전까지 간 적도 있으며, 도이치 TV가 운영하는 채널에 광고를 내려고 하는 북유럽 소비재 회사의 인수에 실패한 적도 있었다.

이런 식으로 **회사**는 항상 최신 정보로 무장하고, 표적 기업에 대한 첫 투자가 종료된 뒤에도 해당 기업의 동향을 계속 주시함으로써 **회사**의 부를 증진시키는 일과 관련된 모든 것을 실시간으로 분석할 수 있었다. **회사**가 가진 정보는, 프록터앤드갬블은 샴푸 광고비로 얼마를 지출할 것인가부터 할리우드 블록버스터를 가려내는 비용이나 감원 및 구조조정에 대한 노동조합과 정치인의 반응에 이르기까지 매우 폭넓고 다양했다. 이렇게 축적된 자료와 표적 기업과 관련된 자료가 풍부했으므로 국면은 **회사**에 유리했다. 설립자는 해당 기업을 상대로 과감한 결정을 내릴 수 있는 유리한 위치에 있었다. 게다가 세계적 경제 붕괴 기간이었고 아무

◆　　엑시트Exit 투자가 종료되는 시점을 말한다. 예컨대 사모펀드가 인수한 회사를 매각할 때다. 이 시점에 펀드는 투자에서 '엑시트'하는 것이다.

도 도이치 TV에 관심을 기울이지 않고 있었다.

지난번의 도이치 TV 투자로 **회사**의 투자자들은 두 배의 수익을 올렸다. 투자금 1달러가 2달러가 되어 돌아왔다. 이번에는 더 큰 투자 수익을 올리는 것이 목표였다. 그래서 **회사**가 지난번에 매도한 가격보다 75% 이상 낮은 가격으로 보통주를 매집하고, 도이치 TV가 발행한 채권을 액면가의 30% 이하로 사들이기로 했다. 이 가격은 극심한 투매 수준이라 금융시장이 회복된다면 엄청난 이익을 가져다줄 수 있을 터였다. 물론 방송사가 부도를 내지 않고 금융위기를 이겨낸다는 전제 조건이 필요했다. 아니면 사모펀드 업계 용어로 투자가 '화폐 상품'◆이어야 했다. 최소한 방송사가 살아남아야 한다는 뜻이다.

회사는 보통 비상장 회사에 투자하려고 하지 공개적으로 거래되는 증권을 매수하려고 하지는 않는다. 표적 기업을 사들여 지배권을 확보한 뒤 실적을 개선해 이익을 남기고 되파는 식으로 한다. 이번 경우는 금융시장이 붕괴되고 투자 심리가 최악인 상황에서 **회사**가 움직일 준비를 한다는 점이 특이했다. 또한 가장 좋은 때를 찾아서 상장된 주식과 채권에 투자하는 점도 달랐다. **회사**가 잘 알고 있는 표적이었다. 파트너들이 생각하기에 잘못될 수 없는(즉, 매수해도 손해 보지 않을 가격의) 시나리오였고, 상당한 확신을 가지고 투자 모델을 만들 수 있는 시나리오였다. 인덱스펀드◆◆, ETF가 빠져나가면서 방송사의 증권 가격은 폭락했다. 수동적 소득 passive income(이자, 배당금, 임대료 등 직접 일하지 않고 버는 돈-옮긴이)을 노리고 들

◆ 화폐 상품Money good 투자한 돈이 상환되고, 투자가 적어도 투입한 돈만큼의 가치가 있을 때(투자 수익까지는 없어도) 이 투자를 '화폐 상품'이라고 부른다.

어온 돈은 출구를 찾기에 바빴다. 그렇지만 회의실에 있는 적극적인 투자가들은 폭락한 이 증권을 쓸어 담고 싶어 했다.

이 방송사의 증권 가격이 폭락한 이유는 무엇이었을까? 금융 위기로 세계는 혼돈에 빠졌다. 전 세계의 TV 광고 수요가 급락했다. 광고주였던 다국적기업이 금융위기의 충격으로 수익이 떨어질 것을 우려해 발을 뺐기 때문이었다. 자동차, 소비재, 은행 등 필수적으로 여겨지던 모든 것이 생존에 필요한 것과 그렇지 않은 것으로 양분되었다. 시장은 예상이 실현될 때까지 기다리지 않는다. 대신 금융위기가 충격에 민감한 기업에 미칠 영향을 예측해 현실보다 빨리 움직인다. 당신이나 내가 독일의 전 국민이 기본적인 가정용품 구매를 중단할 가능성은 없다고 생각할지라도, 혹은 신차 구매를 늦출지라도 구매 결정을 취소하지는 않을 것으로 생각할지라도, 혹은 영화 및 스포츠 채널 패키지를 취소할지언정 해당 채널의 시청을 중단하지는 않을 것으로 생각할지라도, 진실은 아무도 확실하게 모른다. 특히 지구가 자전을 멈출 것처럼 보이는 상황에서는 더욱 그러하다. 일이 벌어진 뒤에 이러쿵저러쿵하는 것과 태풍이 얼마나 더 커질지 모르는 상황에서 남의 돈 수백만 달러를 베팅하는 것은 전혀 다른 이야기다. 노하우와 정보로 무장한 전문가가 아니면 할 수 없는 일이다. 그래서 **회사**의 전문가가 필요하다.

◆◆ 인덱스펀드Index fund S&P500 같은 금융시장지수에 연동되게 포트폴리오를 구성한 투자펀드다. 이 펀드는 시장 상황의 변동과 관계없이 수동적으로 지수를 따라가는 펀드이므로 수수료는 사모자본펀드보다 훨씬 낮다. 장기적 관점에서 봤을 때 여러 종목으로 구성된 잘 알려진 지수를 추종하면 소수의 종목으로 구성된 주식 포트폴리오나 사모자본 펀드보다 투자 성과가 뛰어날 것이라는 생각을 기반으로 한다.

세상을 움직이는 사모펀드 이야기

도박이 성공하면 **회사**의 투자자들은 열광할 것이다. 자기 돈의 관리를 사모펀드 회사에 맡겨놓았기 때문이다. 인간의 수명은 길어지고 전 세계의 인구는 증가하고 있다. 이런 인구통계학적 추세로 인해 연금 지급을 지속하고 퇴직기금을 현명하게 투자할 정치적·사회적 필요성이 커졌다. 퇴직 후 소득을 지속해서 창출해야 한다. 국부펀드, 고액 순자산 보유자high-net worth individual(현금화할 수 있는 금융자산이 100만 달러 이상인 개인-옮긴이), 대규모 대학기금 등은 미래 세대를 위해 자산을 유지하고 성장시켜야 한다. 실패할 여유가 없다.

연간 약 7%의 투자 수익을 올려야 하는 공무원 연금 프로그램을 예로 들어보자. 이 정도 수익을 거두려면 주식 시장을 추종하거나 국공채에 투자하는 패시브 투자◆ 운용사에 돈을 맡겨두어서는 안 된다. 물론 뮤추얼펀드나 인덱스펀드, ETF도 1년 또는 몇 년 동안은 그 정도 수익을 낼 수 있을 것이다. 하지만 이런 펀드는 종종 수익이 마이너스가 되거나 기대에 미치지 못하는 불안정한 시기를 겪는다. 연금 프로그램이 의존하기에는 부적당하다. 연금을 꾸준히 지급하려면 시장이나 경기가 요동을 쳐

◆ 패시브 투자Passive investing 매수·매도가 비교적 적게 일어나는 투자를 말한다. 이에 비해 액티브 투자는 자산운용사(예컨대 사모펀드 회사)에서 적극적으로 투자를 실행한다. 패시브 투자는 주로 인덱스펀드, 뮤추얼펀드, ETF 등을 매수해 보유하는 전략을 취한다. 패시브 전략을 취하는 투자 운용사는 장기간에 걸쳐 회사 이익과 현금흐름의 상승 궤도에 올라타기를 기대한다. 이들은 금융시장에 극심한 조정 장세가 올 수 있다는 사실을 받아들이지만, 그것을 버텨내는 것을 목표로 한다. 이에 비해 액티브 투자는 언제 사고 언제 팔 것인가와 같은 투자 결정을 내리기 위해 고용한 사람들의 판단과 분석한 자료의 질과 깊이에 의존한다. 투자자의 입장에서 패시브 투자가 액티브 투자보다 비용이 훨씬 적게 들어간다. 투자할 회사나 업종을 선별할 투자 전문가가 없고, 투자 관리의 폭도 훨씬 좁기 때문이다. 만약 더 적은 수수료를 받는 패시브 투자가 정해진 기간 안에 액티브 투자보다 월등히 높은 투자 수익을 올렸다면 해당 액티브 투자 자산운용사의 실력이 떨어진다고 보는 것이 타당할 것이다.

도 안정적으로 높은 수익을 거둬야 한다. 사모펀드가 투자자에게 꾸준히 지급하는 만큼의 수익이 필요하다.

뛰어난 사모펀드는 연간 15% 이상의 투자 수익을 지급하면서도 리스크는 최소화한다. 최고의 회사는 그보다 더 많은 수익을 투자자에게 돌려준다. 이들이 관리하는 투자 자산 중 성과를 내지 못하는 자산은 거의 없다. 그러다 보니 교사, 소방관, 의료인을 비롯해 앞으로 연금 수급자가 될 근로자들이 연금을 제대로 받기 위해 사모펀드에 의존하는 추세가 지속되고 있다. 이들에게는 **회사**와 같은 곳이 필요하다.

투자위원회를 마치자 도이치 TV 투자팀은 프로젝트 책임 파트너의 방에 다시 모였다. 이들은 회의에서 언급된 내용을 검토하고 필요한 후속 조치를 논의한 뒤 실행 계획◆을 마무리 지었다. 주식과 채권을 거래할 사람도 결정되었다. 승인받은 가격에 증권을 확보하기 위해 시장에서 매수 주문을 넣을 사람들이다. 이들은 시장을 자극해 증권 가격이 올라가지 않도록, 다른 사람들 눈에 띄지 않도록 '계획적으로' 신중하게 매수할 것이다. 경쟁 사모펀드 회사가 도이치 TV 증권이 리스크 대비 수익이 엄청나다는 사실을 눈치챌 때쯤이면 이미 너무 늦을 것이다. 그때쯤이면 **회사**가 매수를 끝마쳤을 터이고, 증권 가격은 상승하기 시작했을 것이

◆ 　실행 계획Execution plan 투자를 단계별로 이어가기 위해 투자 전문가들이 수립한 논리적이고 체계적인 계획을 말한다. 예컨대 투자 아이디어를 투자 실행으로 이어가려면 해당 아이디어를 조사하고, 투자 논거의 성공 가능성을 시험하고(기업실사도 포함된다), 투자를 제의하고, 거래를 확보할 계획이 필요하다. 투자의 시작부터 끝까지 투자 라이프 사이클을 포괄하는 장기 계획도 있어야 한다. 여기에는 매각 대상자를 찾는 절차도 포함된다. 투자 전문가들은 변화하는 투자 환경에 적응하기 위해 실행 계획을 탄력적으로 적용한다.

다. **회사**가 단 며칠 만에 새로 만들어낸 이득 위에 올라앉아 있을 것이라는 뜻이다. **회사**가 심혈을 기울여 연출한 투자는 거래 화면을 주시하는 사람들의 시선을 끌 것이고, 모방 투자 운용사들은 돈을 벌 기회를 놓치지 않으려고 **회사**와 같은 포지션(즉, 롱 포지션: 증권을 매수하여 보유하는 상태-옮긴이)에 뛰어들 것이다. 이렇게 되면 **회사**의 이득이 더 늘어날 것이다. 이것이 투자팀의 구상이었다.

그리고 열두 달이 지났다. 경제적 대혼란의 소용돌이에 대응해 각국 중앙은행과 정부가 휘두른 금융 및 재정 무기 덕분에 **회사**의 쇼핑 바구니 안에 들어 있던 증권의 가치가 세 배로 불었다.

설립자의 다음 움직임은 무엇이었을까? 설립자는 증권을 계속 보유함으로써 증가하는 리스크가 추가로 얻을 수 있는 수익보다 훨씬 클 것이라며 파트너에게 지금이 매도의 적기라고 말했다. 시장에 더 짜낼 즙이 남아 있지 않다는 것이었다. 사모펀드 업계에는 '사는 것은 매일이지만 파는 것은 단 한 번이다'라는 격언이 있다.

이 시점에 증권을 돈으로 바꾸겠다는 그들의 결정은 옳았다. **회사**는 증시에 충격이 가지 않도록 몇 주에 걸쳐 차분하게 증권을 매도함으로써 해당 투자 프로젝트에서 엑시트했다. 1년 남짓한 기간에 투자자들의 돈을 세 배로 불린 것이다. 투입한 돈은 1억 달러였는데 그것이 3억 달러가 되어 돌아왔다. **회사**가 도이치 TV의 증권을 쉽게 매수할 수 있었던 것은 전 소유주로서 방송국 영업에 대해 잘 알고 있었다는 점, 방송사의 최신 정보에 밝았다는 점, 그리고 금융시장이 곤두박질쳤을 때 공격적으로 움직일 지혜와 용기가 있었다는 점이 어우러진 결과물이었다.

지수를 추종하는 펀드에서는 결코 할 수 없는 일이다.

위 방송국의 사례를 예로 든 이유는 심각한 경제적 혼란의 와중에도 사모펀드가 지속적이고 유연하며 과감한 투자자가 될 수 있다는 사실을 보여주기 위해서이다. 보통 때라면 사모펀드가 표적 기업을 공개 매수했든지, 자금을 대출해주었든지, 성장자본을 투자했을 것이다. 하지만 이 사례의 경우 사모펀드는 이전에 소유했던 회사를 인수하는 데 따르는 불확실성과 위기의 와중에 유동성을 이용해 할인된 가격으로 매수할 즉각적 기회를 놓고 저울질했다. 이때의 위기는 금융시장 붕괴였지만 어떤 위기가 오더라도 사모펀드 회사에는 투자자의 돈을 영리하게 활용할 기회가 될 수 있다.

사모펀드 회사가 투자자에게 제공하는 투자 서비스는 빠르게 필수 서비스가 되어가고 있지만, 이들은 수수료에 규제를 받지 않는다. 2+20이 의미하는 바와 같이 사모펀드의 투자가 성공하면 투자 전문가들은 엄청난 수익을 올린 대가로 엄청난 보상을 받는다. 사모펀드 회사는 투자 수익에서 20%를 떼어 직원들에게 분배하는데 일반적으로 직급이 높을수록 많이 가져간다. 해당 프로젝트에 참여한 직원에게만 수익을 분배하는 회사도 있고, 회사가 투자한 모든 프로젝트에서 발생한 수익을 전체 직원에게 나누어주는 회사도 있다. 회사에 따라 분배 방식은 다르지만, 투자자에게 수익을 안겨다 주는 거래를 하면 엄청난 보상이 따른다는 점은 같다.

한번 생각해보자. 사모펀드 회사가 투자할 때 위험에 노출된 돈은 투자자의 것이다. 투자 전문가도 고객과 함께 자기 돈을 투자하지만 이들의 돈은 투자 자본의 일부(2~5%)에 지나지 않는다. 따라서 위험에 노출된 자본의 극히 일부분일 뿐이다. 위험에 노출된 돈 대부분은 다른 사람의 돈이지만, 사모펀드가 자기 몫으로 가져가는 투자 수익은 모든 사람의 돈에서 나온 것이다. 회사와 투자자 간에 합의된 이런 공생 관계가 사모펀드를 통한 경제적 보상의 핵심이다.

얼핏 불리해보이는 이 구도는 대부분의 경우 사모펀드 투자자에게 효과적으로 작용한다. 사모펀드 직원들이 고객에게 수익을 안겨다 주는 가장 큰 이유가 보상에 있기 때문이다. 물론 사모펀드 거래를 성공적으로 해내려면 그 뒤에 있는 투자 전문가는 탁월한 정보력뿐만 아니라 뛰어난 기량도 갖추어야 한다. 이 기량 뒤에는 특유의 문화와 DNA가 있다. 그리고 최고의 투자가로 활동하게 하는 원칙과 특성이 있다. 이들을 경제적 피라미드의 상위 1%로 밀어 올리는 원천이다.

이것이 쉬운 일이라면 아무나 할 수 있을 것이다. 사모펀드 사람들은 앞의 사례와 같은 프로젝트를 동시에 여러 개 수행하곤 한다. 매주 열리는 투자위원회에서는 그중 몇 개만 심도 있게 논의하고, 나머지는 업데이트된 내용의 보고만 받는다. 산업, 구조, 복잡성, 지역 등이 서로 다른 다양한 프로젝트를 발굴하고 실행하고 성공시키는 것은 결코 쉬운 일이 아니다. 이들이 어떻게 그런 일을 해내는지 알아보는 것은 그럴 만한 가치가 있다. 이들이 오늘날의 연금 제도를 돌아가도록 만드는 사람들이기 때문이다.

사모펀드 전문가들은 자신이 눈독 들이고 있는, 곤경에 빠진 이름난 상장회사를 인수하려고 지켜보고 있다. 예컨대 한때는 설득력 있는 스토리를 가졌으나 시장에서 외면을 받고, 아무도 관심을 기울이지 않지만 무언가 어려운 일을 해야 할 상황에 놓인 회사들이다. 사업 규모를 키울 돈이 필요한 디지털 업계의 성장 기업을 눈여겨볼 수도 있다. 보수적인 기업집단에서 분사되어 나오는 사업 부문일 수도 있다. 생명과학이나 기술, 천연자원 등과 같은 전문화된 분야의 틈새시장에 투자할 기회일 수도 있다. 더 많은 회사를 인수하기 위해 금고를 채울 돈이 필요한 탐욕스러운 플랫폼 기업일 수도 있다. 업계의 선두 주자가 바뀔 만큼 현상을 변화시키는 거대한 거래일 수도 있다. 이 밖에도 사모펀드 전문가가 주시하고 있는 투자의 기회는 당신이 생각하는 것보다 훨씬 많다.

이런 투자를 염두에 두고 사모펀드 회사는 거래에서 우위를 점하기 위해 경쟁 기업을 먼저 인수하거나, 해당 기업의 경영진 또는 이사와 우호적인 관계를 구축하거나, 해당 기업을 중심으로 한 생태계의 공급망과 관련해 전문성을 확보하는 등의 방법을 동원한다. 사모펀드 대가들은 다양한 관점으로 프로젝트를 바라본다. 투자위원들은 노련하고 명민해 몇 시간이면 안건을 다 검토하고 투자팀에 다음 할 일을 지시한다. 투자 프로젝트 진입◆에서 재융자 추진, 프로젝트 엑시트에 이르기까지의 과정에 수백만 또는 수십억 달러에 이르는 투자자의 돈을 운용하는 결정이 이루어진다.

책을 쓰는 지금은 2022년 초반이다. 도이치 TV 투자 건으로부터 14년이 지났다. 당시 금융위기의 충격은 또 다른 글로벌 쇼크에 자리를 내주었다. 코로나19 팬데믹이다. 그동안 사모펀드 업계는 크게 발전했다. 해마다 두 자릿수의 성장률을 기록했고, 갈수록 더 큰 규모의 펀드를 모집했으며, 사람들이 상상하는 것보다 훨씬 많은 수익을 투자자에게 안겨주었다. 수십억 달러를 운용하던 회사가 수백억 달러를 바라보고 있고, 수백억 달러를 운용하던 회사는 수천억 달러를 다루고 있다. 일부 회사는 펀드 운용 규모가 1조 달러에 육박한다.

세상을 움직이는 사모펀드 이야기

이들에게는 펀드의 규모뿐만 아니라 투자 성과도 중요하다. 그리고 뛰어난 성과는 사모펀드뿐만 아니라 회사가 관리하는 모든 형태의 사모자본⁺⁺에서 나와야 한다. 금융위기가, 그리고 지금은 팬데믹이 경제와 금융시장을 뒤흔드는 힘은 사모펀드의 대가들이 유리하게 활동할 수 있는 틈을 만든다. 이들은 투자자에게 최대의 수익을 가져다주기 위해 가능한 한 최소의 리스크를 부담하면서 위기가 만들어낸 빈틈에 뛰어든다. 다른 투자자들이 결정을 내리지 못하고 얼어붙어 있거나 아예 발을 뺄 때 사모펀드는 오히려 균열이 생긴 틈에 몸을 던진다. 그래야 불확실한 상황에서 뭔가를 이룰 수 있다고 생각하기 때문이다. 우리 눈에는 리스크밖에 보이지 않는 곳에서 이들은 돈을 벌 기회를 보는 것이다.

사모펀드 대가들은 세계를 무대로 오늘은 이곳에 베팅했다가 내일은 저곳에 베팅하는 등 발 빠르게 움직인다. 이들은 분야를 가리지 않고 새로운 투자 대상을 선정할 때는 기민하고, 상황에 따라 자본에 투자하기도 하고 부채에 투자하기도 하는 등 열린 마음을 견지하며, 펀드의 세금 구조부터 투자한 기업의 경영자 선임에 이르기까지 중요한 성공 요인

◆   진입Entry 투자의 시작점을 말한다. 예컨대 사모펀드가 어떤 기업을 인수했을 때다. 이 시점에 펀드는 투자에 '진입'한 것이다.

◆◆   사모자본Private capital 사모자본은 사모펀드를 비롯해 이 책에서 언급한 신용, 부동산, 인프라 등의 여러 투자 전략을 아우르는 개념이다. 이런 투자 수단은 공개적으로 거래되는 투자 수단보다 현금화하기 어렵고, 더 복잡하며, 리스크도 더 많다. 이런 요인 때문에 사모자본 투자는 공개적으로 거래되는 투자 수단보다 더 높은 투자 수익을 꾸준히 가져다준다(적어도 의도는 그렇다). 사모자본의 투자 수단은 공개 시장에서 거래되는 투자 수단보다 밸류에이션의 변동성도 더 작다. 사모자본 투자가 실패하거나 투자 성과가 부실할 경우 실적 좋은 주식으로 포트폴리오를 구성해 보유하는 것보다 환금성도 낮고 투자 수익률도 떨어진다는 약점이 있다. 사모자본 투자는 자산운용사가 적극적으로 자산을 운용하는 대신 떼어가는 수수료율이 높아 투자자 입장에서는 비싼 투자 수단이다.

에 대한 계획을 세울 때는 꼼꼼하다. 이들에게는 최악의 불경기를 헤쳐 나갈 자금력이 있다. 간혹 투자가 실패할 때도 있겠지만, 그래도 사모펀드 회사는 살아남을 것이다.

사모펀드의 거대한 규모는 거대한 수익을 만들어내고 이것이 다시 업계의 전문가를 끌어들이는 매력 포인트로 작용한다. 앞에서 투자를 통해 발생한 모든 수익에서 사모펀드가 챙기는 몫이 일반적으로 20%라고 했다. 이제 투자자의 돈을 운용하는 대가로 매년 가져가는 2%의 운용 보수에 대해서도 알아보자. 회사나 펀드에 따라 요율이 조금씩 다를 수 있지만 2%가 업계 표준이다. 대부분의 회사가 목표로 하고, 또 대부분의 회사가 투자 펀드를 모집할 때 수취하는 요율이다. 다시 말해 2%가 업계의 규범이다.

이 산업의 여명기, 즉 지난 세기 후반기에는 사모펀드 회사가 수취하는 운용 보수는 직원 급여나 사옥 임차료, 기타 일상적 영업비용 같은 회사 운영비를 커버할 정도의 수준이었다. 산업이 성숙해지자 운용 보수가 수익의 원천 중 하나가 되었다. 사모펀드가 운용하는 자산 규모가 어마어마해졌기 때문이다. 거대 규모의 사모펀드 회사에는 이것이 큰 인센티브로 작용할 수 있다.

사모펀드 회사가 자사가 운용하는 모든 펀드에서 일괄적으로 2%의 운용 보수를 수취하든, 운용 자산의 다양한 투자 전략에 따라 운용 보수와 수익 배분의 조합을 달리 가져가든, 본질적으로 달라지는 것은 없다. 회사의 자산 운용 규모가 커질수록 운용 보수의 풀도 커진다. 여러 형태의 사모자본을 운용하는 상장된 대형 사모펀드 회사의 경우 주식 투자자들에게 매력적으로 작용하는 요소의 하나가 바로 이 운용 보수의 안정성과 성장성이다.

이런 식으로 생각해보자. 이 산업이 덩치를 키우며 성장할 수 있었던 단 한 가지 이유는 사모펀드 투자가 좋은 실적을 냈기 때문이다. 대부분의 회사는 2+20의 수수료를 떼고도 고객에게 홍보한 만큼의 수익을 가져다준다. 성과야말로 투자자가 계속해서 다시 찾고 새로운 투자자가 몰려드는 가장 큰 이유다. 그리고 이 산업이 규모뿐만 아니라 여러 사모자본을 조합하는 폭의 면에서도 공격적으로 지속해서 확장할 준비가 되어 있는 이유이기도 하다. 사모펀드는 잘 돌아가고 있다. 사모펀드가 수익에서 떼어가는 몫이나 수취하는 운용 보수를 생각했을 때 이런 성장은 믿기 어려울 정도다. 2+20을 돈으로 환산하면, 사모펀드 회사에 자신의 연금이나 국부펀드의 운용을 위탁해 놓은 일반 근로자나 학교기금을 맡겨놓은 교사에게는 정신을 잃을 정도로 어마어마한 금액이다.

사모펀드 회사는 다른 금융기관이 떠나면서 생긴 금융 시스템의 빈틈에도 진입했다. 사모펀드 회사가 기관에 직접 신용을 제공하는 경우를 예로 들어보자. 은행을 비롯한 전통적인 대출 기관은 금융위기 이후 자기자본비율 인상이나 규제 강화 등에 맞닥뜨렸다(또 다른 위기를 막기 위한 당국의 노력의 일환이다). 그 결과 이들은 현금을 비축하기 위해 전통적인 신용 업무에서 발을 빼기 시작했다. 이런 의도적 엑시트는 사모펀드 회사와 그들이 운용하는 대출 펀드에 빈틈을 메울 기회를 제공했다. 이런 비전통적인 신용 제공 기관을 '그림자 은행'*이라 부른다.

현재 신용에 투자하는 사모자본펀드는(이론의 여지는 있지만, 은행보다 규제를 덜 받을 뿐 아니라 사모펀드만큼 불투명하다) 대형 사모펀드 회사가 운용하는 순자산총액AUM**에서 상당히 큰 부분을 차지하고 있다. 사모자본이 성장하는 또 다른 분야로는 인프라 투자를 들 수 있다. 정부 대신 사모펀드 회사가 공항, 유료도로, 공익사업 같은 부동산을 취득하고 자금을 대고 관리하는 것이다.

신용펀드♦♦♦와 인프라펀드는 기업을 사고파는 비즈니스와 더불어 대형 사모펀드 회사가 운용하는 사모자본의 중요한 부분을 차지하게 되었다. 이 분야에서의 실적도 좋아서, 퇴직기금을 비롯한 투자자들에게 꾸준히 매력적인 투자 수익을 돌려주고 있다.

큰 사모펀드 회사라도 대개 하나의 사령탑 아래서 다양한 투자 수단을 이용해 여러 형태의 사모자본을 운용한다. 아직도 많은 회사에서는 설립자가 회사 대부분을 소유하거나 통제한다. 하지만 최근에는 대형 회사, 특히 상장된 회사에서 일반 주식회사처럼 제도적인 구조로 이행하려는 움직임이 일어나고 있다.

대형 회사에서도 최고위급 투자 전문가(파트너, 멤버, 또는 이와 유사한 직

♦　　그림자 은행Shadow bank 전통적인 은행과 유사하게 여신을 제공하지만, 수신은 받지 않고 전통적인 은행과 같은 정도의 규제도 받지 않는 금융 서비스 기관을 일컫는 일반적인 용어다. 사모펀드 회사는 돈을 빌리려고 하는 기업에 직접 대출해주는 등의 신용 투자 활동 때문에 그림자 은행으로 불릴 때가 많다.

♦♦　순자산총액Assets under management 자산운용사가 계약을 체결하여 운용하는 투자자 돈의 총액을 말한다. 이 돈은 대체 자산에 투자되기도 하고 주식이나 채권같이 보다 단순한 형태의 자산에 투자되기도 한다.

♦♦♦신용펀드Credit fund 사모펀드 회사 같은 자산운용사가 기업이 일으키는 부채(대출, 채권 등)에 투자하기 위해 설정하는 투자 펀드를 말한다. 펀드는 자산운용사의 투자 전문가가 관리하고, 투자자는 회사가 투자한 이 부채에 직접 관여할 수 없다. 돈을 빌리고자 하는 기업과 직접 접촉해 제공하는 사채私債나 기타 공개 시장에서 거래되지 않는 부채를 예로 들 수 있다. 일부 사모펀드 회사는 부채에 대한 투자는 모두 신용펀드를 통해서 한다. 그 밖의 회사는 사모펀드로 차입 매수나 여러 다른 형태의 사모투자를 할 뿐만 아니라 부채(주로 부실채권)에 투자하기도 한다.

　　　　　　　　　　　세상을 움직이는 사모펀드 이야기

함으로 불린다)는 거대한 순자산총액의 규모에 비해 그 수가 얼마 되지 않고, 유대가 끈끈하다. 예컨대 100억 달러 규모의 사모펀드를 스무 명의 파트너가 운용한다고 하자. 같은 회사에서 동일한 규모의 다음 펀드를 모집한다면, 같은 투자위원회가 이 펀드를 관리하겠지만 그렇다고 파트너 수가 두 배로 늘지는 않는다. 아마 열 명이나 그보다 적은 수가 늘 것이고, 늘어나는 사람 대부분은 내부 승진자이고 외부 영입자는 두세 명에 불과할 것이다. 사모펀드 회사는 순자산총액이 크게 늘더라도 구성원 간의 유대가 긴밀해야 한다. 그래야 단호하고 신속하게 결정을 내릴 수 있고, 문화와 노하우를 유지할 수 있다. 투자 전문가의 투자 방법에 큰 영향을 미치는 문화와 노하우를 유지하는 것은 사모펀드 회사에 매우 중요한 일이다.

사모펀드가 안정적이고 높은 투자 성과를 보이자 금융 업계 전반에 '사모펀드 회사는 가고 싶은 곳'이라는 인식이 자리를 잡았다. 개인 사업, 금융계, 산업계 등 여러 분야에서 최고의 투자자들이 사모펀드 회사로 몰려들었다. 이들을 사모펀드와 다양한 형태의 사모자본으로 끌어들인 것은 기회와 보상이라는 두 개의 자석이었다. 10년 전이었다면 뛰어난 투자 전문가는 은행에서 은행으로 수평 이동했을 것이다. 예컨대 JP 모건에서 골드만삭스로 가는 식이다. 하지만 지금은 가장 큰 사모펀드 회사인 블랙스톤이나 블랙스톤의 주요 경쟁사인 칼라일 또는 KKR에서 일하고 싶어 한다.

투자의 슈퍼스타들이 늘어날수록 사모자본펀드의 성과는 올라간다. 그러면 투자자로부터 더 많은 돈이 쏟아져 들어온다. 그러면 투자할 돈이 늘어난다. 인원이 늘어야 하고, 그러자면 사람을 더 뽑아야 한다.

이렇게 돈의 컨베이어 벨트가 도는 것이다.

사모펀드는 사람 장사다. 여기서 일하는 사람들이 이 산업을 현재의 모습으로 만들어 놓았고, 이 산업을 지탱한다. 사모펀드는 자산을 적극적으로 관리하는 일이 아니라 투자를 매우 적극적으로 통제하는 일이다. 그 투자는 기업의 의사 결정권 장악일 수도 있고, 소수 지분 매입일 수도 있고, 기업을 상대로 한 대출일 수도 있고, 인프라를 매입해 관리하는 것일 수도 있다. 이 모든 일을 통제하는 것이 사람이다. 진입에서 엑시트까지 모든 거래를 처리하는 투자 전문가다.

여기에 자동화된 것은 아무것도 없다. 슈퍼컴퓨터가 할 수 있는 일도 아니고 인공지능이 대체할 수 있는 일도 아니다. 투자의 성공과 실패는 시스템이나 투자 프로세스가 아니라 그것을 통제하는 사람, 즉 일상적인 결정을 내리는 사람에게 달렸다. 이들은 모든 것을 리스크 대비 수익이라는 렌즈를 통해 거르고, 이익 대비 손실을 비교·분석하고, 검토 중인 투자 계획의 예상 결과를 예측하는 데 뛰어난 능력이 있다는 사실이 검증된 사람들이다. 이들은 10년이 걸리더라도 하나의 프로젝트에 매달릴 의지와 체력이 있는 사람들이다. 골인 지점에 놓인 황금 항아리를 차지하기 위해 마라톤을 기꺼이 할 사람들이다.

자본주의는 사모펀드에서 그 선순환을 완성했다. 사모펀드는 연금펀드를 비롯한 투자자들에게 필수적인 서비스다. 사모펀드는 최고의 인재를 흡수한다. 사모펀드는 지속해서 성과를 낸다. 사모펀드는 빠른 속도로 성장한다. 유동성 시장이 침체에 빠지는 팬데믹을 비롯한 세계적 위기 상황에서 사모펀드와 기타 사모자본의 비유동성(원한다고 바로 돈을 인출할 수 없다는 의미에서)은 역설적으로 매력적이다. 변동성이 큰 시장에서는 사모펀드가 투자자들의 마지막 희망이 되기도 한다. 사모펀드는 다른 투자보다 비싸고 불투명하다. 하지만 수익을 가져다준다.

이런 이유로 사모펀드를 최고의 게임이라고 하는 것이다.

사모펀드의 전문가들은 어떤 식으로 투자위원회라는 권력의 테이블에 앉는 위치에 올랐을까? 이들은 어떤 생각을 하고 어떻게 행동할까? 이들의 핵심 신념은 무엇일까? 이들을 성공으로 이끄는 요인은 무엇일까? 이들은 왜 이렇게 힘든 일을 할까? 이들이 헤쳐나가야 할 구조적 문제나 까다로운 문제는 어떤 것이 있을까? 이들은 정착할 수 있을까? 다음 장부터 나는 한 번에 한 가지씩 내부자의 시각으로 사모펀드의 모습을 그릴 것이다.

먼저 사모펀드가 판매하는 비법 소스가 무엇인지부터 알아보자.

사모펀드 투자의
프로세스

02

PRIVATE
EQUITY
FUND

사람들은 사모펀드 운용사가 대단한 상품을 판다고 생각한다.

물을 와인으로 바꾸는 것과 같은 연금술로 생각하는 사람도 있다. 언제나 시장 수익률을 상회하기 때문이다.

우리는 장기간에 걸쳐 높은 수익을 추구하고 손실 위험을 최소화한다. 우리는 결과에 초점을 맞출 뿐, 근시안적으로 분기나 연간 수익률을 높이려고 하지 않는다. 우리는 일반적인 운용사와는 다른 방식으로 당신의 투자금에 가치를 더한다. 우리는 다른 운용사가 볼 수 없거나 다룰 수 없는 기회를 포착한다. 당신 돈은 우리한테 묶일 것이다. 하지만 몇 년 후면 당신은 그 몇 배를 찾아갈 것이다. 아무 노력도 기울이지 않고. 그러니 우리를 믿고 돈을 맡겨라.

사모펀드 회사의 자신감 넘치는 말은 다른 자산운용사의 방식과 대조적이다. 사모펀드의 대가들은 유동성 시장에서 주식이나 채권을 고른 다음 이것이 긍정적 심리의 상승 물결에 편승하기만을 기다리지 않는다. 이들은 금융시장에서 다양한 포트폴리오를 구성하려고 투자자의 돈을 여기저기 분산투자하지도 않는다. 주식을 단타로 사고팔지도 않는다. S&P500 지수를 추종하려고 하지도 않는다. 주식 차트 분석가도 없고 시장조사 전문가도 없다. 블랙록이나 뱅가드 같은 곳에서 운용하는 ETF에 패시브 투자를 하면, 기껏해야 연간 10bp(0.1%)밖에 되지 않는 운용 보수만 내면 나머지 투자 성과는 모두 투자자 몫이다. 자산운용사는 투자 성과를 분배받지 않는다. 이에 비해 사모펀드는 2+20이라는 특별 수수료 서비스를 내세우며 영업한다. 그 차이는 어마어마하다.

사모펀드의 전형적인 투자 방식은 기업의 지배적 지분 확보 혹은 상당한 영향력을 행사할 만큼의 지분을 매입하는 것이다. 그리하여 이사회에서 하나 이상의 자리를 확보하거나, 이사장 선임권을 포함한 이사회 지배권을 획득한다. 표적 기업은 이미 확실하게 자리 잡은 회사일 수도 있고, 성장하는 스타트업일 수도 있으며, 큰 그룹에서 분사된 사업 부문일 수도 있다. 표적 기업이 상장기업일 수도 있는데, 이 경우 사모펀드는 인수 자금을 마련하기 위해 하이일드 채권◆을 발행하는 차입 매수LBO◆◆ 방식을 이용한다.

거래가 성사되면 투자를 이끌어온 투자팀은 피인수 회사의 가치를 높이기 위해 피인수 회사 경영진과 제휴한다. 회사를 매력적으로 만든 다음 몇 년 뒤에 매각하기 위해서다. 보통 같은 팀이 인수부터 매각까지 함께한다. 간혹 회사가 고용한 산업 전문가 같은 인력이 보강되기도 한다. 이들은 회사의 다른 비상임 이사와 함께 열성적으로 일한다. 사모펀드가 추가로 투자팀에 끌어모으는 사람은 재무 전문가와 경영 전문가다. 거래가 성사되었다고 투자팀이 바로 해체되는 것은 아니다. '거래 성사'라는 초기의 영광만을 누리려고 모인 것이 아니기 때문이다. 큰돈이 들

◆　하이일드 채권High-yield bond 이자를 제때 지급하지 못하거나 원금을 상환하지 못하는 일이 발생할 잠재적 리스크가 비교적 큰 기업이 발행하는 채권을 말한다. 이런 리스크를 보상하기 위해 다른 채권보다 이자율을 높게 책정한다.

◆◆　차입 매수Leveraged buyout 부채를 일으켜 표적 기업을 인수하는 것을 말한다. 일반적으로 매수에 필요한 자금 중 적어도 절반(대개 70% 이상)은 차입하고, 나머지는 투자자들이 펀드에 투자한 돈을 활용한다. 차입 매수는 사모펀드가 표적 기업을 매수하는 일반적인 기법이다. 이렇게 매수한 기업은 포트폴리오 관리를 통해 기업 가치를 높인 뒤 이익을 남기고 매각한다.

◆◆◆　결정화Crystallize 가치가 변화한 투자 자산을 현금화하는 것을 말한다. 예컨대 사모펀드가 투자한 자산의 가치가 상승하면 그와 연계해 수익이 발생할 것이다. 하지만 이 수익을 현금화하지 않으면 단지 서류상의 이론적 수익에 지나지 않는다. 이 수익을 현금으로 바꿔야 투자자에게 돌려줄 수 있다.

어오는 것은 투자한 회사를 처분했을 때다. 사모펀드 용어로 말하자면 가치 상승분이 '결정화'◆◆◆되었을 때다.

회사의 가치를 향상시키는 방법으로는 정밀 진단, 대청소housecleaning (불필요한 인력, 조직, 사업 따위를 정리하는 것-옮긴이), 전략의 전면적 전환, 특정한 문제에 초점을 맞추는 표적 공략법 등이 있다. 회사의 덩치를 키우는 전략적 비전을 실행할 수도 있다. 예컨대 다른 회사를 인수하거나 새로운 제품 라인을 추가하는 것이다. 기업 가치 향상 작업을 할 때 대부분 피인수 기업의 경영진을 바꾼다. 그 자리에는 보통 산업 전문가가 들어가고, 주로 이사회나 이사회 소속 핵심 위원회를 맡는다.

투자를 현금화할 때는 피인수 회사를 대기업 또는 다른 사모펀드에 부분 또는 완전 매각하거나 증시에 상장(혹은 재상장)한다. 증시에 상장된 주식은 시장 교란을 방지하기 위해 몇 개월에 걸쳐 서서히 매각한다. 때에 따라 두 가지 방법을 결합하며 엑시트하기도 한다. 투자한 자금을 한 번 또는 여러 번에 걸친 재융자 방식으로 회수할 때도 있다. 피인수 기업의 수익이 향상됨에 따라 그 기업을 통해 더 많은 부채를 일으키거나 피인수 기업의 가치를 담보로 자금을 차입하는 것인데, 이렇게 회수한 돈으로 일부 투자자의 투자금을 조기 상환한다. 때로는 피인수 기업의 일부를 떼어내 먼저 매각하기도 한다. 해당 부문을 계속 유지하는 것이 피인수 기업의 전체 사업 계획과 맞지 않아 그 부문의 가치를 높게 평가하는 입찰자에게 매각하는 것이 더 나을 때다. 위와 같은 방식을 사모펀드 업계에서는 '실현'◆이라고 부른다. 한마디로, 돈을 회수해 분배하는 것이다.

이런 요소들을 수많은 방식으로 결합해 투자 사이클을 만든다. 순서를 달리해 조합할 수도 있고, 방법도 그때그때 다르다. 변하지 않는 것이 있다면 사모펀드 대가들이 재무 경영 측면을 깊이 이해하고 있다는 점이다. 이들은 이렇게 360도를 다 보는 안목 덕분에 기회를 포착할 수 있다. 그래서 기업을 바로 인수하기도 하고, 기업의 재무적 구멍을 메우기 위해 꼭 필요한 돈을 빌려주기도 하고, 표적으로 삼은 부동산이나 인프라 자산을 개발하기도 한다. 사모펀드를 특별하게 만드는 핵심은 공략할 순간을 포착하고 어떻게 공략하는 것이 좋을지 아는 바로 이 비전과 본능이다. 투자를 더욱 가치 있게 만들려면 올바른 시간에 올바른 버튼을 누를 수 있어야 한다.

이 중에 간단하거나 정형화된 일은 아무것도 없다. 기업 경영을 분석하려면 해당 분야의 수요와 공급, 시간의 경과에 따른 경쟁 상황, 기술의 영향, 규제의 변화뿐만 아니라 가치를 창출하려면 어떤 레버를 당겨야 하는지까지 알아야 한다. 경기 침체에 대한 회복력은 어떠한가? 자본 구조♦♦는 얼마나 튼튼한가? 재융자 가능성은 얼마나 되는가? 5년 뒤 회사를 매각할 장기 전략 비전은 무엇인가? 이 비전은 얼마나 현실적이고

♦ 실현Realization 사모펀드가 투자자에게 지급하는 돈을 말한다. 실현의 원천은 투자로 얻은 수익이나 자본 이득이다. 투자 기간 안에 이루어진 실현 총액은 투자자에게 지급한 돈의 총액과 같다. 즉, 그 기간에 분배한 수익과 투자 대상을 매각할 때 분배하는 자본 이득의 합이다.

♦♦ 자본 구조Capital Structure 기업이 운영과 성장을 위해 사용하는 돈의 조달 원천인 자기자본equity과 부채(타인자본)의 구성 비율을 말한다. 기업의 자기자본은 기업의 소유권, 미래의 현금흐름에 대한 권리, 이익으로 구성되어 있다. 부채는 은행 차입이나 회사채 발행 등을 통해 기업이 빌린 돈으로, 통상 이자를 붙여 채권자에게 상환해야 한다. 기업이 파산하면 먼저 부채 투자자가 받아야 할 돈을 상환받고 그다음에 남은 돈이 있으면 자기자본 투자자가 나눠 가진다. 부채 투자자가 먼저 상환받기 때문에 이들이 자본 구조에서 자기자본 투자자보다 '우선권'이 있다고 여겨진다. 반대로 기업의 가치가 상승하면 자기자본 투자자는 가치 상승분을 나눠 가질 수 있지만, 부채 투자자는 일반적으로 그럴 수 없다. 이런 의미에서 자기자본 투자자는 기업의 '가치 상승분'을 나눠 가진다고 할 수 있다.

믿을만한가(즉, 매각할 수 있는가)? 이런 식으로 경영 실태를 샅샅이 조사하려면 전문적인 지식뿐만 아니라 피인수 회사의 경영진과 그들의 사기에 대한 깊은 이해가 필요하다. 자신이 투자한 산업 전반에 걸쳐 강력한 네트워크를 구축하는 것도 사모펀드 대가들이 반드시 해야 할 일이다. 사모펀드 대가들은 그저 평범한 경영자가 아니다. 이들에게는 뛰어난 경영 능력이 필요하다. 그러므로 이들은 뛰어난 경영이 어떤 모습인지 알아야 한다.

사모펀드 전문가들이 표적 기업을 분석할 때 들이대는 경영 렌즈와 재무 렌즈는 일정 부분 겹치기도 한다. 이 두 개의 반쪽짜리 렌즈를 하나로 합해 기업의 전체적인 모습을 조망한다. 자본 구조와 자금 조달은 전략적 비전 및 경영 현실과 맞아야 한다. 일단 전체적인 그림이 분명해지면 투자 전문가는 수많은 시나리오를 만들어 스트레스 테스트를 한다. 이 과정을 통해 투자의 기준 모델에 포함시키거나 아닌 경우를 판단한다. 예컨대 일부 제품 라인에서는 매출이 빠르게 증가하지만 다른 라인은 수익성이 떨어져 라인 가동을 중단하는 경우다. 또, 인건비 문제 또는 공급망 압박 문제가 있거나 자본적 지출이 예산을 초과하는 경우도 마찬가지다. 투자 전문가는 수많은 시나리오를 돌려보며 계약의 '기본 조건'이 될 때까지 하나씩 줄여나간다.

사모펀드는 투자를 계획할 때부터 실행하고 매각할 때까지 수년에 걸친 투자 프로세스의 단계마다 피인수 기업을 처음보다 더 가치 있게 만들어줄 경영진의 수준에 관심이 많다. 투자위원들이 논의한 내용을 실행에 옮기려면 경영진의 협조를 받아야 한다. 따라서 투자 전문가들은 주기적으로 피인수 기업의 임원과 접촉한다. CFO나 CEO뿐만 아니라 비상임 이사를 만나기도 하고 임원들로 구성된 위원회의 정보를 입수하기도 한다. 경영진이 어떻게 움직이는지, 사모펀드의 전체 투자 기간에 느끼는 경영진의 두려움이나 희망 사항은 무엇인지, 투자위원회의 이론적인 생각을 구체적인 가치로 전환하기 위한 최선의 지원책은 무엇인지 등에 대한 감을 잡는 그 모든 과정은 역동적이고 반복적이며, 사모펀드가 하는 일에서 극히 중요한 부분이다. 이런 일을 하려면 투자 전문가와 표적 기업의 경영진 사이에 수년에 걸쳐 형성된 신뢰 관계뿐만 아니라 공감 능력과 EQ가 필요하다. 월스트리트에서 쉽게 찾아볼 수 있는 특성은 아니다.

헤지펀드◆나 뮤추얼펀드 같은 다른 자산 운용 분야의 투자 전문가도 자신만의 방식으로 이런 일을 하지만, 가장 철저하고 강력하게 수행하는 곳은 사모펀드다. 외부인의 시각에서는 뭔가 속임수가 있는 마술처럼 보일 수도 있다. 하지만 은밀한 비법 같은 것은 없다. 사모펀드에서 일하는 사람들은 매우 뛰어난 투자가일 뿐이고, 회사는 이런 전문가들의 기량을 하나로 묶어 최고의 수익을 끌어내는 것이다. 새로 영입하는 사람은 전력을 보강할 수 있는 사람이어야 한다. 파이를 키우는 데 도움이 되는 사람이어야 2+20을 통해 가져가는 몫이 더 커질 것이다.

◆ 　헤지펀드Hedge fund 일반적으로, 공개적으로 거래되는 자산이나 기타 유동 자산을 거래하는 투자 펀드다(이 점에서 기업의 지배권을 인수해 보유하는 것에 초점을 맞추는 사모펀드와 다르다). 헤지펀드 투자는 대체 자산에 속한다. 헤지펀드는 투자 수익을 올리기 위해 파생상품 투자와 같은 복잡한 기법을 이용한다. 일반적으로 소매 투자자는 접근할 수 없다. 헤지펀드는 투자 유형, 감수하는 리스크의 수준, 감수한 리스크를 보상하는 기대 수익이 천차만별이다. 헤지펀드 산업에서도 사모펀드 산업에서 볼 수 있는 2+20(또는 약간 변형된 비율)의 수수료 구조가 일반적이다.

그렇다면 사모펀드 조직은 어떻게 구성되어 있을까? 사모펀드는 이 산업이 그다지 크지 않았던 초기부터 큰 변화 없이 단출한 구조를 유지해오고 있다(수수료 구조도 마찬가지다). 사모펀드 회사의 조직도는 세 그룹의 투자 전문가로 이루어진 피라미드 형태를 띠고 있다. 분석을 담당하는 하위 계층, 중간 계층, 상위 계층으로 구성되고, 파트너 또는 매니징 디렉터로 불리는 상위 계층이 회사의 투자 및 경영 성과에 대해 직접적인 책임을 진다. 설립자가 아직 회사에 남아 있다면 당연히 그가 제일 윗자리를 차지한다.

　　하위 계층은 젊은 투자 전문가로 이루어져 있는데, 이들은 비즈니스 모델과 투자자금 조달의 이면에 있는 숫자와 세부 사항을 샅샅이 조사하고 분석한다. 변호사나 회계사, 세무사, 기타 컨설턴트 등과 협력해 거래의 진행을 돕기도 한다. 분석을 담당하는 이들 보병은 보통 유명 대학을 졸업한 지 2~3년 된 사람들이다. 그중 많은 수가 골드만삭스, 모건스탠리, JP 모건 등 월스트리트의 투자은행에서 사원으로 근무한 경력이 있다. 사모펀드 대가의 꿈을 품은 이들은 피라미드의 말단에서 5년 정도 일하면 다음 단계인 중간 계층을 바라볼 수 있다.

　　중간 계층 구성원은 일상적인 거래를 지휘하고, 하급자가 처리한 업무의 질을 관리하는 책임을 진다. 이 계층의 전문가들은 보통 20대 후반에서 30대 중반이다. 이들은 피라미드의 위아래를 오가며 일한다. 하위 계층을 도와 스프레드시트 작업을 하거나 수치를 분석하는가 하면, 파트너를 찾아가 이번에 선임 또는 해임하는 피인수 회사의 CEO에게 얼마의 보수를 줄 것인지를 두고 논의하기도 한다. 대개 하위 계층에서 좋은 성과를 내고 발전 가능성을 보여준 사람이 승진해 이 계층에 오른다.

상위 계층을 구성하는 파트너는 회사의 투자 활동을 관리한다. 이들은 투자 기회를 발굴하고 그 거래의 실행을 지휘한다. 안건을 논의하기 위해 투자위원회가 열리면 파트너가 제일 먼저 상황을 설명한다. 이들은 투자의 성공과 실패에 가장 큰 책임을 지는 만큼 회사가 2+20을 통해 올린 수익의 가장 큰 몫을 가져간다. 이들이 만든 수익이기 때문이다.

회사에 따라 각 계층에 있는 직함의 수는 다르다. 어떤 회사는 직함이 많은 것을 꺼려 '어소시에이트associate', '프린시펄principal', '파트너'라는 세 개의 직함만으로 조직 전체를 커버한다. 이런 회사는 직함이 너무 많으면 직함의 가치가 떨어질 뿐만 아니라 은근히 구성원들의 승진 욕구를 부추긴다고 생각한다.

각 계층에 여러 직함이 있는 것을 선호하는 회사도 있다. 예컨대 하위 계층을 '어소시에이트'와 '시니어 어소시에이트'로, 중간 계층을 '부사장'과 '디렉터'로 나누는 식이다. 사모펀드 대가의 꿈을 안고 이런 회사에 입사한 직원은 하위, 중간, 상위 계층이라는 큰 승진 계단뿐 아니라 각 계층 내의 '조그만 계단'도 올라야 한다.

이런 차이에도 불구하고 모든 회사에 공통점이 하나 있다. 근무 연한에 따른 승진이 보장되지 않는다는 점이다. 승진하려면 한 단계 위에 올라갈 자리가 있어야 하고, 그 자리를 쟁취해야 한다. 승진의 경제(그전보다 2+20에서 더 많은 몫을 가져가는, 승진자의 늘어난 보상)는 회사뿐 아니라 동료 직원들이 보기에도 합리적이어야 한다. 승진자는 더 큰 조각의 파이를 차지하기만 해서는 안 되고 모두가 나누어 가질 파이의 크기를 키울 수 있어야 한다는 뜻이다. 이런 역학은 일류 투자은행이나 명망 있는 로펌 등 유사한 구조를 가진 다른 산업에서도 비슷하지만, 2+20을 기반으로 하는 사모펀드에서는 걸려 있는 돈의 규모가 훨씬 크다. 대개 파트너는 몇억 달러의 가치가 있고 설립자는 몇십억 달러의 가치가 있다고 평가된다. 은행이나 로펌에서는 찾아보기 어려운 일이다.

수평적 채용은 드문 일이지만, 최근에는 사모펀드 회사가 성장함에 따라 새로운 분야로 진출하며 점점 활발해지고 있다. 예컨대 지금까지 소셜 임팩트 투자social impact investment(수익을 추구하면서 사회적·환경적으로도 긍정적인 성과를 내는 것을 목적으로 하는 투자. '사회적 기여 투자', '사회 공헌 투자'로 번역하기도 한다-옮긴이), 인프라, 재생 에너지, 생명과학 등에 전혀 투자하지 않던 회사가 각각의 수직적 시장을 담당하는 팀을 만들고, 기존 파트너들과 손발을 맞춰 문화적 지속성과 공통의 투자 접근방법을 지킨다는 조건 아래 인재를 수평 채용하는 것이다. 이런 경우가 아니라면 외부 영입보다 내부 승진이 훨씬 안전하다는 것이 이들의 생각이다. 그래서 다른 산업 분야나 다른 사모펀드에서 수평 영입한 파트너급 임원 중에는 전문 기량이 있는 경우가 많다. 예컨대 새로운 수직적 시장에서 투자 기회를 발굴한다든가 회사 내부 사람들은 절대 알 수 없는 그 분야의 기술적 지식이 있다든가 하는 것이다. 사모펀드 회사가 투자를 다양한 분야의 사모자본으로 확장해 나갈수록 수평적 채용 경향은 급속히 커질 것이다.

믿기 어렵겠지만 수십억 달러에 이르는 투자 기회를 발굴하고 실행하고 관리하는 데 투입되는 투자 전문가는 고작 서너 명에 불과하다. 사모펀드 회사의 생명선인 이들 투자팀은 보통 하위의 분석 계층 한 명, 중간 계층 한 명, 상위 계층 한두 명으로 이루어진다. 이들의 평균 연령은 30대 중반이다. 사모펀드 회사는 파트너 변호사와 어소시에이트 변호사 수가 많을수록 의뢰인에게 비용을 청구할 수 있는 시간이 늘어나는 대형 로펌과는 다르다. 사모펀드가 운용하는 투자자의 돈 10억 달러당 투자 전문가의 수는 한 손으로 꼽을 정도다. 인당 핵심 업무를 줄인, 큰 투자팀을 선호하는 회사도 있지만 대개는 슬림하다. 각 팀원에게 돌아가는 투자 수익의 몫이 업계 내 최고 수준일 수밖에 없다. 대부분의 회사는 투자의 시작부터 끝까지 같은 팀을 유지하려고 한다. 물론 투자 건마다 항상 같은 사람들과 팀을 이룰 수는 없다. 직원이 이직할 수도 있고, 어떤 역할은 따로 떼어내 한 분야에 특화된 전문 팀으로 만들 수도 있기 때문이다. 하지만 궁극적으로 막중한 책임이 몇 사람 되지 않는 투자팀 손에 달려 있다. 따라서 팀 내에서 파벌을 조성하거나 분열을 초래하는 행위를 할 여유가 없다. 모든 팀원이 자신이 책임진 프로젝트에서 뛰어난 실적을 내고 싶어 한다. 모두 하나가 되어 몰입한다.

앞서 말한 것처럼 사모펀드 회사는 수직적인 피라미드 구조로 되어 있지만, 팀 내에서 일하는 방식은 매우 수평적이다. 계층마다 역할이 있지만 역할에 크게 얽매이지 않는다. 문은 항상 열려 있고 전화는 거의 어느 때나 가능하다. 하나의 투자팀은 단단히 결합된 하나의 작업 단위로 기능한다. 한 팀에 파트너가 두 사람 있다면 근무 연한이 다를 가능성이 크다. 이 경우 연한이 짧은 파트너는 프로젝트를 관리하고, 연한이 긴 파트너는 자문에 응하는 역할을 맡는다. 해당 시점에 프로젝트에서 가장 집중해야 할 부분과 프로젝트의 전반적인 부분을 모두 책임지도록 유도하기 위해서이다. 팀원들은 자연스럽게 자신이 투자자를 대신해 프로젝트를 책임지고 있다고 느낀다. 그래서 프로젝트에 모든 열정을 쏟아붓고 싶어 한다.

그렇다면 팀 구성원들은 어떤 방식으로 협력해 투자의 연금술을 발휘할까? 이들의 상호작용은 투자 기회(완전히 새로운 것이 되었든 전통적인 것이 되었든)를 만들어낸 여러 사건을 명확히 이해하는 것에서 시작해 돈을 벌기 위해 택해야 할 투자의 길을 따라 계속 이어진다. 최고의 회사는 투자를 왜 하는지에 대한 비전과 투자를 어떻게 성공시킬지에 대한 실행 계획을 함께 공유하면서 시작한다.

거래의 성사 가능성이 커지면 투자 전문가는 대략 다음과 같은 사고 과정을 거친다.

1. 이 회사의 영업은 이렇게 될 것이고, 그에 따라 매출액, 비용, 현금흐름, 자산은 저렇게 될 것이다. 이미 시장에서 자리 잡은 회사이든 새로 시작하는 회사이든 상관없다.

2. 이러한 변화를 일으키기 위해 이런저런 방식으로 이 정도 규모의 돈을 투자하고, 이러저러한 뛰어난 경영진과 손을 잡고, 이러이러한 경험 많은 이사를 이 사회에 선임하고, 자금 조달은 이런 식으로 하고, 세금 구조는 저런 식으로 가져가고, 이러이러한 이야기를 만들어 매각하면, 이 정도 기간 내에 상한 얼마하한 얼마 범위 안의 수익을 거둘 수 있을 것이다.

3. 위치 에너지에서 운동 에너지로, 첫날 지출한 돈에서 엑시트할 때 얻을 수 있는 수익으로 이어지는 이 경로가 프로젝트 기간에 일어날 투자자 돈의 성장 궤적이다. 이것이 앞으로 몇 년 동안 이 일을 성취할 때까지 우리가 따를 여정이 될 것이다.

투자팀은 투자 기간 동안 이 렌즈를 여러 번 정교하게 다듬는다. 결과를 더 정확히 예측하기 위해서이다. 피인수 회사의 경영 실태를 더 깊이 파헤쳐 재무 상태를 향상시킬 아이디어를 도출한다. 이들은 1년에 적어도 두 번 투자위원회에 사업 현황을 보고한다. 만약 프로젝트가 위험에 빠질 정도의 문제가 발생하거나 사업 부문 매각, IPO, 고위 경영진 선임 또는 해임 등과 같은 중요한 일을 앞두고 있다면 이런 보고는 더 자주, 더 심도 있게 이루어진다. 물론 동료 직원들도 투자팀이 해당 프로젝트에 초점을 맞출 수 있도록 돕는다. 그럼으로써 투자자에게나 사모펀드 회사에 더 나은 결과로 이어진다.

투자팀은 매 순간 자본 손실이 일어나지 않게 투자금을 보호하고 피인수 회사의 가치를 높이는 데 몰두한다. 엑시트할 때 더 많은 수익을 올리기 위해서이다. 이들은 사업 계획의 결과 대 책정된 예산, 전략의 성공 대 투입한 돈을 놓고 논쟁을 벌인다. 이때 주로 접촉하는 사람은 피인수 기업의 경영진과 이사, 그리고 모회사의 투자위원들이다. 이들은 전체 그림이 믿을만하고 분명해질 때까지 사고 과정의 빈틈을 메워가며 문제를 잘게 나누어 분석하고 계획을 다시 세운다.

이 북새통 속에서 투자 전문가는 모두 투자자를 위해 돈을 벌고 모든 사람이 투자 성과를 나눠 갖는다는 같은 목표를 향해 긴밀히 협력한다. 타당성이 있는 투자 계획에 대해서는 매우 긍정적이고, 착상이 잘못되었거나 준비가 어설픈 투자 계획에 대해서는 극히 부정적이다. 사모펀드는 벤처캐피털이 아니다. '여러 개의 뛰어난 아이디어에 돈과 인재를 투자해 그중 몇 개만 성공하면 전체적으로는 괜찮다'라는 말은 여기서는 통하지 않는다. 모든 프로젝트가 성공 가능성이 커야 한다.

투자위원회에 올라온 신규 투자 아이디어가 긍정적으로 보이면 승인의 문턱을 넘을 수 있도록 파트너들이 적극적으로 개입한다. 이들은 어떻게 하면 회사에 가장 유리하게 투자 환경을 조성할 수 있을까를 두고 브레인스토밍한다. 현재 진행 중인 프로젝트가 투자 승인을 받을 당시 투자팀이 보고한 내용에 비춰 어떤 실적을 보이고 있는가에 관한 안건이라면, 투자위원회는 프로젝트가 예상대로 성과를 내고 있는지, 수치가 만족스러운지 아니면 우려스러운지에 대해 까다롭게 물고 늘어진다. 파트너들은 이런 업무처리 방식에 매우 숙달되어 있어, 각 투자 프로젝트 성과의 적정선에 대해 의심의 여지나 모호한 점이 거의 없다.

모든 투자위원이 공통 목표를 중심으로 일치된 행동을 보인다. 모든 투자위원이 어떤 결과를 내야 하는지 알고 있다.

여기서 잠시 실제 상황을 모티브로 한 가상의 이야기를 살펴보기로 하자.

때는 2017년이다. 뛰어난 헤지펀드 투자자들과 월스트리트 은행의 총애를 받던 A 제약사가 지난 12개월 사이에 80%가 넘는 시장 가치를 잃고 시가총액이 1천억 달러로 쪼그라들었다. 이 회사는 일상적인 질환에 쓰이는 여러 필수 약품에 대한 특허권을 소유하고 제조해왔다. 이 중 몇 가지는 누구나 아는 친숙한 이름이다. 하지만 이 유명한 회사의 전망은 암울했다.

A 제약사는 망가질 대로 망가진 상태였다. 이 회사의 비즈니스 모델은 인수 목표로 삼은 수십 개의 의약품 특허권을 모두 빨아들이고, 현금흐름을 늘리기 위해 연구개발 예산을 최대한 줄이고, 환자와 보험사가 부담할 약값을 대폭 인상하는 것이었다. 이것이 합법적인지는 논쟁의 여지가 있지만, 의료 서비스 회사의 경영 방식으로는 틀림없이 매우 공격

적이었다.

의원들은 터무니없는 약값을 받는다며 이 회사를 비난했다. 회사의 회계 방침은 엔론Enron(휴스턴에 본사를 둔 세계적인 에너지 회사로 1996~2001년까지 6년 연속 '가장 혁신적인 기업'으로 선정될 만큼 실적이 좋았으나, 2001년 분식회계를 한 사실이 드러나 파산을 신청했다—옮긴이)과 비교되었다. 회사가 미국에서 케이맨 제도로 본사를 이전하자 사람들은 조세 회피 술책이라며 비난했다. 눈치 빠른 투자자들은 회사의 재무 상태가 지속 가능하지 않고, 차입을 통한 거듭된 특허권 인수로 인해 채무 부담이 치명적인 수준이라고 떠들어댔다. 제약 사업을 하는 회사가 과학과 발명을 위한 투자에 인색한 모습은 사람들 눈에 역겹게 비쳤다. 이런 모습은 CEO 전용 자가용 제트기를 구매하는 등 흥청망청한 회사의 씀씀이와도 비교되었다. 대체해서 쓸 복제약이 없는 여러 의약품에서 회사가 누려온 독점적 지위는 이제 강점이 아니라 올가미가 되었다. 이 회사의 주식에 전적인 신뢰를 보내던 일부 헤지펀드는 큰 손실을 보았다. 개중에는 투자자의 돈 10억 달러를 날린 곳도 있었다. 최악은 넷플릭스가 제작한 A 제약사에 대한 다큐멘터리가 공개된 것이었다. 상황이 어려워진 회사에서 빠져나온 고위 임원들의 증언 형식으로 회사의 부패를 드러낸 것이다.

한편, 센트럴파크에서 몇 블록 떨어진 시그램 빌딩 55층에 자리 잡은 **회사**는 세 수 앞을 내다보고 움직이고 있었다.

정오가 막 지난 시간이었다. **회사**의 투자위원들은 경험 많은 파트너가 이끄는 투자팀에 질문을 퍼붓고 있었다. 그들의 모습은 마치 콜로세움에서 목숨을 걸고 싸우는 검투사 같았다. 싸움은 벌써 두 시간 가까이 이어지고 있었다. 이번 투자위원회는 투자팀이 검토하던 투자안의 실행

세상을 움직이는 사모펀드 이야기

여부를 최종 결정하기 전에 열린 두 번째이자 마지막 회의였다.

투자팀은 지난 3년 동안 제약업계에 투자해 돈을 벌 방법을 모색해 왔다. 그렇다고 신약 개발에 투자하는 위험은 무릅쓰고 싶지 않았다. 거대 제약업체나 대학의 연구부서와 경쟁하는 것은 어리석은 짓이었다. 이들은 A 제약사와 그 밖의 몇몇 기업이 의약품 가격을 올리는 모습을 참을성 있게 지켜봤다. 그리고 가격 주도 전략에 투자하는 것은 현명하지 못하다고 판단했다. 너무 위험했고, 도덕성도 없는 일이었다.

그 대신 1조 달러 규모에 이르는 제약업계의 틈새시장을 공략하기로 했다. 틀림없이 리스크 대비 수익 면에서 **회사**의 구미에 맞는 기회가 있을 것 같았다. 파트너는 다양한 아이디어의 미묘한 차이를 이해하고자 업계의 경력자들을 영입했다. 투자가 이루어지면 이들 중 일부는 피인수 회사에 경영진이나 이사로 합류할 예정이었다. 팀원들은 많은 강습회와 콘퍼런스에 참가했고 전문가와 화상 회의도 여러 차례 했다. 이들은 데이터를 발굴해, 생각해낼 수 있는 모든 축을 따라 운영 분석과 재무 분석을 했다. 의약품 하나하나를 대입해가며 몇 개월에 걸친 운영 모델을 만들어보기도 하고, 다양한 경영 환경을 상정해 재무 모델을 돌려보며 예상되는 리스크와 수익도 알아보았다.

규정이 불리하게 바뀔 경우의 리스크를 계량화하기 위해 규제 분야의 전문가도 초빙했다. 원격 의료나 특정 질환에 특정 의약품을 어떤 주기로 어느 정도의 양을 투여할지를 판단하는 새로운 진단 도구 등과 같은 기술 발전이 미치는 영향도 고려했다. 소비자와 경쟁사가 보이는 행태의 질적 변화도 분석했다. 염두에 둔 표적 기업들의 운영비 구조를 모두 버리고 원점에서 예산을 다시 짜보기도 했다. 약품 제조를 위한 아웃

소싱 계약이나 영업 활동도 조사했다. 경쟁 사모펀드의 성공 사례와 실패 사례도 분석했다. 다른 산업에서 참고할 만한 사례가 있는지도 검토해보았다. 반복적으로 수입을 발생시키는 자산이 있는 산업은 무엇인가? 영업 활동을 강화하면 이 자산에서 더 많은 현금흐름을 창출할 수 있을까? 영화 라이브러리가 그러할까? 음악 백 카탈로그(한 뮤지션의 모든 음악 목록-옮긴이)는 어떨까?

팀원들은 반드시 합격해야 할 시험을 앞둔 수험생처럼 벼락치기식으로 지식을 밀어 넣었다. 프로젝트별 스프레드시트는 100쪽이 넘었다. 하지만 투자위원회에서 한 프레젠테이션은 모든 분야를 빠짐없이 커버하면서도 간결했다.

파트너는 투자팀이 색다르지만 대단히 매력적인 두 개의 투자안을 염두에 두고 있다고 말했다. 둘 다 복잡했고, 쉽게 성공할 수 있는 아이디어는 아니었다. 그래서 논의하고 분석하느라 시간을 보내는 등 우여곡절이 많았다. 하지만 시간을 오래 잡아먹는 안건이 대부분 그러하듯 결국은 투자위원회를 통과할 터였다. 좋지 않은 아이디어는 대개 논의가 일찍 종결된다.

첫 번째 안은 거대 제약업체와 협상해 옛날에 나온 의약품이나 한때 히트 쳤던 약품 등 해당 업체의 관심이 식은 분야를 떼어내 인수하는 것이었다. 이런 의약품에 어느 정도 돈을 투자해 마케팅을 활발히 하면 1년에 몇 퍼센트 정도는 가격을 올려도 괜찮을 것으로 보였다. 이들 약품은 독점 제품이 아니라서 값싼 복제약 때문에 경쟁이 치열하다. 하지만 워낙 잘 알려진 브랜드라 이들 약품이 소비자 시장에서 높은 점유율을 유지하기에는 충분할 것 같았다. 관심이 식은 자산은 헐값에 팔리는 법이니 거대 제약업체도 **회사**가 제시하는 가격을 받아들일 터였다. 제약업체의 영업 직원들도 계약 성사에 관심이 더 많을 것이었다. 어제의 히트 상품을 가격이나 만지작거리며 마케팅하는 것보다 10억 달러를 벌어올 차세대 히트 상품을 개발하기 위한 R&D에 더 집중하는 회사이기 때문이다. 이런 제약회사의 역학이 잘 훈련된 사모펀드 전문가들의 귀에는 음악처럼 들렸다.

투자팀은 여기서 엄청난 기회를 보았다. A 제약사의 실패한 비즈니스 모델에서 배운 교훈을 기반으로 회사를 갈고 다듬어 인수할 욕심이 생길 만큼 군침 돌게 만든 뒤 수익을 남기고 매각하는 것이었다.

투자팀의 두 번째 안은, 비즈니스와 연관된 문제로든 사업 계획이 A 제약사와 비슷하다고 시장에서 낙인찍혀서이든, 주가가 폭락한 회사의 부채를 사들이는 것이었다.

이들 기업은 다시 살아나든 아니면 구조조정이 필요하든 관계없이 기초 자산에는 상당한 본질적 가치가 있다. 그리고 이 가치의 우선권은 차입금과 채권債券이 행사한다. 금융시장의 관심은 이 부문에서 헤지펀드가 본 손실과 이 부문의 감독을 강화하기 위해 논의되고 있는 법안에 쏠려 있었다. 이런 논의는 '위험자산 회피' 성향을 강화해 기업 가치를 더 떨어뜨렸다. **회사**가 빨리 움직인다면, 다른 사모펀드가 A 제약사 사태에 뒤이어 쏟아져나오는 뉴스에 정신이 팔려있을 때 할인된 가격으로 조용히 부채를 사들일 수 있을 터였다.

회사는 부실채권◆ 투자자로서 어음의 상환을 촉진하거나 채무 재조정을 주도하는 위치에 섬으로써, 표적 기업의 운명을 좌우하거나 최소한 운명에 영향을 미칠 수는 있을 것이다. 이 과정에 최대한도로 이익을 추구할 수 있을 터였다. 게다가 표적 기업의 문제를 해결해나가는 동안에도 **회사**는 계속해서 이자를 지급받을 수 있다.

이 안은 무작정 채권이 액면 가격으로 다시 올라가기를 바라고 부실 채권을 인수하자는 것이 아니었다. 물론 그렇게 된다면 그것 또한 큰 수익으로 이어질 터였다. 요지는 규제와 정치적 리스크를 계량화한 뒤 곤경으로 보이는 상황을 영리하게 이용할 방법을 찾는 것이었다. 어떻게 움직이는 것이 현명한 방법일까? 경쟁사가 움직인다면 어떤 식으로 움직일까?

투자팀이 승인받은 안은 상당한 융통성이 있었다. 투자 조건을 수정해야 할 필요성이 생기면 그다음 주 월요일까지 기다릴 필요 없이 설립자나 가장 오래된 몇몇 파트너의 결정을 받아 바로 수정할 수 있었다. **회사**는 빨리 움직여야 할 때 빨리 움직일 수 있었다.

계획대로 투자가 이루어진다면 **회사**가 신세계에 발을 들여놓았다는 사실을 알리는 시그니처 계약이 될 터였다. 가장 많은 돈을 굴리는 사모펀드 회사일 필요는 없었지만, 경쟁사뿐만 아니라 투자자의 눈에 창의적이고 영리한 회사로 보일 필요는 있었다. 새로운 분야에서 이루어지는 첫 번째 투자가 계약 조건을 믿지 못하게 되는 상황이나 선택한 전략이

◆　**부실채권**Distressed debt **자금난에 빠진 기업이 발행한 채권이나 그런 기업이 차입한 대출금 같은 채무 상품**debt instrument**을 말한다. 예컨대 기업의 재무 건전성이 악화되어 이자를 지급하지 못하거나 제때 채무를 상환하지 못하는 지경에 이르면 채무 상품의 가격은 가파르게 떨어진다(액면가의 60~70% 또는 그 이하로). 자금난에 처한 기업에 투자하는 것에 따르는 리스크 때문이다. 부실채권의 투자 수익률은 평균치보다 높을 때가 많은데, 이것이 높은 리스크를 감수하는 투자자에 대한 보상이다. 사모펀드는 투자 전략의 일환으로 부실채권을 매수하기도 한다. 예컨대 해당 기업이 일시적으로 자금난을 겪더라도 다시 살아나 재무적으로 건전해질 것으로 보인다면 부실채권이라도 매수할 수 있다.**

의심스럽다고 느껴지는 상황에 놓이는 것을 바라는 사람은 아무도 없었다. 이 투자는 경쟁사에서도 따라 하고 싶다고 느낄 만큼 현명한 거래로 보여야 했다.

이후 **회사**는 두 건의 계약을 성사시켜 투자 포트폴리오에 제약업계를 추가한 최초의 사모펀드 회사가 되었다. 기존 사모펀드에서 가져온 돈과 투자자가 투자한 돈을 합한 투자금은 **회사**가 관리하는 특수목적법인에 투입되었다. 이런 자산을 웨어하우징 자산warehousing assets♦이라고 한다. **회사**는 이 자산을 이용해 전문화된 펀드를 운용한다. 기함에 소속된 호위함과 같은 식인데, 이 경우에는 호위함이 생명과학 특화 펀드였다.

위에서 설명한 일련의 사건은 창의적으로 돈을 벌 기회가 보이자 사모펀드 대가들이 '이 기회를 어떻게 현명하게 활용할 수 있을까?'를 생각함으로써 촉발되었다. 아이디어를 떠올린 다음 이들은 세부적인 내용까지 샅샅이 찾아내기 위해 엄청난 노력을 쏟아부었고 집요한 실행 역량을 발휘하며 거래가 성사될 때까지 쉬지 않았다.

이것이 사모펀드 내부에서 돌아가는 모습이다. 사모펀드는 독창적인 투자 테마를 발굴하거나, 위의 사례에서처럼 일련의 사건을 관찰하며 가치를 창출할 기회를 엿본다. 소수의 투자 전문가로 단단히 결속된 팀

♦   웨어하우징Warehousing 자산운용사가 임시 조직을 만들어 투자 자산(예컨대 회사의 지분 등)을 보유하고 관리하는 것을 말한다. 이 자산은 나중에 더 오래 존속할 조직으로 넘어간다. 예를 들어 사모펀드 회사가 엄청나게 좋은 투자 기회를 발굴했지만, 기존에 운용하고 있는 펀드 중에는 여기에 적합한 펀드가 없다고 하자. 이 경우에도 회사는 이 투자 자산을 보유할 맞춤형 특수목적법인을 세워 투자자의 돈으로 거래를 성사시킬 수 있다. 거래가 이루어지고 몇 개월 지난 후 회사는 이 자산을 더 오래 존속할 조직으로 이관한다. 예컨대 10년 이상 존속할 새로운 사모펀드를 모집하는 것이다. 사모펀드로 넘어가는 이 기간 동안 이전에 참여하지 않았던 신규 투자자를 모집할 수도 있다.

이 프로젝트를 맡아 준비하다가 때가 되면 올바른 답을 도출하기 위해 동료 직원들의 비판과 지원을 받는 무대에 기꺼이 오른다. 이들이 책임지는 금액은 몇억 달러에서 십억 달러 이상에까지 이른다. 이들은 표적 기업이 속한 산업, 자금 조달 방법, 경영, 경쟁사 등에 대해 알아야 한다. 또 투자위원회가 까다로운 질문을 하기 위해 찾아볼지도 모를 유사 사례도 알아야 한다. 이들은 프로젝트에서 엑시트할 때까지 접촉하는 인맥과 정보를 항상 최신 상태로 유지해야 한다. 이 중에 수월하고 평범한 일은 아무것도 없다.

돈을 투입하는 것은 프로젝트의 끝이 아니라 시작에 불과하다. 정말로 힘든 일은, 투자팀이 피인수 회사의 경영 실태와 함께 투자위원회를 설득한 논거의 진행 경과를 보고할 때 시작된다. 이런 보고는 분기에 한 번은 이루어진다. 투자위원회는 경로 수정을 제안하기도 하고, 일이 잘못 돌아가는 것을 발견하기도 하고, 지뢰를 피하도록 도와주기도 한다.

투자팀이 하는 것 중 가장 중요한 일은 피인수 회사 경영진을 평가하는 것이다. 열심히 일하지 않거나 피드백에 귀를 기울이지 않거나 자료 요청에 응하지 않는 등 상황을 인식하지 못하는 사람은 없는가? 경영진 중 어떤 사람을 바꿔야 할까? 회사의 혼란이나 사회적 조롱, 최악의 경우 소송 가능성을 최소화하면서 성과를 내는 방법은 무엇일까? 투자팀은 모든 것을 확실히 통제하기 위해 끊임없이 심사와 재심사를 진행한다. 일류 상장기업이 인수한 회사를 상대로 할 법한 이 모든 일을 겨우 몇 사람이 초고속으로 수행하는 것이다.

이런 작업을 포트폴리오 관리◆라고 한다. 이 작업은 진입에서 엑시트까지 프로젝트를 안내하는 노아의 방주다. 이 과정에 더해서 이사진과의 논의뿐만 아니라 경영진과의 실무회의와 투자팀 내부 회의를 거친다. 대략적으로 봤을 때 사모펀드 투자에서 이루어지는 일의 3분의 1은 진입과 관련한 일이고, 3분의 1은 포트폴리오 관리, 나머지 3분의 1은 엑시트와 관련한 일이다. 프로젝트마다 차이가 있지만 이 비율은 실제 일어나는 업무의 양과 거의 일치한다. 이것을 보면 출발 신호가 떨어지고 나서부터 결승선까지 쉴 시간이 거의 없다는 사실을 알 수 있다. 투자 이면의 논거를 실행에 옮기기 위해 사모펀드는 피인수 기업에 가하는 경영상의 변화나 피인수 기업의 궤도 변화를 요구한다. 앞으로 사모펀드가 소유한 피인수 기업의 이야기의 뼈대를 형성할 것이 이 논거다.

사모펀드 회사는 매각이 목표라는 사실을 감추지 않는다. 엑시트는 실행 계획의 일부로, 수익을 내고 엑시트하는 방법으로는 어떤 것이 있을까에서 시작해 이렇게 하려면 처음부터 해야 할 일이 무엇일까로 거슬러 올라가는 역설계 기법을 적용한다. 어떻게 매각할 것인가, 조금 더 폭넓게 말해 사모펀드의 투자 자산을 어떻게 현금화할 것인가의 마인드맵은 다른 무엇보다도 복잡하다. 우리가 아직 다루지 않았던 옵션 중 하나는 투자 자산을 사모펀드 회사가 운용하는 한 펀드(더 오래된 펀드)에서 다른 펀드(상대적으로 최근에 모집한 펀드)로 매각하는 것이다. 회사는 프로젝트에서 엑시트해 수익을 실현하고 싶기도 하고, 또 한편으로는 이 투자 자산을 계속 붙들고 있고 싶기도 하다. 앞으로 상당 기간 더 많은 가치를 창

◆ 포트폴리오 관리Portfolio management 차입 매수 기법으로 인수한 기업의 가치를 높이기 위해 사모펀드의 투자 전문가가 피인수 기업의 경영진과 힘을 합해 해당 기업을 관리하는 일을 말한다. 포트폴리오 관리에 성공하면 사모펀드의 수익을 늘릴 수 있고 해당 기업의 가치도 높일 수 있다.

출할 것으로 보이기 때문이다. 이 경우 **회사**는 오래된 펀드의 투자 자산을 신규 펀드에 매각함으로써 두 가지 목적을 다 달성할 수 있다. 게다가 양쪽 펀드 모두에서 2+20의 수수료를 받게 될 것이다.

이것은 매각 실패의 위험을 낮추면서도 매력적인 엑시트 가격을 받을 수 있는 창의적인 방법이다. 두 펀드 모두 같은 사모펀드 회사가 운용하기 때문에 가능한 일이다. **회사**는 매수하는 펀드가 새로운 표적 기업을 사들인 것처럼 '새로운' 투자 자산에서 2+20의 수수료를 수취한다. 그리고 엑시트 전략을 통해 '오래된' 투자 자산을 현금화한다.

대부분의 투자자는 이런 거래에 반대하지 않는다. 예를 들어, 표적기업은 앞으로도 상당 기간 좋은 실적을 유지하겠지만 기존 펀드의 운용기간을 크게 벗어나므로 다음 펀드가 이어받아 관리하다가 자체 계획에 따라 엑시트할 것이라고 설명하는 것이다.

사모펀드의 투자 과정은 흥미진진하면서도 독특하다. 비교적 젊은 간부가 시장에 자리를 잡은 회사에 상당한 영향력을 행사할 수 있고, 전세계의 고위 경영진 및 전문가와 그 기업의 미래를 논의할 수 있는 곳은 다른 업계에는 없다. 사모펀드 회사에서 젊은 간부는 기업, 소비자, 표적기업의 영향을 받는 공동체, 공급망, 환경 등에 영향을 미칠 수 있다. 당신이 맨해튼이나 메이페어의 사무실에 앉아 있다면 실제로 일이 돌아가면서 엄청난 변화를 일으키는 힘을 보고 짜릿한 흥분과 동시에 겸허함을 느낄 것이다. 이런 일을 한번 하고 나면 여기에 견줄만한 다른 일은 찾기 어렵다.

이렇게 일으킨 엄청난 변화는 돈벌이로 이어진다. 사모펀드의 두둑한 경제적 보상은 이 시스템을 움직이는 사람들의 의욕을 자극한다. 다음 장에서는 의사결정기구의 힘의 집중과 이 산업의 엘리트 집단이라고 할 수 있는 사모펀드 회사의 최고위층으로 넘어가 이 주제를 좀 더 깊이 살펴보도록 하겠다.

무대 뒤에 있는 사람들

03

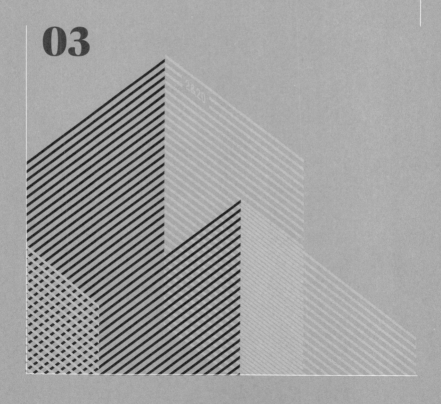

PRIVATE
EQUITY
FUND

데이비드의 첫 출근일이다.

금융위기가 발생한 지 1년이 지난 12월 초 어느 날이었다. 날씨는 추웠지만 하늘은 맑았다. 오전 7시 30분이었다. 데이비드가 시그램 빌딩 근처의 지하철역에서 새로 옮긴 **회사**까지 걸어가는 동안 불던 차갑고 상쾌한 바람이 마천루 입구에 이르자 상상의 통제선을 만난 듯 멈추는 느낌이 들었다. 데이비드는 월스트리트 투자은행에서 일하다가 미드타운에 있는 이 **회사**에 제일 아래 직급인 어소시에이트로 합류했다. 그는 현관에 들어서기 전 하늘을 올려다보았다. 구름을 뚫고 치솟은 검은 유리 건물 벽이 눈에 들어왔다. 데이비드는 감사의 기도와 함께 행운을 기원하며 건물 안으로 들어섰다. 친구나 동료들의 말마따나 드디어 빅 리그에 진출한 것이다.

회전문은 거대했지만 건물의 엄청난 높이와 폭에 비하면 어딘가 초라해 보였다. 보안은 삼엄했다. 검은 양복을 입고 귀에 리시버를 낀 덩치 큰 사내 십여 명이 로비를 어슬렁거렸고, 안내데스크 주위에는 그보다 많은 수의 보안요원이 정자세를 취하고 있었다. 데이비드는 짧은 계단을 올라 접수대에 도착했다. 자신과 같은 처지의 신입 사원들이 출입 절차를 밟고 있는 모습이 눈에 들어왔다. 서유럽 출신의 여자 한 명, 미국 출신의 남자 세 명, 그리고 아시아계 남자인 자신을 포함해 모두 다섯 명이었다.

데이비드는 와튼을 수석으로 졸업한 뒤 골드만삭스의 인수합병부서에서 2년 동안 재무분석가로 일하며 금융 분야의 경험을 쌓았다. 그러다 **회사**의 자리를 드디어 하나 차지하게 되었다. 그는 2개월 넘게 비밀리에 고위 투자 전문가 스무 명으로부터 면접을 치렀다. 이들은 수없이 많은 사례 연구, 재무 모델, 인성과 관련한 질문들로 그를 괴롭혔다. 데이비드는 진심에서 우러나는 말을 소신 있게 하는 것이 최고의 답변이라는 느낌을 받았다. 그럴 때면 면접관이 알았다는 듯 가볍게 고개를 끄덕여 주었기 때문이다. 그는 본능적으로 자기 상사가 될지도 모를 면접관들이 싫어할 것 같은 무미건조한 표현은 피하려고 했다.

갑자기 로비에 있던 보안요원들이 얼굴에 미소를 띠며 부산스럽게 움직였다. 감색 플란넬 양복에 두꺼운 코트를 걸친 50대 초반의 키 크고 체격 좋은 남자가 맞춤 제작한 선글라스를 벗을 생각도 하지 않고 로비를 천천히 걸어 들어왔다. 그러더니 붉은 카펫이 깔린 텅 빈 엘리베이터 안으로 쑥 들어갔다. 홀 중앙 대리석 기둥 안쪽에 있는 황동 장식의 엘리베이터 스무 대 중 한 대였다. 그 엘리베이터를 타려고 기다리고 있던 월스트리트의 고위 은행가 여섯 명은 그가 오는 모습을 보더니 다른 엘리베이터 앞으로 흩어졌다. 신입 사원들은 아무런 제지도 받지 않고 들어오는 그의 모습을 보자마자 그가 누군지 바로 알아차렸다. **회사**의 설립자였다. 30억 달러의 재산을 가진, 그리고 지금도 재산이 계속 불어나고 있는 투자의 전설이었다.

한 시간 전 이스트빌리지에 있는 원룸 아파트에서 출발하기 직전에 데이비드는 새로운 소식이 올라왔나 하고 마지막으로 **회사** 웹사이트를 샅샅이 훑어보았었다. 그는 열두 달 전 **회사**에 지원하며 웹사이트를 검색하던 때를 떠올렸다. **회사**는 전 세계에서 머릿속에 떠올릴 수 있는 거의 모든 산업에 투자하고 있었다. 경제 규모가 큰 나라는 모두 포함되어 있었고 경제 규모가 작은 나라도 일부 있었다. 그는 자신의 고용주가 엄청난 인물이라는 사실을 알고 있었다. 주요 대륙에 있는 사무소에는 수천 명의 엄선된 직원이 근무하고 있었다. 이들이 다양한 분야에 투자하는 돈은 수십억 달러에 이르렀다. 이들은 자본주의의 정점에 올라앉아 있었다. 끊임없이 성장하는 GDP의 한 단면이었다. 이제 그도 이곳의 일부가 되려는 참이었다.

회사 웹사이트는 사회적 이상 실현을 위한 사모펀드의 기여와 성과를 강조한 사진과 글로 번지르르하게 도배되어 있었다. 구성원의 다양성, 지속가능성, 지역 연계, 적극적 시민정신 같은 내용이었다. '가장 일하기 좋은 직장'으로 선정되어 받은 상도 있었다. 사모펀드는 우량기업을 육성하고, 근로자의 돈을 책임지고 관리하는 역할을 하는 존재로 묘사되었다. 여기에 윤리, 문화, 가치, 신뢰성 같은 말들을 앞세웠다. 데이비드는 웹사이트의 사진과 글을 보며 직업적 의무감을 느꼈다. 연금펀드에 의존하는 은퇴자들을 도와야 한다는 명확한 목표 의식이었다. 이런 연금펀드는 **회사** 투자자의 한 축을 형성하고 있었다. 웹사이트에서는 **회사**가 이익을 추구하는 기업으로서 퇴직연금이 원활하게 돌아갈 수 있게 노력한다는 사명 중심의 이야기를 보여줬다. 그런 틀 안에서 은퇴자와 주주가 모두 이익을 본다는 것이었다. 신중하게 선택되어 각색된 이미지겠지만 사실이기도 했다.

웹사이트에 올려놓은 조직도는 최고 우량기업 이미지의 전형을 보여주었다. 이사회에는 재계 및 정치계의 고위급 인사가 비상임 이사로 포진해 있었고, 그 아래 **회사**의 모든 기능을 나눠 맡은 집행 임원이 있었으며, 그 옆으로는 업계의 영향력 있는 인사들로 구성된 고문 명단이 있었다. 정부 관련 업무, 환경 문제, IT, PR, 포트폴리오 관리, 거시경제 분석, 법무 및 규정 준수, 리스크 관리 등의 전문가는 투자 전문가와 동급으로 배치되어 있었다. 이들 정규직 '비투자 전문가'의 수는 2대1의 비율로 투자 전문가보다 많았다. 뛰어난 인재들을 한데 모아놓으니 위풍당당하고 다양하고 경험 많은 모습이 마치 재계의 유엔 같았다. 여기에다 운영위원회, 관리위원회 등 각종 위원회가 더해져 **회사**의 전체적인 모습을 완성했다. 견제와 균형을 위한 장치도 여럿 눈에 띄었다. 이로 인해 **회사**의 권한이 적절히 분산되어 있다는 인상을 주었다. 누구라도 투자자의 돈 수천억 달러를 굴리는 다국적기업에서 기대할 법한 내용이었다.

하지만 첫 근무일이기는 해도 데이비드는 모든 것이 보기와는 다를 것이라는 느낌이 들었다. 물론 웹사이트의 정보는 모두 사실이고 정확할 것이다. 하지만 뭔가가 더 있을 것이다. 사모펀드의 무대 뒤편에서 실제로 벌어지는 일에는 틀림없이 뭔가가 더 있을 것이다. 사모펀드가 주식회사처럼 돌아가지는 않을 것이다. 단단히 결속된 작은 민간회사 같을 것이라는 느낌이 들었다. 그는 이미 어떤 직원은 다른 직원보다 더 평등하다는 말을 들은 적이 있었다. 다른 자산운용사보다 사모펀드가 이럴 가능성이 훨씬 크다고 했다. 데이비드는 여러 번의 면접을 거치는 동안 사모펀드 회사는 의사 결정권이 집중되어 있다고 느꼈다. 권한이 한 곳에 집중되어 있는 것이다. 성과가 좋으려면 그럴 수밖에 없을 것이라는 생각도 들었다.

데이비드는 생각에 잠겼다. 어쩌면 입시 직전이라 이런 사실이 어느 때보다도 더 민감하게 다가왔는지 모른다. 이미 사모펀드 회사에서 일하는 친구들이 한 말도 틀림없이 이런 느낌이었을 것이다. 뛰어난 투자가 몇십 명의 어깨를 짓누르는 투자 결정의 무게는 어마어마하다. 순자산총액이 불어나면 이들의 책임도 무거워진다.

다양한 사모자본 전략을 구사하며 수천억 달러를 운용하는 회사라면 200명가량의 투자 전문가가 있다. 수천억 달러 중 최근에 모집해 투자할 곳을 찾는 사모펀드 하나의 규모가 200억 달러이고, 수익을 실현하기 위해 매각해야 할 자산에 투자된 기존 펀드의 규모가 100억 달러라고 하자. 이 돈만 해도 300억 달러다. 데이비드는 모두 합해 300억 달러에 이르는 자산을 사고파는 매우 중요한 결정이 고작 20여 명의 파트너 손에 달렸다는 사실을 알고 있었다.

데이비드는 사모펀드가 실제로 어떻게 돌아가는지 알려면 이 시스템을 살아 움직이게 하는 사람들을 알아야 한다고 생각했다. 그러려면 무대 뒤편에 있는 사람들에게 주의를 기울여야 했다.

데이비드는 신입 사원 오리엔테이션에서 **회사**에 대한 여러 가지 소개를 들으며 회의실에서 세 시간을 보냈다. **회사**가 상장된 후 오리엔테이션이 강화되어 규정, 품위 유지, 의전, 규칙, 지출 결의서 작성 방법은 딱딱했지만 그 밖에 중요한 여러 문제에 대해 설명을 들을 수 있었다. 데이비드는 인적자원관리실에서 나눠준 조직도를 보고 감독·지원 기능을 하는 부서의 인원 수에 놀랐다.

데이비드는 설명을 들으며 내용을 기억하려 애썼다. 하지만 그의 마음은 벽에 걸려있는 화려한 골동품 소총에 가 있었다. 그는 구시대의 화력에서 연상되는 이미지가 자신이 지금 소개받고 있는 현대 조직과 극명한 대조를 이룬다는 생각이 들었다. 아날로그 방식의 방아쇠, 확실한 목표물, 화약 본연의 화학 작용. 조준, 사격, 사살. 누군가는 이 총에 큰돈을 지불했을 텐데, 누군가는 다른 이유로 이 총을 전시하다니…. 데이비드는 자신의 야망이 전혀 부끄럽지 않았다. 그는 노동자 계급의 가정에서 태어나 열심히 일해야 한다는 원칙 외에는 아무것도 가진 것 없이 출발했다. 그리고 엘리트 세계에 발판을 만들기 위해 학창 시절부터 죽기 살기로 노력했다. 그는 운명을 개척할 수 있다면 무슨 짓이라도 하겠다고 맹세했다.

입사가 결정될 때 데이비드는 15만 달러의 연봉을 제안받았다. 인적자원관리실 책임자는 지원자의 1%도 안 되는 사람만이 누릴 수 있는 행운이라는 말을 덧붙였다. 지원자 중 1%도 안 되는 사람이 겨우 들어온 곳은, 순자산 기준으로 1% 안에 속하는 사람들이 있는 엘리트 클럽 중에서 제일 낮은 단계였다. 데이비드는, 다른 대형 사모펀드 회사에 지원한 여러 친구와 달리 들어가는 데 성공했다는 사실보다 막강한 힘을 가진 사람들 틈에 끼어들 생각에 겁이 덜컥 났다.

오전 11시, 오리엔테이션이 끝났다. 새로 들어온 인력을 각 프로젝트에 배분하는 역할을 맡은 파트너가 데이비드를 바로 첫 번째 프로젝트에 투입했다. 물론 이 파트너도 자신이 맡은 별도의 투자 업무가 있었다. 데이비드가 맡은 프로젝트는 설립자에게 직보하는 전략 과제였다. 그가 할 일은 '엔드게임'이라는 코드명이 붙은 프로젝트를 업데이트하는 것이었다. 이 프로젝트는 생물체나 다름 없었다. 창의적인 천재로 알려진 파트너 몇 사람이 6개월마다 이 프로젝트를 보완하며 완성도를 높이기 위해 노력했다. **회사**를 운영할 뿐만 아니라 대외적으로 회사를 대표하는 얼굴로 활동하는 다른 파트너들도 힘을 보탰다. 프로젝트의 목표는 경쟁사보다 먼저 시장의 기회를 포착함으로써 **회사**의 규모와 이익을 최대화하기 위한 최적의 방법을 찾고, 그것을 활용하는 계획을 실행하는 것이었다. **회사**는 경쟁사가 모방할 기회를 최소화하기 위해 소리 소문 없이 움직여야 했다. 이 과제는 워낙 비밀스러운 것이라 아무와도 과제와 관련한 이야기를 해서는 안 되었다. 같이 입사한 어소시에이트 네 명에게도 말하면 안 된다고 했다. 데이비드는 그러겠노라고 대답했다.

신입 사원들은 넓은 사무실에 직사각형으로 줄 맞춰 배열된 책상에 앉았다. 어소시에이트들이 각자 자리에 앉아 바쁘게 일하는 모습은 마치 기관실에서 돌아가는 기계 부품 같았다. 사무실을 빙 둘러 방들이 배치되어 있었다. 그중에는 센트럴파크가 내려다보이는 큰 방도 있었고 창문조차 없는 아주 작은 방도 있었다. 실내 장식은 깔끔한 현대식이었고 대형 시청각 시설이 설치되어 있었다. 모든 것을 갖춰 놓은 커다란 셀프서비스 주방도 24시간 개방되어 있었다. 하지만 비품은 조금 낡아 보였다. **회사**가 사무실과 집기를 스캔들이나 파산으로 인해 조금이라도 돈을 마련하려고 애쓰던 언론이나 다른 대기업에서 취득했다는 도시 괴담의 흔적이 여기저기에서 보였다.

괴담에 따르면 설립자가 직접 나서서 50년짜리 임대차 계약부터 유명 브랜드의 집기까지 모든 것을 헐값에 사들이는 협상을 했다고 한다. 상대 회사는 파멸을 앞두고 있었고, 임원들은 투옥에 직면해 있었다.

눈에 보이고 **회사**의 모든 분위기가 열심히 일하는 결과 중심의 일류 조직이라는 느낌을 풍겼다. 이런 분위기는 사람에게서도 느낄 수 있었다. 근무 시간에는 모든 사람이 진지해 보였다. 심지어 농담하거나 웃을 때도 그랬다. 감정은 절제되어 있었고 입에서 나오는 말은 모두 신중했다. 조금이라도 언성이 높아지는 일 없이 몇 시간씩 업무에만 집중했다.

직원 두 사람이 복도를 걸어갈 때면 로퍼가 바닥에 닿으며 내는 소리가 두 사람이 나누는 대화보다 크게 들릴 정도였다. 가끔 파트너의 말에 모여있던 몇몇 사람이 웃음을 터트리거나 생일 축하 노래를 부르는 희미한 소리나 뭔가를 축하하기 위해 건배하는 소리가 잠시 들리곤 했다. 미슐랭 별점을 받은 식당과 근처의 유명한 델리에서 제공하는 진수성찬이 사무실에서 하는 모든 식사에 편안함과 사치스러운 느낌을 더해주었다. 이 모든 것이 직원들을 지원할 뿐 아니라 **회사**의 지위를 반영하고 재확인하기 위한 것이었다. 직원들은 모두 좋은 대우를 받고 있었다.

데이비드의 업무 공간은 넓었다. 책상은 높낮이를 조절할 수 있는 값비싼 스탠딩 테이블이었다. 오랜 시간 일해야 하는 직원들을 위한 **회사**의 배려였다. 데이비드의 상급자는 다른 중간급 투자 전문가와 마찬가지로 별도의 사무실이 있었다. 코너에 있는 넓고 멋진 방은 아니고 그저 별도로 분리된 공간이었다. 이 과제를 책임진 파트너는 다른 열아홉 명의 파트너와 마찬가지로 그보다 세 배나 넓은 제대로 된 사무실이 있었다. 삼중의 감광 유리로 된 창이 바닥에서 천장까지 이어진 이 사무실은 세계에서 가장 비싼 녹색 정원인 센트럴파크의 아름다운 경치를 내려다보고 있었다. 파트너 사무실 옆으로 비서들이 전화를 응대하거나 투자 관련 일정을 조율하고 있었다. 이따금 VIP 손님이나 기업의 고위 임원들이 사무실을 가로질러 파트너 방이나 회의실로 가 파트너와 이야기를 나누었다. 이 방에는 상원의원이 앉아 있고 저 방에는 포춘 500대 기업 CEO가 앉아 있는가 하면, 한 주는 기술기업 창업자가 오기도 하고 그 다음 주는 할리우드의 거물이 오기도 했다. **회사**는 금융계 인사뿐만 아니라 각 분야의 실력자들이 찾는 곳이었다.

파트너들은 직원들과 격의없이 어울렸다. 이들은 소탈했고 여유로웠다. **회사**를 움직이는 사람들이었다. 이들은 예정에 없이 투자팀을 불러 잡담을 나누기도 하고, 투자와 관련해 윗사람의 도움이 필요한 까다로운 문제에 대해 질문하기도 했다.

개방과 여유는 이들에게 도움이 될 뿐만 아니라 파트너가 가진 특성의 일부이기도 했다. 두려워할 게 아무것도 없고 얻을 것만 있었기 때문이다. 늦은 시간이면 농담이나 가십이 오고 가는데, 때로 파트너도 끼어들어 우스갯소리로 분위기를 돋우었다. 하지만 파트너가 직원들과 곧잘 어울린다고 해서 평등하다는 뜻은 아니다. 모두가 알고 있는 사실이었다. 파트너는 록스타처럼 보이거나 행동하지 않았지만, 다른 사람들과 다르다는 것은 부인할 수 없는 사실이었다. 이들의 신분과 지금까지 거둔 실적, 그리고 일을 계속하겠다는 이들의 선택 때문이었다. 많은 파트너가 은퇴할 수 있는데도 삶이 너무 지루해질까 봐 남아 있었다.

데이비드는 파트너가 사무실로 나오거나 근처에 있으면 직원들이 등을 더 곧추세우고, 목소리를 더 높이고, 표정을 더 진지하게 하고, 말을 더 조리 있게 하는 것을 느꼈다. 모두 더 신중하고 더 치밀하고 더 적극적으로 일했다. 그것이 거짓된 태도는 아니었다. 주의를 더 기울이는 것일 뿐이었다. 데이비드와 신입 사원들은 그 모습에서 사무실의 에너지와 목적의식, 성취감을 느꼈다. 이들은 매일 자정이 지난 시각에 녹초가 된 상태에서도 일을 생각하며 택시를 타고 작은 아파트로 돌아가면서 '이보다 더 나은 곳은 없어'라는 말을 되뇌었다. 이들이 있는 곳은 월스트리트의 웨스트윙(백악관의 집무실-옮긴이)이나 다름없었다. 금융계에서는 이곳과 비교할 대상이 없었다.

커뮤니케이션은 세 가지 방법으로 이루어졌다. 직급과 관계없이 얼굴을 마주하는 대화가 최고였다. 열에 일곱은 주제가 너무 비밀스럽거나 민감하거나 공개되어서는 안 될 내용이었기 때문이다. 상급자 방문을 노크하면서 잠시 시간을 내달라는 말은 중요한 보고가 있다는 뜻이었다. 직접 만날 수 없으면 전화를 했다. 이때는 용건만 간단히 말해야 했다. 준비 없이 전화하는 것은 시간 낭비로 간주되었기 때문이다. 마지막 방법은 이메일을 보내는 것이었다. 이메일은 꼭 필요할 때만 보내야 했고 부정적인 내용이 들어가면 안 되었다. 데이비드가 첫 주에 받은 가장 무서웠던 이메일은 상사가 보낸 짧은 메일이었다. 거기에는 '잠깐 얘기 좀 하세'라고 적혀 있었다.

팀원들 사이 또는 협력할 필요가 있는 팀 사이의 업무 흐름을 원활하게 하기 위해 이용하는 사내 메신저 앱을 제외하면 위에서 설명한 내용이 직원들의 주 커뮤니케이션 방법이었다. 거래에 수십억 달러가 걸려 있을 때 어떤 방법으로 쟁점을 설명하는가(그리고 듣는가)는 매우 중요한 문제다.

과업 지시는 바로바로 떨어졌고, 업무 흐름의 속도는 감당할 수 있는 사람에게 일을 맡기는 속도에 달려 있었다. 업무 우선순위가 분명해지자마자 데이비드는 혼자 모든 일을 감당해야 했다. 그는 틈틈이 사내 메신저로 선배 직원들과 연락을 주고받으며 업무 진도를 확인했다. 업무량이 많고 마감 시한이 짧아 낭비할 시간도 없었고 숨을 곳도 없었다. 지시받은 일에 대한 결과물을 내느냐 못 내느냐이지, 하고 있는 중이라는 말은 할 수 없었다. 자정까지 이어지는 극도로 힘든 근무 패턴 때문에 CCTV로 감시할 필요도 없었다.

세상을 움직이는 사모펀드 이야기

데이비드가 소속된 프로젝트팀의 팀원 세 명은 매일 아침저녁으로 만나 진도를 확인하고 과제를 정했다. 데이비드는 악마의 변호인 역을 맡아 꼬치꼬치 캐묻고 사사건건 물고 늘어져야 했다. 대단히 참신하고 신나는 일이었다.

파트너는 이 프로젝트가 사업 계획 검토나 전략 갱신보다 더 중요한 일이라고 했다. 설립자와 파트너들은 IPO를 한 후, 시장에서는 투자 수익이 현금화될 때 변동성이 큰 성과 보수(20%)보다 안정적이고 반복적인 운용 보수(2%)를 더 가치 있게 본다는 사실을 깨달았다. 주가는 장기 계약에서 꾸준히 들어오는 운용 보수의 규칙적인 흐름에 민감하게 반응했다. **회사**의 순자산총액 규모가 커지면 투자자가 느끼는 주식의 매력도 커진다는 뜻이었다. 자산과 함께 운용 보수의 규모도 커지기 때문이었다. 물론 **회사**가 운용하는 펀드의 성과가 좋았기 때문에 성과 보수의 실적도 좋았다. 하지만 성과 보수는 에쿼티 스토리equity story(회사의 비즈니스 모델, 역사, 전망, 향후 전략 등을 투자자에게 어필하기 위해 설명하는 여러 가지 내용을 말한다.옮긴이)를 조금 더 보기 좋게 만드는 역할일 뿐 에쿼티 스토리를 근본적으로 바꾸지는 못했다. 증권시장에서는 2%의 역할이 필수적이었다. 물론 20%도 중요했지만 상수常數로 받아들여지지는 않았다.

간단히 말해 **회사** 주가는 자산의 운용 성과 못지않게 순자산총액 규모의 성장에도 달려 있었다. 펀드는 계속해서 시장의 평균치보다 뛰어난 성과를 내야 했다. 하지만 지금까지 해오던 것보다 훨씬 더 잘할 필요까지는 없었다. 운용하는 모든 펀드마다 엄청난 수익을 올리기 위해 지나친 리스크를 무릅쓰지 않아도 괜찮았다.

회사가 상장하면서 특히 미들 오피스middle office(프론트 오피스의 업무를

지원하고 통제하는 부서를 말한다. 위험 관리, 시장 분석, 준법 감시 등의 일을 한다-옮긴이)
와 백 오피스 업무가 늘면서 전체 직원 수는 계속 늘어났지만 순자산총
액의 성장 속도만큼 빠르게 늘지는 않았다. 순자산총액 규모가 커지면서
같이 커진 운용 보수에서 더 큰 이익을 남긴다는 뜻이었다. 덕분에 **회사**
는 영업 레버리지operating leverage(고정비 때문에 매출액 변동률보다 영업이익 변동률
이 더 커지는 현상-옮긴이) 효과를 누렸다.

　사모펀드 업계의 빅 플레이어들은 모두 이 사실을 깨닫게 되었다.
회사는 이런 현상을 이용하기 위한 계획을 다른 곳과는 다르게 세웠다.
물론 **회사**도 다른 사모펀드와 같은 일을 했다. 분야별, 지역별, 제품별로
새로운 펀드 전략을 개발하고 펀드 숫자를 늘려 튼튼한 성장 엔진을 마
련했다. 펀드가 늘어나면 투자자로부터의 자금은 꾸준히 유입될 터였다.
회사는 투자 성과가 떨어지지 않도록 계속해서 책임지고 관리할 것이다.
일상적인 업무였다. **회사**는 판을 바꾸는 변화를 통해 차별화를 시도하기
로 했다. 10년 안에 펀드 운용 규모를 2~3천억 달러에서 1조 달러 가까
이, 나아가 그보다 더 크게 늘리기로 했다. 데이비드는 이 마스터플랜이
어떻게 진행되어 가고 있으며 **회사**의 현재 진행 궤도에 어떤 재무적 영
향을 미치는지 분석하기 위해 **회사** 전반의 데이터를 수합하는 짜릿한 업
무를 맡았다.

　데이비드가 투입된 프로젝트 '엔드게임'은 크게 두 부분으로 나뉘어
있었다. 두 전략 모두 연금펀드나 국부펀드, 보험회사, 고액 순자산 보유
자, 궁극적으로는 일반 투자자의 돈에 대한 침투율을 높이는 것이 목표
였다. **회사**는 미개척 분야로 남아 있는 일반 투자자 자금의 규모가 수십
조 달러는 되는 것으로 추산했다.

팀의 첫 번째 전략은 투자자가 돈을 인출하는, 혹은 투자자의 돈을 상환하는 시기를 사전에 정해놓지 않은 플랫폼을 개발하는 것이었다. 투자자를 실질적으로 묶어두기 위함이다. 전통적인 사모펀드는 일정 기간(예컨대 10년)이 지나면 서비스를 종료하고, 그때까지 지급하지 않은 돈은 투자 수익(성과 보수를 차감한 후)을 포함해 전부 투자자에게 돌려줘야 한다. 신용펀드는 정해진 기간이 지나면 다시 기간을 정해 연장하기도 하지만, 기본적으로는 사모펀드와 비슷한 구조로 설계되어 있다. 이렇게 순환 주기를 예측할 수 있어 기존 펀드의 수명이 다할 무렵 사모펀드 회사는 새로운 펀드를 모집한다. 그리고 투자자는 같은 전략의 펀드에 다시 투자할지 아니면 다른 종류의 펀드에 투자할지, 또는 같은 회사를 이용할지 아니면 경쟁사를 이용할지, 그것도 아니면 아예 투자를 그만둘지 결정한다. 이런 방식은 출구가 분명하고 과정이 투명해 투자자가 이해하기 쉽다.

그러나 이를 사모펀드 회사의 관점에서 보면, 정해진 기간이 지나면 투자자의 돈에서 손을 떼는 프로세스는 불확실성투성이다. 기존 투자자가 같은 규모의 돈을 재투자할 것인가? 재투자하더라도 금액이 더 많을까 더 적을까? 새로운 투자자가 투자 약정을 할 것인가? 오랫동안 좋은 실적을 보여온 사모펀드 회사라면 펀드 모집에 성공할 가능성이 크지만 보장된 것은 아무것도 없다. 경쟁사가 더 매력적인 제안으로 고객을 빼앗아갈 수도 있다. 윤리나 규제 문제, 아니면 다른 폭탄이 터져 회사의 매력을 떨어뜨릴 수도 있다. 특히 투자자가 재투자 약정을 하려는 순간에 이런 일이 생기면 치명적이다. 상장회사라면 기간이 정해진 펀드의 모집과 관련한 불확실성 때문에 시장이 회사의 주가에 완전한 신뢰를 보내지 않을 수도 있다. 투자 기간을 연장할 수 있다는(예컨대 몇 년 정도) 조건이 붙은 펀드라도 마찬가지다.

이에 비해 영구적으로 투자할 수 있다는 사실을 명확히 밝히고 자금을 유치한다면 이 문제를 구조적으로 피할 수 있다. 게다가 회사와 투자자 사이의 계약이 유지되는 한 계속해서 운용 보수를 받을 수 있다. 물론 성과 보수도 챙길 수 있다. 2+20에 약간의 변동이 있을 수는 있지만, 투자자의 돈은 회사의 관리 아래 묶일 것이다. 이런 투자 플랫폼을 '영구 자본' 또는 '영속 자본'◆이라고 하는데 이런 자본은 증시에 상장되기도 한다.

데이비드는 이런 투자 수단에 대한 시장 기회의 범위와 수익성에 대한 아이디어를 **회사** 전체에서 수합해야 했다. 현재 **회사**의 순자산총액에서 영속 자본이 차지하는 비율이 10%에 미치지 못했다. 데이비드의 상사들은 이 비율을 10년 안에 50% 이상으로 끌어올리는 것이 목표라고 했다.

이런 발상은 **회사**의 수수료 수입 흐름을 장기간에 걸쳐 안정적으로 확보하고, **회사**와 투자자가 몇 년마다 펀드 재계약을 하는 번거로움에서 벗어나 시간을 절감하기 위한 것이었다. **회사** 입장에서는 이것이 성배와도 같았다. 정해진 기한이 없고 운용권이 **회사**로 넘어온 돈이기 때문이다. 이 새로운 전략은 좁은 수로를 벗어나 넓은 바다로 나가는 배처럼 **회**

◆　영구 자본Permanent capital (또는 영속 자본perpetual capital) 모집한 돈을 이론적으로 무한정 운용할 수 있는 형태의 투자 수단을 말한다. 사모펀드의 경우에는 투자자가 투자한 돈을 정해진 기간(예컨대 10년) 동안만 운용할 수 있고, 그 기간이 지나면 투자자는 돈을 인출한다. 이에 비해 영구 자본은 일단 돈을 모집하면 언제까지든 운용할 수 있다. 이렇게 언제든 이용 가능하다는 점 덕분에 영구 자본은 펀드 모집이라는 번거로운 과정을 피할 수 있고, 회사로서는 자금을 유치하기 위해 몇 년에 한 번씩 투자자를 찾을 필요가 없다. 일단 영구 자본이 모집되면 이 자본을 관리하는 사모펀드 회사는 이론적으로는 영원히 수수료를 받으면서 그 돈을 투자할 수 있다.

사가 더 빠르게 성장할 수 있는 기회의 문을 활짝 열어줄 터였다.

데이비드의 머릿속은 복잡했다. 오늘 아침에만 해도 펀드 자금 모집이 사모펀드 회사의 생명선이라고 배웠는데, 지금은 일종의 영속성을 추구하는 계획에 대한 작업을 하고 있다니…. 펀드 설정 기간이 정해지지 않은 투자금을 늘리고 계속해서 운용 보수를 수취할 수 있다면 **회사**의 수익은 매년 증가하고 주가도 올라갈 것이다. 이것은 새로운 개념은 아니었다. 워런 버핏이 이끄는 버크셔 헤서웨이가 이용함으로써 세상에 알려진 기법이었다. 하지만 사모펀드 회사에 적용하는 것은 초기 단계였고, 아직까지 이 방법에 집중하는 경쟁사는 없었다.

데이비드는 15개의 영구 자본 펀드 계획을 수합했다. 사모펀드, 부동산펀드, 보험펀드, 신용펀드, 인프라 투자펀드 등을 담당하는 팀으로부터 받은 것이었다. 돈을 빠져나가지 못하게 가둬두는 항아리였다. 계획대로 된다면 10년 안에 **회사**의 순자산총액이 최소한 200억 달러는 증가할 터였다.

엔드게임의 두 번째 전략은 일반 대중이 사모펀드나 다른 사모자본 투자 수단에 투자할 수 있게 하는 것이었다. 현재는 소매 투자자, 즉 대중은 완전히 이해하지 못하는 복잡한 상품으로부터 비전문가를 보호하기 위해 몇십 년 전에 만들어진 SEC(증권거래위원회) 규정 때문에 사모자본 펀드에 투자할 수 없었다. 일반인은 사모자본의 직접 투자자가 될 수 없다. 하지만 미국인이나 많은 선진국 국민은 한심할 정도로 퇴직연금이 부족하다. **회사**는 만성 연금 부족 현상에 **회사**의 펀드가 해결책이 될 수 있다고 생각했다. 감수할 만한 리스크를 부담시키되 높은 수익을 돌려줌으로써 401(k)나 다른 퇴직연금에 가입한 투자자의 돈을 불려줄 수 있기 때문이다. 사모펀드나 그와 유사한 펀드는 은퇴 생활에 필요한 자금을 높은 수익을 통해 불려줘 장기간에 걸친 자금 마련에 도움이 될 수 있다. **회사**는 법이 허용하기만 하면, 즉 부담스러운 규정만 없으면 누구나 차지할 수 있는 수십조 달러에 이르는 소매 투자자의 돈에 빨대를 꽂고자 했다.

매월 적립되는 근로자의 퇴직 적립금을 보호하는 것은 최고의 관심사였다. 데이비드에게 주어진 과제는 어떻게 하면 국부펀드같이 정통한 투자자를 위해 만든 복잡한 펀드를 소매 투자자에게 맞게 바꿀 수 있을지에 관한 의견을 **회사**나 대정부 로비스트, 규제 분야의 고문 등으로부터 수렴하는 것이었다. 투자 전문가의 활동을 방해하지 않는 수준에서 펀드의 규제를 강화하는 방법도 있었다. 일반인이 기업실사◆ 결과를 따라 투자함으로써 이익을 보는 방법도 있었다. 퇴직에 필요한 돈만 벌고 그 이상은 넘보지 않는, 중위험 중수익 투자를 목표로 한 소매 친화적 펀드를 만드는 방법도 있었다. 이런 아이디어는 대중의 마음속에 사모펀드 투자가 뱅가드나 블랙록의 펀드, ETF 등을 통한 주식 시장 투자와 다를 바 없다는 생각을 심어주기 위한 것이었다. 이 투자 회사들은 수조 달러에 이르는 소매 투자자의 돈을 운용하고 있다.

데이비드는 부모님이 떠올랐다. 부모님의 401(k)를 **회사**의 주식이나 펀드에 투자하는 것이 좋을까? 사모펀드(혹은 가까운 사촌인 여러 사모자본 상품)에 투자하는 것이 부모님의 은퇴 목표 달성에 도움이 될까? 서류에는

◆　기업실사Due diligence **투자 전문가와 제3의 전문가들(회계사, 세무사, 경영 컨설턴트, 변호사 등)이 투자 대상 기업의 실태를 평가하고 투자 논거의 성공 가능성을 분석하기 위해 실시하는 작업을 말한다.**

소매 투자자라는 말이 적혀 있었다. 하지만 그의 눈에는 글자 대신 사람 얼굴이 보였고, 숫자 대신 삶의 목표가 보였다. 부모님, 삼촌과 이모, 학교 선생님, 고향 마을의 의사와 간호사의 얼굴이 보였다. 이들은 자기 돈이 어디에 투자되는지 알까? 투자가 잘못되면 어떻게 되는지 알까? 지금 자신이 소매 투자자를 대상으로 하고 있는 작업은 부모님이 돈을 투자하고 불릴 수 있는 좋은 기회가 될 수 있다. 하지만 부모님은 그런 사실을 믿을까? 나는 부모님께 좋은 결과가 나오리라고 보장할 수 있을까? 그는 이 산업이 사람들에게 주는 영향력에 비해 제대로 평가받지 못하고 있는 것이 아닐까 하는 생각이 들었다.

그러다 일해야 한다는 생각에 정신이 번뜩 들었다. 그는 다시 당면 과제에 정신을 집중했다. 이 두 가지 전략은 재무적 관점에서 **회사**에 어떤 영향을 미칠까? 목표는 블랙록 같은 회사만큼 순자산총액 규모를 키우면서도 수수료 구조는 가능한 한 2+20을 유지하는 것이었다. 자신이 관여하는 두 전략이 성공하면 **회사**의 주가는 신고가를 경신할 터였다.

데이비드가 맡은 프로젝트는 민감하고 까다로운 여러 문제 사이에서 균형을 유지해야 했다. 어떤 안이 투자자에게 가장 유리할까? **회사**가 추구하는 다각화와 확장일까? **회사**에는 어떤 안이 가장 유리할까? 투자자와 **회사**의 목표는 일치할까? 그는 팀 내에는 이런 문제를 제기하지 않았다. 자신이 말하고자 하는 뜻을 분명히 전달하기 힘들었기 때문이다. 민감한 문제였으므로 잘못 전달되면 논란의 소지가 있었다.

데이비드는 자신이 취합해 정리한 결과물을 상사에게 제출했다. 상사는 '프린시펄'이라는 직함의 중간 간부로, 다음 단계인 실행 계획을 책임지고 있었다. 프린시펄은 프로젝트를 계속 진행하는 것이 좋겠다는 의

견을 덧붙였다. 데이터에 따르면, **회사**가 견실한 투자 성과를 계속 유지해온 덕분에 기존 투자자와의 관계가 매우 좋으므로 이 두 가지 전략에 따른 펀드 모집은 쉽게 성공할 것으로 보인다. 중동이나 아시아 일부 국가의 국부펀드는 아주 오랜 시간을 내다보고 투자하기 때문에 영구 자본 펀드로 쉽게 유치할 수 있을 것이다. 이들 지역의 국가는 왕족이나 강력한 집권당이 지배하는 경우가 많다. 이런 이유로 선출된 지도자가 정해진 기간만 통치하는 서구의 정부보다 훨씬 길게 내다보고 계획을 수립한다.

회사는 이 지점을 공략할 수 있을 것이다. 그러면 미국의 연금펀드도 올라탈지 말지 저울질할 것이다. 소매 투자자에게는 진실로 더 견실한 퇴직연금이 필요하다. 그래서 의회와 규제기관도 사모펀드가 소매 투자자의 필요성을 만족시킬 가능성을 모색하기 시작했다. 이들은 레드 테이프red tape(복잡하고 불필요한 관료적 형식주의를 의미함-옮긴이)로 알려진 기존의 보호장치 철폐도 검토하기 시작했다.

이제는 파트너가 렌즈를 들이댈 차례였다. 이 프로젝트를 책임진 파트너는 타고난 외교관이었다. 그는 보고서에 많은 것을 담기보다는 논의의 여지를 남기기 위해 경제성에 대한 말을 아꼈다. 경제성으로 우쭐대는 모습을 보여주고 싶지는 않았다. 엔드게임을 뒷받침하는 숫자는 너무 확실해 굳이 강조할 필요가 없었다. 파트너는 업계에서 발이 굉장히 넓은 편이어서 경쟁사에서 무슨 일이 진행되고 있는지 어느 정도는 알고 있었다. 그래서 경쟁사에 기회를 빼앗기지 않기 위한 대책을 보고서에 추가했다. 경쟁사의 활동을 배경으로 한 그림을 그려 투자위원들에게 긴박감을 주려는 것이었다. 이 전략대로 하면 돈을 얼마나 벌 수 있고, **회사**

의 주가에는 어떤 영향을 미칠 것이라고 큰 소리로 떠드는 것보다 훨씬 효과적인 방법이었다. 파트너는 노련한 정치인이나 다름없었다.

데이비드는 두 상사가 프로젝트에 공을 들이는 모습과 프로젝트의 내용을 속속들이 파악하는 모습을 보고 겸허해졌다. 이 과제는 그 어떤 사모펀드 거래나 신용 사업의 성공보다도 훨씬 더 **회사**에 중요한 일이었다. 또한 데이비드는 보고서가 위로 올라갈수록 내용은 더 예리해지고 메시지도 분명해졌지만 표현은 부드러워지는 것을 보고 감명을 받았다. 설립자에게 보고하기 전날 밤 그는 두 상사에게 투자자 입장이라면 **회사**의 펀드에 투자하는 것이 나을지 아니면 **회사**의 주식에 투자하는 게 나을지 물어보았다. 두 사람은 당연하다는 표정을 지으며 '둘 다'라고 대답했다.

일부 자금은 **회사**의 펀드에 투자해 필요한 투자 수익을 거두고, 나머지 돈으로는 **회사**의 주식을 매수해 **회사**의 수익과 성장에 따르는 열매와 함께 주기적으로 배당금도 챙기는 것이 투자자에게 가장 유리할 것이라는 파트너의 설명이었다. 엔드게임의 요체는 두 지갑 모두에서 **회사**의 몫을 챙기는 것이었다. 이른바 윈윈 게임이다. 보고서에 자세히 기술한 업무 흐름을 하나하나 파고 들어가면 이런 결론에 도달했다.

데이비드의 머릿속에 오리엔테이션 시간에 잠시 쉴 때 조직의 맨 꼭대기까지 올라가면 얼마나 벌 수 있을까를 화제로 동료들과 나누던 잡담이 떠올랐다. 40대의 고위 파트너라면 1억 달러 정도는 벌 것이라고 했다. 그보다 훨씬 더 많이 버는 사람도 있을 것이다. 어소시에이트들은 이것이 똑똑하고 야망을 품은 젊은이들이 매일 아침 금속제 회전문을 밀고 들어오는 이유의 하나라는 사실을 마음속으로 인정했다. 이들은 인생을 바꿀 만한 돈과 권력을 갈망했다.

정상에 있는 사람들은 그것을 이루었다.

그들은 마천루에 들어가려고 기다리지 않는다.

그들은 마음만 먹으면 마천루도 살 수 있기 때문이다.

그들은 자신이 이끄는 산업의 영향력과 존재를 상징하는 사람들이다.

지금까지 뛰어난 투자 실적을 거두었을 뿐만 아니라 본연의 투자 업무 외에 경영자의 역할도 수행하는(그러면서 **회사**의 주식도 다량 소유하고 있는 개인 주주인) 소수의 최고위급 파트너가 투자자에게는 가장 중요한 사람들이다. **회사**의 펀드 관련 서류에서 '핵심 종업원'◆으로 지칭되는 이 사람들이 없으면 **회사**는 제 기능을 발휘할 수 없을 것이다. 혹시라도 만일의 사태가 일어난다면 **회사**는 투자자들이 기한보다 빨리 돈을 인출하는 곤경에 처하게 될 것이다. 회사에는 이들의 유고 시 대신할 뛰어난 사람들이 많았지만, 이들은 어떤 이유에서인가 '핵심 종업원'으로 불린다. 전통적인 의미에서 당신이나 내가 종업원으로 부를 만한 사람들은 아니다. 이

◆ **핵심 종업원**Key employees 사모펀드 회사의 투자 실행과 회사 운영에 필수적인 사람을 말한다. 이들이 없으면 사모펀드 회사는 새로운 투자를 하지 못하고, 중요한 투자 결정을 내리지 못할 수 있다. 이런 개념이 나온 배경은 사모펀드는 사람 장사이고, 투자자들은 자신을 대신해 회사를 운영하는 가장 중요한 사람을 믿고 지지한다는 것이다. 투자자와 펀드 사이에 체결한 계약서에는 투자자를 보호하는 조치로 핵심 종업원 조항(역사적으로 '핵심 인물key man' 조항이라고 한다)이 들어 있다. 일반적으로 핵심 종업원은 설립자(회사에 남아 있다면)를 포함해 소수의 최고위 파트너다. 핵심 종업원이 자리에서 물러나면 회사는 새로운 인물로 그 자리를 채우는 방법으로 핵심 종업원 조항을 바꿀 수 있다. 이때 투자자가 이 사람을 믿고 자기 돈을 맡길 수 있을지 판단해야 하므로 반드시 투자자의 동의를 받아야 한다.

세상을 움직이는 사모펀드 이야기

들도 일종의 고용 계약을 맺고 있기는 하지만 종업원이라기보다는 소유주에 가깝다. 그래서 이들의 이해관계가 **회사**의 재무 건전성 및 미래와 밀접한 연관이 있는 것이다.

이 대목에서 한 걸음 물러나 이 산업의 작동 방식에 대해 몇 가지만 짚고 넘어가겠다. 사모펀드는 민주주의가 아니다. 그러므로 집단의 의사에 의해 운영되지 않는다. 투자팀원은 서로의 의견을 경청하고, 자유롭게 협력하며, 자기 업무의 많은 부분에서 자율성을 누린다. 이런 모습은 지위의 고하를 막론하고 다양하게 구성된 어떤 팀이나 회의 석상에서도 마찬가지다. 서로 대립하는 의견이나 모순되는 자료를 놓고 논쟁을 벌이는 일부터 포트폴리오 기업portfolio companies(사모펀드 회사가 지분을 소유하고 포트폴리오 관리를 하는 기업-옮긴이)의 성과에 대한 논의에 이르기까지 그 내용도 다양하다. 하지만 권력은 결코 고르게 분산되어 있지 않다. **회사** 설립자와 파트너들의 지향점이 투자자들이 할 여행의 방향과 속도를 결정한다.

사모펀드의 권력이 집중되어 있다는 것은 부인할 수 없는 사실이다. 이들 손에는 거대한 부가 달려 있다. 이들이 경제 전반에 미치는 영향력도 어마어마하다. 소수의 개인이 수십만 명의 종업원과 공동체를 통제하거나 상당한 영향력을 행사하는 것이다. 이들의 힘은 월스트리트의 은행보다 훨씬 강하다. 힘만 센 것이 아니라 중요성도 더 크다. 사모펀드의 경우에는 매수한 기업이 금융자산처럼 주기적으로 거래되는 것이 확실하기 때문이다. 이상적인 경우라면 이들 자산이 매각될 때는 매수할 때보다 훨씬 양호한 상태로 바뀌었을 것이다. 재무적으로나 사회적 관점에서 보았을 때도 마찬가지일 것이다. 사모펀드를 통한 가치 창출◆은 여러 단계에 걸쳐 영향을 미친다.

이 말은 사모펀드(혹은 사모자본)가 투자하거나 자금을 대출해준 기업과 관련된 사회적 영향력에 대한 고려와 투자자 및 회사를 위해 끊임없이 돈을 벌어야 하는 필요성이 균형을 이뤄야 한다는 뜻이다(사회적 영향력에 대한 고려가 우세할 때가 더 많다). 이런 결정을 하는 사모펀드 사람들은 선출된 대표자가 아니다. 대개의 경우 언론이나 사람들의 주목을 받지 않으려 노력한다. 대부분의 포트폴리오 기업의 종업원이나 해당 기업이 영향을 미치는 공동체의 주민들은 그 기업의 경영진은 만날 수 있을지언정 이들을 만날 가능성은 거의 없다. 우리는 이런 현실을 직시해야 한다.

이런 사실이 우리의 은퇴자금에 시사하는 바가 무엇인지 생각해보자. 때로는 경제가 아주 쉽게 무너질 수도 있다는 프리즘을 통해 이런 사실을 보면, 우리의 공동 재산을 지키는 데 갈수록 사모펀드 상층부에 있는 사람들의 중요성이 커지고 있다. 우리는 연금 프로그램이나 대학기금의 순조로운 운용을 위해 사모펀드의 도움에 의존할 뿐만 아니라 갈수록 경제의 많은 부분을 사모펀드의 관리에 의존하고 있다. 이들은 표적 자산을 사거나 팔 때 또는 융자를 진행할 때 건전한 결정을 내려야 할 책임이 있다. 투자자와 회사를 위해서는 물론이고 자신의 결정으로 영향을 받을 공동체를 위해서도 그러하다. 이것이 투자자의 돈이 여러 사모펀드 회사로 분배되는 과정의 중심에 윤리와 투명성, 판단력이 필요한 이유다. 성과만으로는 충분하지 않다.

◆   가치 창출Value creation 투자 자산의 가치를 높이는 것을 말한다. 예컨대 기업에 투자한 사모펀드가 해당 기업의 성장성과 수익성을 향상시키면 기업의 가치가 높아져 새로운 구매자는 더 높은 가격을 제시하게 된다.

이론의 여지는 있지만, 사모펀드의 고위층에게 언론이 스포트라이트를 비추는 것을 정당화할 수 있는 이유이기도 하다. 우리가 경제나 사회에 영향을 미치는 사람들에 관해 이야기할 때 쉽게 떠올리는 비즈니스 리더나 이론가(빅테크나 월스트리트 은행의 CEO) 못지않게 이들도 중요한 사람들이다. 이들이 옹호하는 것이 무엇인지, 동기를 유발하는 것이 무엇인지와 같은 문제는 이들이 하는 일에 매우 큰 영향을 미친다. 이들은 투자자와 회사 사이에 체결한 계약서에서 말하는 '핵심 종업원'일 뿐만 아니라 경제의 핵심 인력이기도 하다.

설립자와 고위 파트너 자리까지 오르려는 야망을 품은 데이비드 같은 신입 사원에게 사모펀드가 요구하는 일은 신입 사원이 그 자리까지 갈 수 있을지 없을지를 결정하는 호된 시련이 될 것이다. 이 직업은 사모펀드가 어떻게, 그리고 왜 그런 거시적 차원에서의 지배적 위치를 차지하게 되었는지를 말해주는 미시적 차원에서의 특별한 마음가짐을 필요로 한다. 앞으로 우리가 살펴볼 것은 사모펀드 전문가가 가진 바로 이 핵심 DNA이다. 우리는 이것을 어떻게 찾고, 어떻게 갈고 다듬는지 알아볼 것이다.

우리는 직접
요리해 먹는다

04

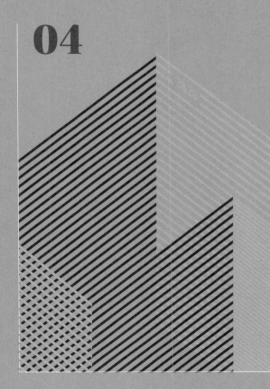

PRIVATE
EQUITY
FUND

'문제가 생긴 것 같네. TK.'

오전 6시 21분, 설립자가 포워딩한 이메일을 받고 악몽이 시작되었다. 열 글자밖에 되지 않는 짧은 문장은 설립자가 자주 쓰는 '땡큐'를 뜻하는 약어로 끝났다. 내용은 짧았지만 첨부 문서가 있었다. 나는 즉각 설립자가 사모펀드 투자팀 한 곳에서 보낸 50쪽짜리 현안 보고서의 내용을 다 읽고 소화했다는 사실을 깨달았다. 고문 변호사로부터 받은 법률 및 구조조정 분석 자료 세 부와 재무 모델도 첨부되어 있었다. 마우스를 스크롤링해가며 자료를 읽는 동안 목이 말라왔다. 설립자에게 자료가 전달된 것은 여섯 시간 전이었다. 상황이 심각했다.

설립자의 메시지는 모스 부호 같았지만, 이제는 해독할 수 있다. '이 투자 건에 문제가 있네. 상황이 안 좋아. 끝장날 수도 있어. 지금 하는 일과 병행해 이 일을 맡아주게. 이건 투자팀만의 문제가 아니라 우리 전체의 문제일세. 관련된 모든 수치와 향후 조치 방안을 나에게 업데이트해주게. 어떤 식으로 구출할 것인지, 성공 가능성은 얼마나 되는지 나한테 설명해주는 게 자네 일일세. 만일, 정말로 만일, 파탄을 피할 수 없다면 손실을 최소화하는 방안을 강구해주게. 바로 조사해서 나한테 직접 보고하게.' 설립자는 몇 시간 내에 업데이트된 내용을 보고받기를 기대하고 있을 터였다. 그것도 구체적인 사항과 함께.

나는 이 투자 건을 책임진 파트너보다 더 나은 투자가는 아니었지만 신선한 피였다. 새로운 시각과 새로운 목소리였다. 엉망이 된 투자 건을 아무런 사전 지식 없이 객관적으로 볼 수 있었다. 해당 투자는 '전액 자본 손실'이라는 나락으로 곤두박질치고 있었다. 상황이 걷잡을 수 없이 악화되기 전에 바로잡으라는 것이 나에게 떨어진 명령이었다. 투자팀은 두려움에 사로잡혀 기진맥진해 있었다. 그리고 고위층에 인력 보강을 요청했다. 나에게 선택권이 주어지지 않았다는 사실보다는 사태를 되돌리고 싶다는 생각이 간절했다. 이 프로젝트에서 수익이 나거나 손실이 생기면 나도 투자를 책임진 파트너와 마찬가지로 영향을 받게 될 터였다. 나는 우리가 해내기를 바랐다.

오전 11시 30분까지 나는 투자팀과 월스트리트 투자은행 고문으로부터 상황 설명을 들었다. 나는 그들이 분석한 내용을 냉철하게 비판하며 실행 계획을 수정했다. 나는 투자팀을 이끄는 파트너처럼 굴지 않았고, 파트너도 자존심이 상한 기미나 방어적인 태도를 보이지 않았다. 귀한 시간을 낭비하기에는 공동의 이해득실이 너무 중요했다. 우리 임무는 협력해서 대형 참사의 모습을 갖춰가고 있는 이 사태의 해결책을 찾는 것이었다.

회사는 비행기, 자동차, 산업 부품 등의 제조에 쓰이는 고급 화학 제품 전문기업인 플래스틱스의 차입 매수에 4억 달러를 투자했다. 이 회사의 제품은 갈수록 소형화되는 노트북뿐만 아니라 비행기나 자동차 프레임에 쓰이는 플라스틱의 무게를 줄이는 데 사용되었다. 이런 플라스틱을 만들려면 높은 열이나 강한 마찰, 그 밖에 다양한 강한 물리적 압력에 견디는 고성능 물질을 써야 한다. 일종의 비점착성 코팅 조성물이지만 성능은 뛰어났다.

플래스틱스는 역사를 가진 이 분야의 개척자였다. 제2차 세계대전이 끝난 후 북유럽의 노벨화학상 수상자가 설립한 이 회사는 설립자 가문에서 운영하다가 2000년대 중반 손자에 의해 러시아계 미국인 억만장자에게 트로피 자산trophy asset(기업이 소유한 자산 중 특별한 가치가 있거나 매우 중요한 자산-옮긴이)에 걸맞은 가격에 매각되었다. 이 억만장자의 목표는 전기자동차 같은 매력적인 시장에서 시장 점유율을 높이고, 플래스틱스를 보완할 수 있는 기업을 인수하는 것이었다. 하지만 그가 구축한 제국의 일부가 금융위기의 직격탄을 맞으면서 꿈은 산산조각이 나버렸다. 어리석게도 그는 미국 모기지 시장에서 파생상품 포지션을 월스트리트의 트레이더들과 반대 방향으로 가져가는 바람에 거액을 잃었다. 어쩔 수 없이 파산 신청을 해야 했고 핵심 자산을 모두 잃었다. 그에게 돈을 빌려준 뉴욕의 대출 은행◆ 대주단은 그가 가진 최우량 자산인 플래스틱스의 지배권을 넘겨받았다. 그리고 이 회사를 입찰에 부치기 위해 전문가들을 고용했다. 이들은 회사 경영에는 관심이 없었다. 이들의 임무는 대출금을 회수하고 회사 매각에 따른 거래 수수료를 챙기는 것이었다. 이들은 최저 입찰가격을 낮게 책정해 플래스틱스를 시장에 내놓았다.

사모펀드와 전략적 투자자를 포함해 전 세계의 관심 있는 기업들이 입찰에 참여했다. 이들은 대부분 많은 요구 조건을 내걸었다. 하지만 은행 대주단은 금융시장(혹은 플래스틱스의 전망)이 악화될 경우 계약 체결을 거부할 권리를 요구하는 입찰자에게는 관심이 없었다. 이 권리는 MAC(중대한 부정적 변경) 조항◆◆에 따라 부여된다. 대주단은 대출금을 회수하기 위해 몇 개월씩 기다리고 싶지 않았다. 그래서 낮은 금액을 제시했지만 부담스러운 조건을 붙이지 않은 입찰자가 낙찰자로 선정되었다. 떨

◆ 　대출 은행Lending bank 기업이나 사업체 또는 개인에게 돈을 빌려주는 상업은행을 말한다.

◆◆ 　MACmaterial adverse change 조항 사모펀드 등이 매수하기로 합의한 기업의 가치가 중대하게 손상되거나 떨어지는 사정 변경을 MAC이라 한다. 사모펀드와 표적 기업(혹은 그 기업의

이까지는 아니라 해도 상당히 낮은 금액이었다. **회사**가 승리했고, 거래는 12주 안에 마무리되었다.

이 거래를 이끈 파트너는 돈을 서너 배는 불릴 수 있을 것으로 확신했다. 특수금속 생산 기업을 인수해 대성공을 거둔 뒤라 파트너는 자신이 승운을 타고 있다고 생각했다. 그의 전략은 다음과 같았다. 대출 은행으로부터 최대한 낮은 가격으로 기업을 인수한다. 노동조합 및 공급업체와 협상해 불필요한 자원을 과감히 정리한다. 생산 라인을 정비해 가장 이익이 많이 남는 제품에 집중한다. 그런 다음 절호의 기회가 오기를 기다렸다가 가격이나 입찰 조건을 너무 따지다 낙찰에 실패한 아시아의 재벌에게 넘긴다. 이런 전략이 지난번의 특수금속 생산 기업에 잘 먹혔으니 이번에도 안 될 이유가 없었다. 재무 분석 결과도 잘 나왔고, 데이터도 견실했다.

하지만 12주 후 이 투자는 돌이킬 수 없을 정도로 상태가 악화되었다. 투자팀은 너무 빠른 속도로 너무 많은 인원을 감축해버렸다. 그러자 적절한 협의를 거치지 않고 가혹한 조건으로 인원을 감축하였다며 근로자들이 연쇄 파업을 벌이는 바람에 공장이 마비되었다. 투자팀은 더 우수한 경영진으로 교체했지만, 이들도 생산 시설을 원활하게 작동시키는

매도인) 사이에 체결하는 계약서에는 MAC 조항이 들어 있을 때가 많다. 이 조항은 MAC 상황이 발생하면 매수인에게 거래가 완결되기 전에 계약을 파기할 수 있는 권리를 부여한다. 이와 유사하게 하이일드 채권을 발행해 기업 인수 자금을 마련하려는 사모펀드와 그 채권을 인수하기로 한 월스트리트 은행 사이의 계약에서도 MAC 조항을 넣어 은행이 채권 인수 약속을 파기할 수 있다. 일반적으로 MAC 조항은 일시적이 아니라 장기간이나 적어도 상당한 기간 악영향을 끼칠, 예측할 수 없는 중대한 부정적 사건의 위험으로부터 계약 당사자를 보호할 필요가 있을 때 적용된다. MAC 조항을 둘러싼 논쟁은 소송으로 이어지는 경우가 많다(우리말로는 '중대 악화 사유로 인한 변경', '중대한 부정적 변경', '중대한 부정적 영향' 등으로 번역되어 사용된다-옮긴이).

데 실패했다. 그러는 사이 주요 고객사가 주문한 제품의 납품이 지연되거나 불가능해지는 지경에 이르렀다. 공장이 제 기능을 발휘하지 못하자 고객들은 경쟁사로 눈을 돌리기 시작했다.

다시 12주가 지나자 플래스틱스의 미래 매출액을 보여주는 주문 대장◆은 끔찍할 정도로 빈약해졌다. 기업 인수가 대개 그러하듯 이 투자도 차입 매수 방식에 의해 이루어졌다. 채권 소지자의 돈은 투자자 돈 1달러당 2달러의 비율이었다. 비록 **회사**가 채권 발행 조건 협상이나 어려운 문제 해결에 뛰어난 전문성이 있다고 하지만 플래스틱스의 운명은 오늘내일하는 것처럼 보였다.

유럽과 러스트 벨트rust belt(오하이오주, 펜실베이니아주 등 제조업이 발달한 미국의 중서부 지역-옮긴이)에 있는 플래스틱스의 공장 가동에는 고정 비용이 많이 들어가기 때문에 곧 운전 자본이 심각한 문제가 될 것으로 보였다. 기존의 은행 크레디트 라인credit line(미리 설정한 한도 내에서 은행이 제공하는 신용 공여-옮긴이)은 거의 고갈되었다. 플래스틱스가 스스로 초래한 부상에서 살아나려면 즉각적인 수혈이 필요했다. 그래서 투자팀은 설립자에게 한 묶음의 자료를 보냈고, 그 결과 내가 여기에 투입된 것이었다. 그 자료에는 다음과 같은 분명하고 긴급한 요청이 들어 있었다. '다음 주 안으로 5천만 달러를 투입하고, 다음 분기에 다시 5천만 달러를 투입해 달라. 그

◆　주문 대장Order book 기업이 고객으로부터 받은 제품이나 서비스 주문을 기록한 목록을 말한다. 고객이 주문을 취소하지 않고, 기업은 주문을 이행하고, 그에 따라 고객이 대가를 지불한다는 전제하에 주문 대장은 수입을 예측하는 데 도움이 된다. 주문 대장이 두꺼워지면 고객의 수요가 증가한다는 뜻으로 볼 수 있고, 주문 대장이 얇아지면 고객 수요가 감소한다는 뜻으로 볼 수 있다. 주문 대장은 예상 수입을 보여주는 초기 지표일 뿐만 아니라 수요의 급격한 둔화를 알려주는 조기 경보이기도 하다.

렇지 않으면 투자금을 모두 잃을 수도 있다.' **회사**의 신뢰를 보여주면 노동조합, 고객, 종업원 모두 조용해질 것이다. 그렇게 해서 상황이 진정되면 투자팀이 구조조정 계획을 수정할 여유가 생길 것이고, 잃어버린 고객도 다시 찾아올 수 있을 것이다. 대략 5년 정도는 걸릴 긴 투자 기간을 감안했을 때 금방 파멸할 것처럼 보이는 이 순간도 일시적인 문제에 지나지 않을 것이다.

요청한 자금 투입이든 아니면 다른 형태가 되었든 어떤 조치를 취하려면 투자 건을 다시 살펴보고 실태를 있는 그대로 설립자에게 보고해야 했다. 우리는 투자의 결함을 가감 없이 살펴보며 아직 회수할 만한 것이 있는지 투자팀 파트너에게 단도직입적으로 물었다. 철수하는 편이 더 나을지 아닐지를 판단하기 위해서였다.

그런 다음, 비상 투자위원회에서 투자 정당성의 재입증이라는 극한 작업을 다시 한 번 수행해야 했다. 실질적으로는 투자를 재승인받는 것이나 다름없었다. 우리는 1억 달러의 추가 투자 승인을 받는 것이 처음 4억 달러 투자의 승인을 받는 것보다 더 어려우리라는 사실을 알고 있었다. 이 구출 작전을 위해 10억 달러짜리 신규 투자 계획에 들어가는 만큼의 노력을 쏟아부어야 했다. 어쩌면 더 힘들었을지도 모른다. 적어도 당연히 의심이 가득한 투자위원회에서는 그랬다. 우리에게 주어진 새로운 과제의 목표는 투자자의 자본에 대한 수익을 올리는 것이 아니라 먼저 투자자의 자본을 되찾는 것이었다. 적절한 대가를 치르더라도 가치가 0이 되어 회수 불가능한 상태를 피하자는 것이었다. 그것이 **회사**가 심혈을 기울이는 포인트였다. 그렇게 함으로써 돈을 잃고 싶지 않았을 뿐 아니라 나중에는 투자 수익까지 올리고 싶었던 것이다.

문제가 생긴 플래스틱스 프로젝트(실제로 일어났던 일을 각색한 것이다)의 진행 상황을 더 살펴보기 전에 잠시 이 문제에 영향을 미치는 사모펀드의 사고방식에 대해 알아보기로 하자.

먼저 사모펀드 대가와 월스트리트의 금융 전문가의 가장 큰 차이점부터 알아보자. 사모펀드 종업원은, 특히 투자 전문가라면 인수합병 문제를 다룰 때만큼은 결코 일개 샐러리맨으로 취급받지 않는다. 사모펀드의 투자 전문가는 일이 성공하면 개별 인센티브를 받는다. 인센티브는 현금이나 주식 외에 투자 결과에 대한 지분 참여의 형태로도 받는다. 인센티브는 대개 거래가 성사되고 몇 년이 지나 투자 결과가 나와야 받을 수 있다. 그래서 이들에게는 주인 정신이 몸에 배어 있다. 사모펀드 대가들이 기업을 인수하거나 채권자로서 기업에 자금을 대출할 때는 마치 그 기업의 소유주인 것처럼 생각하고 행동한다. 이들은 적극적으로 개인적·집단적 투자 책임을 지면서 가치를 창출하기 위해 해당 기업의 경영진과 긴밀히 협력한다. 이들은 투자자의 돈을 쏟아부은 프로젝트가 자기 업무의 핵심일 뿐만 아니라 인생의 중요한 부분인 것처럼 행동한다. 하지만 이들이 느끼는 주인 정신에는 창업자나 기업 소유주가 가지고 있을 원초적인 주인 정신과 미묘하게 다른 점이 있다. 사모펀드의 대가는 전통적인 기업 소유주와 달리 필요하면(특히 매각할 때는) 그 기업에서 한 발 떨어져 문제를 분석할 능력이 있다.

이들은 왜 이런 줄타기를 하는 것일까? 이들의 나침반은 투자 이익에 맞춰져 있다. 이들을 이끄는 것은 투자자와 회사를 위한 수익이다. 이들은 끊임없이 이 필터를 작동시키며 초점을 경제성에 맞추고 있다. 투자는 장기간에 걸친 거래이기 때문이다. 그저 금융 상품을 통해 얻는 이익이 아니라 영업 회사♦를 경영해 얻는 이익이다. 이들이 투자를 통해 얻은 지분이나 채권은 아마존이나 애플, 구글, 마이크로소프트와 같이 몇십 년을 내다보는 장기적인 관점에서의 전략적 투자가 아니다. 그보다는 몇 년 안에 고수익을 올려 꽤 많은 보수를 챙기는 일시적 투자에 가깝다.

물론 이들은 투자한 기업 종업원들의 기량이 향상되기를 바라고, 기업 경영의 혜택을 보는 공동체의 범위가 더 넓어지기도 바라며, 생산하는 제품이나 서비스의 질도 높이고 싶어 한다. 하지만 중요한 것은 적절한 엑시트다. 따라서 기회가 오면 망설이지 않는다.

사모펀드의 주인 정신을 견인하는 것은 투자를 원활하게 돌아가게 해야 한다는 절대적 필요성이다. 그리고 이것은 투자자의 돈은 절대로 잃으면 안 된다는 철칙에서 시작된다. 투자 전문가들은 포트폴리오 기업에 대한 지배권이나 강한 영향력을 통해 이들 기업과 함께 살고 함께 숨 쉰다. 그러면서 투자한 돈을 지키고 불리기 위해 온갖 노력을 다한다.

한편으로는 주인 정신을 견지하고 다른 한편으로는 냉철한 자세를 유지하는 이런 미묘한 균형은 사모펀드가 수세에 몰렸을 때 적나라하게 드러난다. 투자에 문제가 생기면 사모펀드는 이를 드러낸다. 위기에 대처하는 방법은 회사마다 다르다. 하지만 플래스틱스와 같은 차입 매수의 경우, 대부분의 투자팀은 피인수 기업의 문제를 해결할 시간을 벌기 위해 채권자와 채권 유예 기간을 협상한다. 이들은 가혹한 구조조정을 취

♦ 영업 회사Operating business(operating company, operating enterprise) 고객에게 제품이나 서비스를 판매하는 등 실제로 사업을 운영하는 회사를 말한다. 이런 점에서 휴면 회사(영업 활동을 그만둔 회사)나 지주 회사(다른 회사를 소유하는 기능을 하는 회사)와 다르다. 사모펀드가 기업을 인수한다고 할 때의 기업은 실제로 사업을 운영하는 영업 회사를 말한다.

하더라도 회사의 비용을 줄이려고 노력한다. 꼭 필요한 유지보수 비용을 뺀 모든 자본적 지출(기업의 고정자산을 취득하거나 그 가치를 증가시키기 위해 지출하는 돈을 말한다. 이와 반대로 고정자산을 현 상태로 유지하기 위해 지출하는 돈은 '수익적 지출'이라고 한다-옮긴이)은 회사의 상황이 나아질 때까지 보류시킨다. 이들이 상황을 객관적으로 바라보기 때문에 가능한 일이고, 수익을 내는 엑시트라는 영예에서 눈을 떼지 않기 때문에 가능한 일이다.

약삭빠르고 공격적인 회사라면, 필요하다고 판단할 경우 피인수 기업 자산의 소유권을 주장하는 채권자나 납품업체 등과 치열한 싸움을 마다하지 않을 것이다. 채권 투자자가 테이블 맞은편에 앉아 사모펀드 투자 전문가와 차입 매수로 발생한 문제를 논의할 때, 싸우기에 앞서 문제 해결에 대한 투자 전문가의 의견을 듣고 가급적 수용하려는 것도 이런 암묵적 충돌의 위협 때문이다.

사모펀드 투자자의 이해관계는 사모펀드 운용자와 일치한다. 양쪽 다 수익을 간절히 바라기 때문이다. 연금 프로그램은 교사, 소방관, 의료인에게 연금을 지급하고 싶어 한다. 사모펀드 회사는 수익에서 자기 몫인 성과 보수를 받고 싶어 한다. 그러므로 회생 가능성이 있는데 문제가 생겼다고 해서 투자에서 철수할 수는 없다. 투자 전문가는 성공하건 실패로 끝나건 자기가 한 투자에 끝까지 집착한다.

애초에 돈을 굴리기 위한 투자위원회의 논의가 철저하고 까다로운 이유도 투자에 문제가 생기면 몇 년이나 얽매일 수 있는 이런 현실 때문이다. 20대 중반쯤 되는 어소시에이트에게도 투자 모델에 의문을 제기할 수 있는 권한이 주어진다. 위로 올라갈수록 피라미드가 좁아지면서 걸린 금액은 엄청나게 늘어나고, 그에 따라 더 철저하게 묻고 따진다. 이들은 서로에게 치열하게 질문한다. 이 투자를 하고 수년 동안 우리가 투자한 돈만 간신히 되찾기 위해 노력하는, 혹은 그보다 더 나쁜 상황이 온다면 어떻게 할 것인가? 우리가 돈을 잃을 가능성은 얼마나 되는가? 투자위원회에서 포트폴리오 점검을 할 때는 모두 다음과 같은 기조의 생각을 한다. 이 프로젝트는 어디로 향하고 있는가? 배당금이나 자산 매각 또는 완전 엑시트 등을 통해 조만간 현금화할 수 있을까? 프로젝트의 진행이 지지부진하거나 아예 손해 볼 가능성은 없을까?

사모펀드 회사에서 신입 사원은 코치가 아니라 선수다. 신입 사원이 하는 일은 투자은행가나 경영 컨설턴트와 다르다. 직접 요리해서 먹어야 한다. 가장 힘든 일은 거래가 성사된 뒤 일어날 때가 많다. 자기가 한 투자에 매달려야 한다는 사실을 받아들이는 자기 절제적 태도는 투자 전문가로서의 책임감과 투지를 보여주는 리트머스가 된다. 신규 투자 때문에 휴가를 미룰 수도 있고, 잘못된 투자를 바로잡느라 몇 년씩이나 개인적 희생을 치를 수도 있다. 당연한 말이겠지만 일이 잘못되면 업무 강도는 훨씬 높아진다. 당신이 투자 전문가 서너 명으로 구성된 팀의 일원이고, 다른 사람 돈 수억 달러를 투자했다면 그 돈을 잃으면 안 된다는 책임의 무게를 뼈저리게 느낄 것이다.

이런 책임감 있는 태도가 일상에서 어떤 식으로 구현되는지 보기 위해 플래스틱스 이야기로 다시 돌아가 보자. 아이러니하게도 투자팀이 재앙에 직면한 것은 잘해보겠다는 열의가 지나쳤기 때문이었다. 앞선 투자의 성공을 재현하거나 그보다 더 나은 실적을 내겠다는 스스로 만든 압박감 때문에 생긴 인재였다. 이들은 재무 모델이 보여주는 10억 달러의 이익을 성급하게 달성하려다가 일을 그르쳤다. 다시 이들과 합류해 프로젝트를 살리려고 노력하는 모습을 보자. 이들은 전쟁을 준비하고 있었다.

우리가 할 수 있는 일은 이 프로젝트에 돈을 더 투자해 꽤 괜찮은 수익을 올리든지 아니면 아예 지원을 끊는 것이었다. 지원을 거절하면 프로젝트는 거의 확실히 실패할 것이다. 당초의 예상처럼 4년 안에 투자자의 돈을 몇 배로 불릴 수 있는 기회를 잃어버렸다고 후회해 봐야 쓸데없는 일이었다. 이제 기대할 수 있는 것은 총투자금액을 두 배로 불리는 것뿐이다. 시간도 더 걸릴 것이다. 나는 8년은 걸릴 것이라고 투자위원회에 보고했다. 잘못된 조치를 바로잡고 회사를 정상 궤도에 올린 다음 경영을 개선하려면 이 정도 기간은 필요했다. 대신 프로젝트는 성공할 것이다. 수익의 20%를 챙기는 것이 아무것도 챙기지 못하는 것보다 낫지 않겠는가? 실패하면 우리 몫은 전혀 없다.

우리는 이 투자의 본질적 특성을 다시 검토했다. 이 회사는 시장을 주도하는 화학 제품을 생산했고, 판매망이 잘 구축되어 있었을 뿐 아니라 시장 점유율이 높고 안정적이었다. 성장 기회로는 기업 인수를 통한 몸집 불리기, 재활용 제품이나 생분해성 제품 등 성장 잠재력이 큰 틈새 시장 공략 같은 것이 있었다. 이미 인력을 줄였지만 아직도 감축해야 할 인원이 많았다. 우리는 경영진을 우수 인력으로 교체했고, 재능 있는 기술진을 계속 보유하고 있었다. 순자산의 상당 부분이 회사 매각 계약에 달려 있었다. 우리가 이익을 내고 엑시트할 때가 되어서야 성과급을 받을 수 있는 보상 제도에 묶여 있었기 때문이다. 경영진은 일사불란하게 움직였다. 이 회사의 문제는 고질적 문제가 아니라 단기 유동성이었다. 이 회사의 장기 전망에 대해서 우리는 여전히 긍정적으로 판단했다.

모든 사람이 이 의견에 동의하는 것은 아니었다. 투자위원회에서 일부 파트너가 반대했다. 파트너 한 사람은 사형 집행인까지는 아니라 해도 악마의 변호인처럼 활동했다. 이들이 의심하는 것은 당연했고, 또 그것이 투자자의 이익을 대변하는 일이기도 했다. '어째서 돈을 추가 투입하는 것이 이 문제의 해결책이 될 수 있는가? 다시 돈을 낭비하는 일이 되지 않으리라고 확신하는 이유가 무엇인가? 이 프로젝트에 대한 애초의 생각과 지금 생각의 차이는 무엇인가?' 등등의 질문이 쏟아졌다. 심문은 세 시간 가까이 계속되었다. 결국 투자위원회는 피인수 회사에 발생한 문제를 재검토하고, 투자팀에 잘못을 바로잡을 책임을 지운 뒤 다음 단계의 조치에 동의했다.

우리는 피인수 기업의 자금난을 해소하기 위해, **회사**의 자금을 피인수 기업에 대출해줄 것을 제안했다. 다행히 해당 기업을 인수하기 위한 자금을 차입할 때 월스트리트 은행들이 참여하려고 애를 쓰는 등 압도적으로 **회사**에 유리한 분위기에서 협상이 진행되었기 때문에, 우리의 새로운 '구출' 방법에 대한 대주단의 동의를 얻는 일은 쉬울 것으로 보였다. 우리는 '슈퍼 우선 변제권'을 설정하고 돈을 보내기로 했다. 우리가 대출해주는 돈이 피인수 기업이 상환해야 할 우선순위가 가장 빠르고 이자도 가장 먼저 받게 된다는 뜻이었다.

피인수 기업이 다른 모든 채무에 앞서 **회사**에 진 채무의 원금과 이자를 가장 먼저 상환하도록 약속하겠다는 뜻이다. 우리는 이사회를 지배하고 있었기 때문에 이런 약속을 하기가 어렵지 않았다. 기존 채무의 채권자는 보험회사와 신용펀드로, 그동안 **회사**가 수월하게 다루어온 패시브 투자자들이었다. 이들은 기업을 인수해 운영할 능력도, 의사도 없었다. **회사**가 공여하는 새로운 채무에는 통상의 부채보다 더 높은 이자율이 적용될 예정이었다. 이것은 이 프로젝트를 바로잡기 위해 우리가 하려고 하는 일에 대한 보상이자, 투자자의 돈을 더 투입함으로써 우리가 감수할 리스크에 대한 보상이었다.

우리는 이 방안이 합리적이며, 이 회사가 위기에 빠지면 더 많은 자본을 투입할 준비가 되어 있다는 논리를 내세웠다. 우리는 이번 사태에 주도적으로 대처하고 있었지만 그 때문에 투자자와 **회사**에 새로운 리스크를 야기시켰다. **회사**의 명성도 위험해질 수 있었다. 이번 위기에는 우리도 일정 부분 책임이 있지만, 인수하기 전부터 이 회사에 문제가 있었기에 매물로 나와 있었다. 우리가 영입한 경영진도 이런 긴급 상황에서는 올바른 결정이라고 했다. 플래스틱스에게는 우리 제안을 시장에 내놓는 옵션이 있었다(제안 내용을 공개하고 더 나은 제안을 하는 사람을 기다린다는 뜻-옮긴이). 하지만 그러려면 시간이 걸리고, 제때 더 매력적인 조건으로 돈을 빌릴 수 있다는 보장도 없었다. 그에 반해 우리는 준비가 되어 있었고, 바로 돈을 투자할 수 있었다.

다음 단계는 플래스틱스가 두 차례에 걸쳐 자본 투여를 받는 것이었다. 첫 번째 샷 또는 프라임 샷은 투자위원회 승인이 떨어진 후 며칠 내에 두 번째 샷 또는 부스터 샷은 10주 안에 맞게 되어 있었다. 추가 유동성을 공급받으면 회사는 현금 흐름이 조금은 수월해질 것이다. 그러면 우리는 재빨리 회사를 본 궤도에 올려놓을 수 있을 터였다.

아이러니한 것은 우리가 확신이 없었다는 점이다. 우리가 선택한 무기, 즉 회사의 지분이 아닌 부채에 투자하는 것은 투자의 전망이 확실치 않을 때 쓰는 백업 플랜이었다. 우리는 두 번째 실수를 저지를 가능성을 염두에 두고 거기에 맞춰 모든 것을 준비했다. 채무 공여를 위한 신용 거래 계약서에는 회사에 대한 권리가 강화된(특히 상황이 악화되었을 때) 보호 조항이 명백하게 들어 있었다.

만약 회사가 우리의 제안에 부응하지 못해 파산할 경우 이 조항을 적용해 회사를 통제할 수 있었다. 회사가 앞으로도 근로자의 파업으로 시달리거나 핵심 고객사를 잃거나 다른 중대한 손상을 입어 그로기 상태에 빠지더라도 우리는 유리한 싸움을 할 수 있었다. 우리는 계약 조항에 따라 **회사**가 공여한 채무의 의무 상환을 앞당길 수 있었다. 이렇게 되면 회사를 회생시키기 위한 구조조정이 촉발될 것이고, 이 경우 우리는 최우선 변제권을 가진 채권자로서 운전석에 앉을 수 있었다. 만약 회사의 상태가 악화되어 차입 매수에 이용되었던 부채의 가격이 부실채권 수준으로 떨어지면, 우리가 그 부채를 매입할 수도 있었다. 그렇게 하면 구조조정 시 협상 테이블에서 발언권을 강화할 수 있었다. 우리는 공격을 개시할 만반의 준비가 되어 있었다.

투자위원회에서 플래스틱스 건에 대해 논의할 때 만약 우리 투자자들이 파리가 되어 듣고 있었다면, 투자자들의 돈을 치열하게 지키려는 우리의 역량에 뿌듯해했을 것이다. 우리는 그들의 손해를 막기 위해 무슨 일이든 할 준비가 되어 있었고, 사태가 악화되어도 도망갈 생각이 없었다. 우발 상황에 대비한 계획도 다 세웠다. 이렇게까지 하는 이유는 희망이 모두 사라질 때까지 최선을 다하는 것이 수탁자로서의 우리 의무이기 때문이었다. 거기다 투자자들이 돈을 벌면 우리도 돈을 벌기 때문이었다. 우리는 한편이다.

투자팀을 이끄는 파트너는 실수를 만회하기 위해 혼신의 노력을 기울였다. 그는 투자위원회에서 잘못된 판단은 모두 자기 책임이며 자신을 포함한 투자팀원들의 의욕이 지나쳐 플래스틱스를 신중하게 다루지 못하고 과도하게 밀어붙였다고 했다. 적당히 얼버무리지도 않았고, 사실을 감추지도 않았고, 다른 사람에게 잘못을 돌리지도 않았다. 그는 자신의 잘못을 모두 인정했다. 그는 비용 절감부터 인수 대상 기업, 고객 인센티브에서 다시 회사의 제품으로 되돌아오기까지 프로젝트의 여러 업무 흐름을 누비며 거침없고 솔직하게 모든 문제를 되짚었다. 그는 통상의 경영진과 달리 노동조합에 직접 사과했다. 덕분에 파업이 중단되어 공장이 더는 피해를 보지 않게 되었다. 투자위원회의 논의가 막바지에 이르자 설립자가 우리 제안을 승인했다. 우리가 책임을 전적으로 인정했기에 가능한 일이었다. 설립자는 승리에 대한 우리의 갈망을 인정했다.

하지만 프로젝트를 잘못 관리한 책임에서 그냥 벗어날 수는 없었다. 책임 파트너는 좋지 않은 통보를 받았다. 프로젝트 수익에서 자신의 몫은 챙겨갈 수 있지만, 우리가 플래스틱스에 처방한 약이 효과를 내지 못하면 사모펀드의 나머지 부분에서 들어오는 수익에서의 몫은 줄어든다는 것이었다. 그에게는 이미 9년이 지났는데도 수익을 내지 못하고 있는 문제 자산이 또 있었다. 한 번 실수야 봐줄 수 있다지만 두 번의 실수에서는 살아남기 어려울 터였다. **회사**에 뭔가 기여해야만 했다.

곤란한 문제는 더 있었다. 이 프로젝트가 **회사**에서 가장 **빠른** 성장을 보이는 분야인 신용펀드와 연계되었기 때문이다. 신용펀드는 몇 년 안에 사모자본 투자 전략에서 가장 큰 부분을 차지할 분야였다. 각국 중앙은행의 금리 수준이 매우 낮다 보니 **회사**의 투자자들은 검증되고 꾸준한 수익 창출 능력을 가진 신용펀드에 높은 관심을 보였다. 이들 중 상당

수가 신용펀드부터 사모펀드까지, 여러 투자 전략에 따라 **회사**가 운용하는 다양한 사모자본에 투자하고 있었다.

　회사 신용펀드의 거래 상대방 중에는 플래스틱스를 차입 매수한 부채에 투자한 것과 같은 유형의 부채 투자자도 있었다(실제로 그 부채에 투자한 회사도 많았다). 만약 **회사**가 이 프로젝트 하나를 구하려고 그들을 너무 몰아붙이면, 신용펀드 사업에 자양분을 공급하는 중요한 부채 투자자와의 관계를 위험에 빠트릴 수 있었다. 이 문제는 누구도 떠맡고 싶어 하지 않을 골칫거리였다. 책임 파트너도 이 사실을 알고 있었고, 다음 단계를 신중하게 처리하지 않으면 신용펀드 사업에 2차 피해가 발생하리라는 사실도 인식하고 있었다.

　우리에게는 **회사**의 한 업무를 다른 업무보다 우선시할 자유가 없었다. 문제가 생긴 사모펀드 투자의 성공 가능성을 높이기 위해 신용펀드의 이익을 희생할 수는 없었다. 가능하면 양쪽의 이익을 모두 살피는 것이 우리 일이었다. 예전 같으면 매우 힘든 차입 매수를 할 때 부채 투자자에게 지금보다 훨씬 더 가혹하게 굴었겠지만, 이제는 고려해야 할 사항이 늘었다.

　결론적으로 말해, 투자의 좋은 결과와 나쁜 결과를 다 겪는 일부터 서로 다른 사모자본펀드의 상충하는 이익을 관리하는 일, 문제가 생긴 투자를 바로잡는 일에 이르기까지 책임을 맡는다는 것에는 사모펀드의 대가로 성장하기 위해 필요한 정체성의 필수 요소가 들어 있다.

　다음 장에서는 투자를 진행할 때 사모펀드의 사고방식을 지배하는 또 다른 핵심 요소인 복잡한 것에 끌리는 현상을 살펴볼 것이다. 이들은 복잡한 일이 벌어진 곳을 찾아내 리스크를 계량화한 뒤, 복잡한 일을 해결함으로써 얻을 수 있는 수익을 추정하는 데 아주 능숙하다. 우리는 투자를 진행할 때 이들이 어떤 식으로 복잡성을 가치의 원천으로 이용하는지, 그리고 어떻게 해서 복잡성이 사모펀드의 수익을 늘려주는지 알아볼 것이다.

불타는 건물에
기꺼이 뛰어든다

05

PRIVATE
EQUITY
FUND

혼란은 가장된 수익일 수도 있다.

이 믿음은 사모펀드 대가들의 핵심 신조다. 이들은 혼란스러운 상태를 분석하거나 붕괴된 상황을 해독하거나 경제 전쟁에서 이기는 것을 즐긴다. 이들은 새로운 투자 건을 찾을 때, 시장의 혼란과 불확실성을 압도할 준비를 철저히 하고는 무너진 시장을 적극적으로 뒤진다. 모두 얼어붙어 있을 때 사모펀드 대가들은 표적 기업의 업계나 경쟁사로부터 수집한 자료에 의지해 자신의 판단을 기반으로 움직인다. 그 움직임의 이유는 다른 사람은 보지 못하는 기술의 도약일 수도 있고, 혼란에 빠진 해당 업계는 보지 못한 장기 추세일 수도 있다. 경쟁 펀드가 망설이고 있는가? 수익으로 전환할 기회다. 어떤 사모펀드 회사는 스스로를 '전략적 투자자'로 부르고, 어떤 회사는 '사업 파트너'로 부르고, 어떤 회사는 '역투자자'로 불리기를 좋아한다. 회사마다 선호하는 이름이 있고, 투자 방법을 기술하는 용어도 다르다. 하지만 기본적인 원리는 동일하다. 투자 전문가는 자신을 믿고, 다른 사람들은 할 수 없거나 하지 않으려는 어려운 결정을 과감하게 내린다.

사모펀드 대가는 복잡성에 끌린다. 이런 특성은 그 자체로 통념에 반한다. 요즘 사람들은 대부분 생활을 단순화해주거나 결정을 쉽게 내리게 해주는 앱을 원한다. 생산성을 높이거나 취미 생활을 하기 위해 시간을 절감할 '꿀팁'을 찾는다. 우리는 의도적으로 복잡한 것을 피하고 단순한 것을 좋아한다. 우리가 하는 일에 들어가는 노력과 비용을 분산하기 위해 긱 이코노미gig economy(특정 기업에 소속되지 않은 독립적인 개인과 기업 간의 단기간 계약에 의해 거래가 실행되는 경제 시스템을 말한다-옮긴이)를 좋아한다. 어쩌면 우리는 조사하는 능력을 상실했는지도 모른다. 노력이라는 개념은 뒤로 밀려나 버렸다. 많은 사람이 순간적인 만족을 추구한다. 그런데 사모펀드 사람들은 이런 흐름을 거스른다. 복잡한 문제일수록 이를 해결하면 더 좋은 투자 결과를 낼 때가 많기 때문이다. 이들은 정리가 필요한 상황을 좋아한다. 그런 곳에 큰 이익이 숨어 있기 때문이다.

여기에 작용하는 심리를 생각해보자. 이들의 심리는 저항이 가장 적은 길을 선택하거나 가장 쉬운 답을 받아들이는 일반 대중과는 정반대다. 이들은 지름길을 찾지 않는다. 사모펀드 투자가들은 의심이 몸에 배어 있다. 조사하고 묻고 비평하고 분석하는 것이 타고난 성향이다. 이들은 순조로워 보이는 상황을 쉽게 믿지 않는다. 사모펀드의 졸병 시절에 주입받은 이런 특성은 조직 최상층부에 도달할 때까지 계속 연마한다. 그래서 이들은 복잡한 일을 빠른 속도로 처리할 수 있다. 필요하다면 수십억 달러의 자산도 몇 주 안에 분석해낸다.

이런 모든 일은 '사람'이 한다. 재무 분석부터 투자위원회의 논의에 이르기까지 여기에는 알고리즘을 펀칭하는 기계도 없고, 자동화된 것이 아무것도 없다. 이 세계는 개인적인 관심을 가지고, 투자를 실행하고, 재융자를 받고 엑시트할 때까지 기업 경영을 지원하는 사고방식을 가진 '사람들'에 의해 돌아간다. 복잡한 일에는 선택이 따르고, 올바른 선택을 하면 우위에 설 수 있다. 이런 일이 개별주식을 고르거나, 뮤추얼펀드가 분산 투자를 하거나, 아무리 큰 금액이라 해도 (경영진에게 모든 책임을 맡겨두는) 패시브 투자를 하는 것과 극명한 대조를 이룬다는 점을 이해하기 위해 재무 전문가여야 할 필요는 없을 것이다. 복잡함에 끌리는 것은 사모펀드의 가장 중요한 심리적 틀이자 식별 요인이다.

투자위원회는 '쉽게 딸 수 있는 과일'에서는 식욕을 느끼지 않는다.

이런 투자는 할 일이 많지 않다. 대신 금융공학을 통해서만 투자자가 받아들일 만한 수익을 올릴 희망을 품어볼 수 있다. 노련한 사모펀드 사람들은 이런 투자를 좋아하지 않는다.

쉬운 승리는 회사의 명성은 물론이고 개인의 경력에도 별 도움이 되지 않는다. 연금펀드가 약정을 계속 유지하도록 하고, 한번 투자한 투자자가 사모펀드에서 신용펀드에 이르기까지 펀드를 바꿔가며 계속 투자하게 하려면, 사모펀드 회사는 독특한 기회를 발굴해 실행에 옮긴 뒤 차별화된 결과를 거두었다는 것을 보여줄 다양한 투자 실적이 있어야 한다. 뛰어남을 보여주는 투자는 회사 웹사이트에서 사람들의 주목을 받는다.

이런 사고방식이 실전에서는 어떻게 작동할까? 이것을 알기 위해 금융위기가 극에 달했던 시기로 돌아가 보자. 각국 정부와 중앙은행이 경제를 안정시키고 다시 활성화하는 데에는 몇 개월이 걸렸다. 세계는 극심한 공포에 휩싸였다. 공포는 금융 서비스 산업, 그중에서도 은행과 보험회사에서 가장 심했다. 2008년 보험회사 AIG가 파산 위기에 빠지자 다른 회사의 보험 가입자와 주식 소유자도 자신의 보험회사가 같은 처지에 놓이지나 않을까 전전긍긍했다. 내 보험증권이 휴지 조각이 되면 어떻게 하지? 내가 가입한 주택보험이 보험금을 지급해주지 못하면 어떻게 하지? 우리가 가입한 영업중단보험이나 허리케인보험이 아무짝에도 쓸모없어지면 어떻게 하지? 보험사가 파산하면 어떻게 하지?

이런 공포를 정당화할 만한 근거는 없었지만, 이들 눈에는 거의 모든 보험회사가 AIG와 같은 문제를 안고 있는 것처럼 보였다. 대부분의 사람은 보험회사에 투자하는 것은 고사하고, 보험업계에서 무슨 일이 일어나고 있는지 보험회사 자산의 실제 가치는 얼마나 되고 보험부채는 얼마나 되는지조차 제대로 이해하지 못했다. 고리타분하다고 할 만큼 안정적이었던 수조 달러짜리 산업에 문제가 발생한 것이다. 사모펀드가 공격을 시작할 때가 되었다.

그리고 사람들이 도망치느라 정신이 없을 때 사모펀드 사람들은 불타는 건물에 뛰어들었다.

"나는 이 계획에 반대요."

최고위급 파트너 한 사람이 투자 계획에 반대 의견을 표명함으로써 투자위원회 첫 보고는 완전히 실패로 끝났다. 전제가 틀린 것은 아니었다. **회사**는 금융 역사상 가장 뛰어난 투자가의 한 사람인 워런 버핏이 한때 주식을 집중적으로 보유했고, 엄청난 규모의 투자를 통해 엄청난 이익을 냈던 분야인 보험업에서 전문성을 기르려 하고 있었다. 방향이 틀린 것도 아니었다. 투자팀은 규제기관과 씨름하며 새로 보험회사를 설립해 자생적 성장과 기업 인수를 통해 10년씩이나 걸려 서서히 규모를 키워나가는 안이 아니라 실적이 부진한 대형 보험회사를 헐값에 사들여 극심한 경기 침체기에 실적을 호전시키는 안을 제안했다. 문제는 계획의 무모함에 있었다. 위태로울 정도로 변동성이 심한 장세에서 덩치 큰 상장회사를 덥석 낚아챈다는, 검증되지 않은 불분명한 아이디어에 10억 달러가 넘는 돈을 투자하는 것은 불가능할 수도 있었다. 기발한 아이디어인가, 아니면 터무니없이 복잡한 아이디어인가? 몇몇 파트너도 후자로 생각해 반대 의견을 밝혔다.

이들의 생각에도 일리가 있었다. 제너럴 인슈어런스 그룹General Insurance Group은 악명 높을 정도로 불투명한 회사였다. 상장회사이면서도

세상을 움직이는 사모펀드 이야기

공시가 불성실했고, 주주들이 아무런 요구도 하지 않는 대단히 운이 좋으나 그저 그런 경영진이 버티고 있었다. 이 회사는 시카고, 버뮤다, 런던에 있는 여섯 개의 법인을 통해 생명보험, 손해보험, 재해보험을 인수하고 있었고, 일반인을 위한 온라인 채널과 특정 상거래 위험을 취급하는 점포 같이 성격이 전혀 다른 여러 플랫폼을 통해 소매 고객과 도매 고객을 모두 커버했다. 회사 수입의 일부는 개인의 생명보험 인수에서 나오는가 하면, 일부는 테러와 사이버 공격에 대비한 멕시코만 원유 파이프라인 보험 인수에서 나왔고, 일부는 허리케인이나 기타 자연재해에 대비한 마천루 보험 인수에서 나왔다. 이 회사는 경영진의 욕심과 계획의 부재가 빚어낸 마구잡이식 사업 확장의 모습을 보여주었다.

금융시장이 제너럴 인슈어런스에 관심을 기울이지 않고 있었고, 주가도 3년 가까이 비슷한 수준에 묶여 있었지만, 그룹의 상환 능력을 위협할 엄청난 규모의 보험금 청구가 조만간 일어날 가능성이 분명해지고 있었다. 여기저기에서 다층적으로 이루어지는 보험 인수 업무를 정리하는 일은 힘든 과제가 될 터였다. 수납한 보험료로 이루어진 자산의 투자 전략을 바꾸면 규제기관과 고객의 따가운 눈총을 받을 수도 있었다.

이 그룹은 존립의 위기에 처해본 적이 없었다. 하지만 폭탄이라도 몇 개 묻혀 있으면 어떻게 할 것인가? 그런 사실은 알기는 어려워도 걱정하기는 쉽다. **회사** 투자위원회의 회의적인 파트너들만 그렇게 생각하는 것이 아니었다. 보험업계에서 영리하다는 전략적 인수자 그 누구도 이 그룹을 인수하려 하지 않았다. 그렇다면 **회사**의 투자팀은 업계에서 가장 똑똑하다는 사람들도 모르는 무언가를 알고 있었을까? 투자팀이 본 가능성은 맞는 것이었을까? 이들은 정말로 돈을 벌 기회를 본 것이었을까?

이런 우려는 표적 기업의 반격으로 더 악화되었다. **회사** 투자팀과 제너럴 인슈어런스 이사회 사이에 오간 민감한 논의 내용이 언론에 유출된 것이다. 제너럴 인슈어런스는 **회사**가 제의한 차입 매수 조건을 경쟁사에 내다 팔기까지 했다. 투자팀과 표적 기업 경영진 사이에 논쟁도 벌어졌다. 이들은 사모펀드가 투자하는 이유를 이해하지 못하는 것 같았다. 사모펀드 사람들이 보험회사 경영에 대해 무엇을 알겠는가? **회사**와 표적 기업 사이의 협상 분위기는 적대적이지는 않았지만, 딱히 건설적이지도 않았고 상호 신뢰도 없었다.

이런 역학 관계라면 표적 기업을 인수한다고 해도 **회사**가 영향력을 행사하기 힘들 수도 있었다. 투자팀은 솔직하고 투명했다. 투자위원회로부터 투자 승인을 받으려면 더 열심히 노력하는 수밖에 없었다.

"다들 인공위성 건 기억하시지요? 이건 그것보다 더 큰 건입니다."

투자팀 파트너가 서브를 넣었다. 11년 전 설립자가 아직 적극적으로 직접 투자 업무를 하고 있을 때 **회사**의 첫 위성 사업 투자를 함께한 사람이 지금의 투자팀 파트너였다. 사모펀드가 위성 산업에 투자한다는 것은 당시로서는 들어본 적도 없는 이야기였다. 위성이 고장 나면 고치는 문제는 차치하고라도 지구에서 자산을 볼 수도 없을 뿐만 아니라 발사가 실패하거나 기능에 이상이 생기면 감당하기 어려운 비용이 들어갈 터였다. 위성 산업에 투자하는 것은 복잡함 그 자체였다. **회사**의 투자 전문가 중에 위성이나 로켓에 개인적인 경험이 있는 사람이라도 있다면 모르겠지만, 모두 금융 분야의 훈련을 받은 사람들이었다. 하지만 독창적인 사고와 철저한 현장실사, 끈질긴 협상 끝에 설립자는 금광을 발견했다.

발사 실패나 궤도에서의 기능 고장 위험에 대비한 보험에 가입할 수 있고, 보험료조차도 정부가 주 고객이라면 정부 보조금을 받아 지급할 수 있었다. 게다가 장기 계약을 통해 해마다 물가에 연동하는 방식으로 수입을 확보할 수 있고, 고객은 데이터 통신 같은 중요한 서비스의 지속성을 확보하기 위해 이것저것 따지지 않고 계약을 갱신하는 경향이 있었다. 설립자는 위성 회사를 밀어붙여 영업이익률을 60% 이상으로 끌어올렸고, 그렇게 해서 확보한 잉여 현금흐름을 기반으로 대출 은행을 설득해 투자자에게 주기적으로 배당금을 지급할 수 있었다. 그는 이 자산의 안전성과 수익성에 대해 금융시장이 깨닫게 해주고, 위성 회사의 가치를 두 배 넘게 올린 뒤 성공적인 IPO를 통해 엑시트했다.

당시 설립자는 투자의 성공에 자신의 직을 걸었고, 성공한 수준을 뛰어넘어 잭팟을 터뜨렸다. 사모펀드가 투자한 돈은 무려 열 배의 수익을 남겼다. 그 건은 **회사**의 시그니처 계약이 되었고, 그것을 계기로 위성 산업에서의 성공적인 투자가 이어졌다. 경쟁사는 5년의 시차를 두고 **회사**를 따라잡기 위해 노력해야 했다. 설립자는 통찰력 있는 투자가라는 명성을 얻었다.

위성 프로젝트를 할 당시 하급 직원으로 참여했던 파트너가 이제 투자위원회에서 시간을 벌기 위해 전략적으로 과거의 영광을 들먹였다. 그는 투자위원들을 설득하려면 어떻게 해야 할지 알고 있었다. 프로젝트의 장점을 자세히 설명하고, 복잡한 사업 내용을 극히 상세하게 풀어헤치고, 위성 사업에서와 같이 말도 안 되는 것처럼 보이지만 실제로는 가능성이 있다는 사실을 보여주어야 했다. 파트너가 과거의 성공을 들먹인 것은 설립자의 비위를 맞추기 위해서가 아니라 보험 산업의 복잡성에도 불구하고 그 산업에 욕심을 내야 하는 이유를 설명하기 위해서였다. 제대로만 한다면 실적의 변동 폭이 크지 않으면서도 수익이 리스크를 훨씬 능가할 것이기 때문이었다.

이를 뒷받침해주는 배경은 거시경제였다. 이들은 금융위기가 금융 시장이 예상하는 것보다 짧을 것으로 판단했다. 연준이 다른 나라 중앙 은행과 함께 통화 정책이라는 강력한 무기를 휘둘러 전례 없는 규모로 돈을 풀 준비를 하고 있었다. 신용경색은 넘쳐나는 유동성에 압도될 터 였다. 연준에서 쏟아져나오는 돈만 1조 달러에 이를 것이고, 이 돈은 수 개월 동안 투자자들을 괴롭혀온 들쭉날쭉한 가격 하락과 폭락을 잊게 할 만큼 주식 시장과 채권 시장을 부양시킬 것이었다. 직설적으로 말하자 면, 지금처럼 싼 가격이 오래 유지되지는 않을 터였다. 지금이 좋은 물건 을 싼 값에 살 수 있는 절호의 기회였다.

제너럴 인슈어런스의 사업이 다각화되어 있다는 점도 분명한 플러 스 요인이었다. 지구촌 한쪽에서는 전통적인 주택보험을 인수하고 다른 곳에서는 허리케인 재보험을 인수하는 등 사업 분야만 90개에 이르렀고, 이들 사업은 대체로 서로 연계되어 있지 않았다. 다른 말로 하면, 각 사업 은 독자적이었고 위험도 분리되어 있었다. 한 분야에서 생긴 문제가 다 른 분야에 문제를 촉발하지 않는다는 뜻이다. 캐나다에서 해상 사고에 따른 보험금 청구 건이 발생했다고 캘리포니아에서 엔터테인먼트 영업 중단보험에 가입한 사람이 보험금을 청구하지 않는다. 이들 사업 분야는 서로 간에 연계되어 있지 않을 뿐만 아니라 거시경제에서 일어나고 있는 변화와도 직접적인 관련이 없었다. 자금이 경색되면 보험금 청구가 늘어 나는 식으로 여러 건의 청구가 겹치거나 도덕적 해이가 발생하기도 했지 만 경기를 크게 타는 사업은 아니었다.

투자팀이 보기에 보험업에서 수요와 공급의 힘은 보험회사에 유리하게 작용했다. 다른 산업의 경제 전망이 어두워져도 보험증권 가격은 안정되어 있거나 오르기 때문이었다. 보험회사는 과거의 잘못된 인수 결정 때문에 오랫동안 과다한 보험금 청구에 시달렸고, 그 결과 새로 발행되는 보험증권의 가격이 인상되었다. 보험위험률(부도 대상이 되는 위험이 어떤 기간 내에 발생할 비율-옮긴이)이 올라가고 있었는데 이 말은 보험 인수에 따른 수익이 는다는 뜻이었다. 따라서 시장 전반의 주가가 폭락하기는 했지만, 사업의 펀더멘털로 보아 보험회사 주가의 하락은 정당화되기 어려웠다. 즉, 이 산업은 월스트리트가 평가하는 것보다 훨씬 건실했다. 떠오르는 사업 분야는 더 많은 자금을 투입해 지원하고 수익성이 좋지 않은 사업 분야에서는 발을 빼는 식으로 사업을 정리하면 성장할 기회가 많았다. 수익이 나는 곳에 더 집중하고 넓은 영업 범위를 줄이면 분명 기회가 있었다.

하지만 이 회사는 반대로 해왔다. 예상하지 못했던 손실로 1년 예산이 바닥이 나자 당황한 경영진은 보험 설계사들을 해고했고, 업계가 보험금 청구 손실을 만회하기 위해 갱신 보험료를 올리면 실적이 반등할 수 있는 분야의 보험 및 재보험 사업에서 빠져나왔다. 손실 이후 오른 가격을 받을 기회를 놓친 것이었다. 경영진은 주식 시장이 회사의 손실이나 대담한 도박에 보일 반응을 두려워했고, 그러다 보니 보험 설계사들은 안 좋은 전략이라는 사실을 알면서도 안전한 길로만 가려고 했다. 이들은 겁을 먹고 있었다.

회사 투자팀은 이번 건이 부실채권 투자와 유사하다고 생각했다. 보험 인수에서 돈을 버는 핵심은 다른 보험업자들이 두려워할 때 보험증권을 빈틈없이 작성하고, 보험료가 오르기 전에 먼저 가입자를 묶어두는 것이었다. **회사**는 이런 실력이 뛰어났고 이 분야에도 적용할 수 있었다. 수익 창출에 뛰어난 경영진이 주식 시장과 애널리스트의 보고서에 신경 쓰지 않고 최선이라고 생각하는 방식대로 경영할 수 있을 것이었다. **회사**는 제너럴 인슈어런스가 사모펀드의 소유 하에 더욱 가치 있는 기업으로 부상하도록 지원할 수 있었다.

　　회사는 손꼽히는 회계법인에서 보험계리사 열두 명을 고용해 제너럴 인슈어런스가 인수하는 모든 보험 상품의 이면에 있는 손익 추정을 검토하게 했다. 보험료 적립금이 적정한 수준인지 검토하고, 대차대조표에 묶인 돈을 풀 여지가 있는지 아니면 더 많은 돈을 묶어 두어야 하는지를 보기 위해서였다. 이들은 열심히 일했다. 경쟁보험사가 분석한다 해도 이 정도까지 꼼꼼하게 하지는 못했을 것이다. 그러다 보니 기업실사에 막대한 비용이 들었다. 보험계리사에게 지급한 비용만 400만 달러였다. 양쪽 회사를 모두 지원하는 월스트리트 은행가들은 투자팀이 너무 멀리 나갔다고 생각했다. '합리적 수준으로만 보험수리적 추정을 하면 되지 않을까?'라고 생각했다. 그 정도로도 '충분히' 정확할 터였다. 하지만 다른 사람들이 어떻게 생각하든 **회사**나 설립자는 개의치 않았다. 이들은 힘든 길을 선택했고, 보험계리사에게 쓴 수백만 달러는 결과적으로 잘 쓴 돈이었다. 제너럴 인슈어런스가 숨겨놓은 보험 인수 리스크가 없다는 사실을 알아냈기 때문이다. 보험회사의 기록은 깨끗했다.

　　투자팀은 여기에다 정밀 조사를 한 겹 더 추가했다. 장부상 각 보험 계약의 금액이 보험계리사 팀이 분석한 숫자와 일치하는지 교차 검증하기 위해 로펌에서 보험 분야에 특화된 변호사들을 고용한 것이다. 보험계리사들은 보험 계약이 재무 모델에 맞는지 검증했고, 변호사들은 이들이 하는 일을 검증했다. 투자팀은 양쪽에서 받은 자료를 교차 검증했다.

각 분야의 보험 설계사를 심문하다시피 해서 얻은 수치를 보험수리적 모델에 입력해 나온 자료는 수백 페이지에 이르렀다. 팀원들은 여러 차례에 걸쳐 재무 분석과 토의를 반복했다. 숫자와 스프레드시트가 꿈에 보일 정도로 집중했다. 이런 다층적 노력은 진가를 드러냈다. 제너럴 인슈어런스는 워낙 보수적으로 경영을 해와서 그룹 전체적으로 과다 손실 위험이 조금 있기는 하지만, 다각화와 회사의 반 리스크 성향 덕에 대차대조표에 숨겨진 잉여 현금이 3억 달러나 된다는 사실이 밝혀졌다. 보험금 청구에 대비해 필요한 금액을 넘는 여분의 돈이 3억 달러나 되는 것이었다. 이 돈은 인수 후에 배당금으로 인출할 수 있을 터였다.

기업실사를 통해 알게 된 또 다른 사실은 여섯 개의 법인을 두 개로 줄이고, 일부 업무는 온라인으로 옮길 수 있다는 것이었다. 현 CEO에게 상장기업의 빅 보스라는 자부심을 갖게 해주는 것 외에는 여섯 개나 되는 법인이 있을 필요가 없었다. 효율성 높은 운영 구조를 만들면 원래 수준의 다각화를 유지할 수 있을 뿐만 아니라 보험 인수 과정에서의 실수를 발견하거나 우수 직원을 보상해 장려하기에도 더 쉬울 터였다. 조직 규모를 축소하면 복잡한 구조에 묶여 있던 자본도 풀 수 있었다. 더 많은 돈을 자생적 성장을 위해 투자하거나 배당금으로 '해방'시킬 수 있다는 뜻이었다.

구조조정의 가능성 외에도 비용을 줄일 여지는 상당히 많았다. 제너럴 인슈어런스는 사업에 아무런 도움도 되지 않는 스포츠팀과 스폰서 계약을 체결하고 많은 돈을 지불하고 있었다. 자가용 제트기를 두 대나 보유하고 있었다. 일부 관리자는 업무량이 적어 일주일에 4일만 근무했다. 보너스 제도의 달성 목표는 지나치게 낮게 설정되어 있었다. 퇴직연금에 지원되는 돈이 과다해 규제기관이 설정한 목표치의 하한선까지 회사 부담금을 줄일 여지가 있었다. IT 인력이 너무 많을 뿐 아니라 이들이 하는 일도 회사가 가치를 실현할 수 없는 자질구레한 프로젝트뿐이었다. 쉬운 IT 업무는 아시아 국가에 위탁할 수 있을 터였다.

제너럴 인슈어런스의 매력은 여기서 끝이 아니었다.

제너럴 인슈어런스는 무려 30억 달러를 깔고 앉아 있었는데, 보험업계에서는 이 돈을 '부동자금float'이라고 부른다. 보험금 청구에 대비해 회사가 보유하고 있는 고객 보험료다. 경영진은 이 돈을 아무런 수익도 내지 못하는 현금으로 보유하거나 국채로 가지고 있었다. **회사**는 이 미개발 자원을 훌륭하게 이용할 계획을 세웠다. 일부는 **회사**의 여러 신용펀드에 분산 투자하고 일부는 **회사**가 높게 평가하는 엄선된 외부 자산운용사에 맡기는 방법이 있었다. 이런 방법을 통해 이 자산에서 얻을 추가 수익은 제너럴 인슈어런스의 수익성과 가치를 더욱 높일 터였다.

자산을 직접 운용할 가능성을 깨닫자 회의적이었던 일부 투자위원의 눈이 반짝이기 시작했다. 사모펀드 팀에서 신용 사업에도 도움이 될 투자 기회를 발굴한 것이었다. 타당성도 있었고 규모도 상당했다. 물론 자산은 공정하고 객관적인 조건에 따라 운용될 것이고, 표적 기업에 구성될 새 이사회의 승인을 받아야 할 것이었다.

표적 기업과 관련해 더 할 수 있는 일은 없었을까? 제너럴 인슈어런스는 부채가 없었다. 그래서 투자팀은 하이일드 채권을 발행한다는 기발한 방법을 생각해냈다. 신용등급이 떨어지는 것을 싫어하는 보험업계가 구사한 적 없는 새로운 전략이었다. 하지만 지금이 결행할 시점이었다. 금리가 0%에 가까워지자 부채 투자자들이 일부 이자만 현금으로 받더라도 조금이라도 수익률이 높은 투자처를 찾아 헤맸기 때문이다. 나중에 지급하겠다는 약속의 형태로 지급 이자의 절반을 이연하는 방법을 이용하면 이자 지급 의무의 일부는 몇 년 후 회사를 인수할 다음 소유주에게 넘어갈 것이다. 규제기관이 직접 통제하는 범위에 들어가지 않게 설계한다면 회사가 감당할 수 있는 한도까지 채권 발행 규모와 가격 책정을 할 수 있을 것이다. 이렇게 해서 돈이 들어오면 배당금 규모를 늘릴 수 있을 터였다.

이상의 내용을 모두 종합해봤을 때, 구조조정과 재융자 기법을 이용해 마련한 돈으로 배당금을 받으면 1년 안에 제너럴 인슈어런스를 매수하느라 투자한 초기 투자금의 절반 이상을 회수할 수 있었다.

투자팀은 **회사**와 투자자 간에 맺은 계약서에 1년 안에 회수한 돈은 다른 투자 건에 다시 투자할 수 있다는, **회사**에 유리한 조항이 있다는 점도 강조했다. '재활용'으로 불리는 이 묘수를 통해 **회사**는 1년 안에 회수한 돈을 투자에 이용할 수 있게 두 번 계상함으로써 사모펀드 규모를 늘릴 수 있었다. 달리 말해, 1년 안에 제너럴 인슈어런스로부터 5억 달러를 회수한다면 이 돈을, 투자자로부터 새로 투자받은 돈처럼 다른 곳에 투자할 수 있다는 뜻이었다. 그렇게 되면 수익을 낼 수 있는 돈이 5억 달러가 더 생기는 것이고, 그 돈을 잘 투자하면 성과 보수도 그만큼 늘어날 것이었다.

흐름이 바뀌기 시작했다. 프로젝트에 대한 생각이 긍정적으로 변해갔다. 이 덩치 큰 투자 대상 기업은 저평가되었을 뿐 아니라 진입 장벽이 높은 규제 산업에 속해 있었다. **회사**는 사모펀드가 투자한 다른 프로젝트와 직접 연계되지 않은 분야에, 그것도 신념이 없는 경영진이 경영하는 표적 기업에 에쿼티 체크_{equity check}(표적 기업을 차입 매수할 때 차입 자금 외에 사모펀드가 투자하는 돈-옮긴이)로 10억 달러를 투자할 수 있었다. 이 회사를 상대로 할 수 있는 일은 굉장히 많았고, 가치를 창출하기 위해 당길 수 있는 레버도 굉장히 많았다. 집에 보낼 경영자도 있었지만, 승진시킬 만한 매우 우수한 경영자도 있었다. 이 프로젝트는 좋은 투자 기회로 보였다.

이 플래그십 투자를 한다면 **회사**는 전문 지식이 필요한 복잡한 산업의 선두 주자가 될 터였다. 보험계리사부터 보험 전문 변호사, 자체 재무 분석과 전략적 사고에 이르기까지 **회사**는 제너럴 인슈어런스의 기업실사를 위해 많은 투자를 하였는데, 그 덕분에 **회사**는 경쟁사보다 훨씬 앞서가게 되었다. 투자팀이 포트폴리오 관리에 몰두하며 다음 보험사 투자 계획을 짜고 있을 때까지도 경쟁사는 **회사**가 보험업계에서 무엇을 하고 있나 하고 궁금해하고 있을 것이다. 투자자들은 **회사**를 독창적 아이디어를 가진 혁신 기업으로 여길 것이고, 경쟁사들은 **회사**의 판단력을 부러워할 것이다. **회사**가 얻을 것은 많았다.

거래가 성공하고, 제너럴 인슈어런스가 사모펀드 소유 하에 그전보다 수익성도 좋고 자본도 든든한 기업으로 거듭난다면 **회사**는 보험 산업의 규제기관으로부터도 인정과 신뢰를 받게 될 것이다. 보험 산업의 규제기관은 지금까지 사모펀드를 보험 산업의 투자자로 생각한 적도 없었을 뿐 아니라 심지어 의심의 눈초리를 던지기까지 했다. 보험 산업에서 선구자가 되면 수많은 이점이 생길 것이고, 이런 이점은 **회사**가 앞으로 보험 산업의 비즈니스를 강화할 때 도움이 될 터였다.

이 모든 것이 누군가가 와서 따주기만 기다리고 있었다. 투자위원회가, 불이 난 곳은 이 건물이 아니라 다른 건물이라는 사실에 동의해주기만 하면 되었다. 이 건물(제너럴 인슈어런스)은 비록 사랑은 받지 못하고 있어도 튼튼한 체질이라 잘만 보살피면 훌륭하게 성장할 것이었다. 지금까지는 다른 건물들(AIG 붕괴의 충격파를 받은 보험 산업)이 복잡함이라는 연막을 피워 이 건물을 가리고 있었을 뿐이었다. 투자팀은 이 연막을 뚫고 내부를 들여다보려고 애를 썼다. 제너럴 인슈어런스에 필요한 것은 누군가가 와서 가치를 알아보고 잠재력을 발휘할 기회를 주는 것이었다. 제너럴 인슈어런스는 사모펀드가 필요했다. 자력으로는 필요로 하는 변화를 절대 일으키지 못할 것이었다. 투자팀은 이미 이 회사의 가치를 밝히기 위해 하루도 쉬지 않고 일하며 수백의 맨아워를 투입했다. 엄선한 새 경영진도 대기하고 있었다. 한 사람 한 사람이 록 스타급인 이들은 자신이 해야 할 일을 이미 알고 있었다. 극복할 수 없을 것 같던 장벽이 이제 곧 허물어질 것이 보였다.

잠시 후 설립자가 고개를 끄덕였다. 10억 달러의 투자 승인이 떨어진 것이다.

여기서 우리는 사모펀드 대가들을 끌어당기는 '좋은 복잡함'이란 대부분의 사람은 보지 못하는 가치 창출에 이르는 길이라고 생각할 수 있다. 보이지 않기 때문에 사람들은 이 길을 복잡하다고 생각한다. 하지만 찾기만 하면 이 길은 우리를 노다지로 안내한다. 사모펀드 투자가들은 위성 투자 건에서와 마찬가지로 보험회사 투자라는 완전히 새로운 프로젝트를 검토했다. 이 프로젝트는 처음에는 뜬금없이 튀어나온 괴상한 아이디어처럼 보였지만, 냉정하고 사리에 맞는 논리가 있었고 다양한 투자로 이어나갈 계획도 있었다.

사모펀드 전문가들이 복잡한 문제를 해결하려고 오랜 시간 매달리는 모습을 보면 다른 투자가들이 하지 못하는 일을 이들이 해내는 이유를 알 수 있다. 물론 복잡함에 끌리는 성향이 사모펀드에만 있는 것은 아니다. 하지만 이런 성향은 대부분의 사모펀드 회사에서 쉽게 찾아볼 수 있을 뿐만 아니라 사모펀드의 존재 이유의 근간이기도 하다. 앞서 예시한 보험회사 투자는 올해 대서양에 허리케인이 잦을까 뜸할까와 같이 둘 중 하나를 고르는 문제도 아니었고, 주사위 던지기로 개선 방법을 결정하는 문제도 아니었다. 이 투자는 매우 복잡한 상황을 하나하나 분석해야 하는 건이었다. 투자팀은 어떤 레버를 당기면 가치가 창출되고 어떤 레버를 당기면 가치가 파괴되는지를 일일이 찾아본 다음 공략 계획을 세웠다. 전망은 밝아 보였다. 아니, 전망이 밝아 보이게 만들었다는 표현이 더 적합할 것이다. 지나고 나면 보인다. 참 좋은 투자처였다.

오늘날의 사모펀드 대가들은 기술의 변화나 생명과학의 발전 등과 연계된 매우 복잡한 분야까지 투자한다. 새로운 분야에 투자하려는 이들의 열정에는 한계가 없다. 지나고 나서 보면 이런 투자도 타당성이 있어 보일 것이다. 어쩌면 쉽고 당연한 일로 보일지도 모른다. 이들이 강인한 이유는 자신이 내리는 결정이 당연한 일로 보이기 전에 어려운 결정을 내려야 하기 때문이다. 사모펀드 투자자들이 의지하는 것이 바로 이런 생각과 행동이다. 그리고 투자자들이 돈을 들고 계속해서 다시 찾는 이유이기도 하다.

사모펀드 대가들은 수익률을 높이기 위해 높은 리스크를 감수하는 것이 아니라 리스크를 계산하는 방법이 다르다. 이들은 이 리스크가 감수한 만큼의 보상이 따르고 그런 결과를 얻을 가능성이 크다는 판단이 설 때까지 일한다. 이들은 투자 건에서 일어날 수 있는 모든 일을 마음속에 그리며 투자를 성공시키기 위해 필요한 일이 무엇인지 분석한다. 아주 고생스러운 작업이다.

물론, 자신의 판단이 옳다는 확신을 기반으로 실행한 투자라도 결과는 불확실하고 과정은 도박에 가깝다. 하지만 대개는 옳은 결정이기에 꾸준히 뛰어난 투자 결과를 내는 것이다.

어떻게 해야 이런 복잡함, 감수할 만한 리스크, 충분한 수익을 지향하는 마음가짐을 기를까? 사모펀드 대가의 마음가짐은 타고난 성향과 경험을 통한 학습을 기반으로 한 다음과 같은 특질로 이루어진다.

- 질서가 없는 것부터 잘 모르는 것이나 혼돈에 가까운 것까지도 받아들이고 조사하려는 태도
- 해당 분야가 투자하기에 적합한지, 또 투자 구조◆를 어떻게 가져가야 리스크 최소화와 수익 최대화를 달성할 수 있을지를 위해 논리적 계획을 세워 실행하려는 추진력
- 자신이 모르는 것을 인정하고, 투자자의 돈을 투자하려면 이 정도는 알아야 한다는 사실을 분명하게 밝히는 겸손한 마음(잘못을 인정하고 고치려는 태도도 포함된다)
- 좋은 투자 대상을 물색하고 그것을 훨씬 더 좋게 만들기 위해 방법을 찾으려는 끝없는 욕구
- 피인수 기업의 성공을 위해 필요한 변화가 현실적인지, 달성 가능한지를 알아

보는 안목

• 분석을 하기 위해 수많은 데이터를 뒤지는 인내심과 지적 호기심, 그리고 그 데
이터와 자신의 판단을 기반으로 가치를 창출하는 결정을 내리는 자신감

• 투자 기간에 가치를 창출하기 위해 가장 힘든 일을 할 사람은 현장에 있다는
사실(회사의 경영진과 직원들)과 어떻게 그런 사람들을 찾아서 협력관계를 맺
을 것인지를 아는 감성 지능과 공감 능력

사모펀드 전문가들은 이런 요인을 기반으로 피인수 기업을 바라보
고, 또 자신이 예상하는 피인수 기업의 가치가 상승된 모습을 비교한다.
이들은 피인수 기업의 가치 상승과 일이 잘못될 리스크를 예의 주시하며
매주 자문한다. '앞으로 이 일이 어떻게 전개될까?'

내가 이 책을 쓰던 2020년과 2021년에는 불타는 건물이 사방에 깔
려 있었고, 사모펀드 대가들은 그 안으로 뛰어들었다. 사모펀드 투자가
들은 전 산업에 걸쳐 코로나19 팬데믹의 충격을 받은 기업의 리스크를
분석하며 엄청난 수익에 이르는 확실한 길을 찾으려 한다. 그동안 이들
은 아무도 여행을 가지 않는 시기에 누구나 아는 이름의 항공사, 여행사,
차량 렌탈 프랜차이즈에 투자했다. 병원이나 의약품 개발 같은 위기의
와중에 사업이 더 활성화된 분야에도 투자했다. 10년 전 금융위기가 일
어났을 때와 마찬가지로 팬데믹 기간에 사모펀드가 보여준 활동은 위기

◆   투자 구조Investment structure 투자가 이루어지는 방식을 말한다. 무엇을 취득하는지 혹은
어디에 투자하는지, 투자자의 돈이 자본 구조상 어디에 투입되는지(예컨대 자본에 투자하
는가, 부채에 투자하는가, 아니면 두 가지가 섞여 있는가), 투자에 수반되는 지배권 문제, 투
자에 따르는 세금 문제(예컨대, 투자자에게 수익을 배분했을 때 적용되는 세율 문제) 등이 포
함된다. 거래를 특징짓는 주요 내용은 투자 구조에 다 들어 있다.

상황을 다루는 모습의 본보기라 할 것이다.

모든 투자 건에 사모펀드 사람들이 앞장섰다. 부채와 유사한 방식을 이용해 투자하는 사모펀드 회사는 전통적인 신용 공여 기관으로서의 대출 은행을 대체했다. 사모펀드가 빈 땅을 차지한 것은 금융위기를 겪은 은행이 대출을 부담스러워한 영향이 컸다. 사모펀드가 없었다면 앞서 말한 투자의 상당 부분은 이루어지지 못했을 것이다.

사모펀드 대가들은 여러 문제가 얽혀있는 복잡한 투자 대상에 확신을 가지고 투자하려는 유일한 투자자이기도 하다. 수억 달러에 이를 정도로 투자 규모가 크고 거시적 경제 상황이 열악할수록 특히 그러하다. 이런 시기에는 정부 보조금이나 대출금을 받기가 거의 불가능하다. 은행 대출도 받을 수 없을 때가 있다.

그리고 어느 쪽 대안도 사모펀드가 보여주는 포트폴리오 기업 경영진과의 긴밀한 유대나 표적 기업에 대한 집중, 복잡함을 익숙하게 받아들이고 그것을 깨닫는 이해력을 제공해주지 못할 것이다. 사모자본의 자금제공 조건이 다른 자금원보다 훨씬 까다롭고 비용도 많이 든다는 점을 받아들여야 한다. 사모펀드가 시장 주도권을 더 많이 쥘수록 이 조건에 미치는 영향력도 더 커질 것이다. 사모펀드가 두 자릿수의 연수익률을 요구하는 것은 분명한 사실이다. 그러나 기업은 그것을 받아들일 수밖에 없다.

외곬으로 결과에 집중하는 자세는 자신이 조사하는 투자 건의 복잡함을 뚫고 나아가기 위해 사모펀드 투자가들이 갈고 닦은 특성의 하나다. 다음 장에서는 이 특성에 초점을 맞추어 살펴볼 것이다. 사모펀드 산업이 작동하는 방식의 중요한 특징을 새로운 시각으로 설명해주기 때문이다. 이 특성은 인센티브가 결과에 대한 집중과 밀접하게 관련되어 있다는 사실을 보여줌과 동시에 사모펀드 투자가 잘못될 수 있는 이유를 설명해주기도 한다.

투자 성공에
공식은 없다

06

PRIVATE
EQUITY
FUND

"파트너가 되면 여러분은 적어도 1억 달러는 벌 것입니다."

자정이 넘은 시각, 투자팀의 젊은 직원 두 사람이 엑셀 작업을 하며 농담을 나누고 있었다. 표적 기업은 미국의 식품 소매점 체인 푸드마트 Foodmart였다. 이들은 **회사**의 플래그십 사모펀드로 푸드마트를 차입 매수할 재무 모델을 업데이트하고 있었다. 한 사람은 20대 초반이었고 다른 사람은 20대 후반이었다. 둘 다 와튼을 졸업하고 골드만삭스 투자은행 부문에서 2년을 보낸 뒤 **회사**에 들어왔다. 두 사람은 입사 첫 주 오리엔테이션 시간에 전임 인사부문장이 한 이야기를 흉내 내고 있었다.

두 어소시에이트는 3년의 시차를 두고 입사했지만 인사부문장으로부터 똑같이 '1억 달러' 이야기를 들었다. 인사부문장은 오랫동안 신입 사원 앞에서 1억 달러를, **회사**에서 오랫동안 성공적인 경력을 쌓으면 얻을 수 있는 혜택의 하나로 이야기해왔음이 틀림없었다. **회사**가 IPO를 하기 전의 일이었다.

회사가 상장되며 상황이 바뀌었다. 보상 문제는 공개적으로 이야기할 수 없는 민감한 주제가 되어버렸다. 하지만 두 사람은 푸드마트에 대한 투자위원회 프레젠테이션을 앞두고 엑셀 작업에 매진하면서도 부에 대한 약속을 머릿속에서 떨쳐버릴 수가 없었다. 매일 그 정도 혹은 그 몇 배나 되는 금액의 숫자에 둘러싸여 지내지만 그래도 1억 달러는 상상할 수 없는 액수였다.

두 사람도 이 직업을 회의적으로 보는 사람이 많다는 사실을 알고 있었다. 대학 동창 모임에 나가면 사모펀드가 돈은 많이 벌지만 가치는 거의 창출하지 않는다는 따위의 이야기를 서슴없이 하는 친구도 있었다. 두 사람에겐 이미 익숙한 이야기였고, 대개 다음과 같은 내용이었다. 사모펀드 투자가들은 위기에 빠진 기업을 매수해 빚을 잔뜩 안기고 최대한 비용을 줄인 다음 단기간에 이익을 내고 매각한다. 이들이 하는 것은 금융공학이다. 사모펀드는 금융계의 집 장사다. 표적 기업의 경영 실적이 개선된다고 해도, 상당한 수익을 올린 후 빨리 엑시트한다는 기본 목적의 부수적 효과일 뿐이다. 사모펀드는 예측 가능한 정해진 투자 방법을 따른다.

두 젊은이는 근무 경력은 짧아도 사모펀드에 관한 이런 이야기가 말도 되지 않는다는 사실을 알고 있었다. 밤낮을 가리지 않고 일하는 자기네만 봐도 알 수 있었다. 투자위원회에서 피인수 기업의 사업 계획을 논의할 때 갑자기 생각난 설익은 아이디어를 내놓는 투자팀은 없다. 이들은 돈을 뽑아내고 난 뒤 찌꺼기만 인수자에게 넘기겠다는 이기적인 계획에 투자자의 돈이나 자신의 경력을 걸지 않는다. 이들은 근시안적이고 섣부른 아이디어로 운용 보수와 성과 보수를 챙길 수 있다고 생각할 만큼 순진하지 않다. 이렇게 해서는 지속 가능한 기업을 만들어내지 못한다는 사실을 알고 있다. 이들은 매일 기업이 돌아가는 모습을 보고 있다.

모든 사모펀드 회사는 그 회사만의 전략이 있다. 여러 번의 투자를 통해 증명된 독자적인 기법도 있다. 모든 파트너는 자기만의 무용담과 과거의 프로젝트에서 배운 교훈이 있다. 하지만 이런 도구는 모두 안내서일 뿐 승리를 보증하는 수단은 되지 못한다. 모든 프로젝트는 전략적 비전과 표적 기업의 운영 계획을 마련한 뒤 시작한다. 이 청사진(또는 환경 변화에 따라 수정된 청사진)은 앞으로 수년 동안 표적 기업의 가치를 제고하기 위해 수행할 작업의 기반이 된다. 표적 기업을 통해 차입금을 활용하는 것은 이 청사진의 일부분에 지나지 않는다. 모든 전략은 수지맞는 엑시트를 뒷받침한다는 사실이 입증되어야 한다.

주식 시장이 되었든 다른 사모펀드가 되었든 기업이 되었든, 겉모습만 그럴듯하게 치장한 기업에 돈을 지불하려는 곳은 없을 것이다. 인수자는 사모펀드가 소유한 동안 이루어진 경영 및 재무적 발전을 계량화할 것이다. 사모펀드가 한 일이 하이일드 채권 발행이나 비용 절감, 배당금 지급뿐이었다면 이들을 설득할 수 없을 것이다.

사모펀드 대가들에게 정해진 공식은 없다. 각각의 프로젝트가 올려야 할 수익의 수준에 초점을 맞출 뿐이다. 그리고 이 목표를 달성하기 위한 수단인 피인수 기업을 중심으로 모든 생각을 한다. 그래야 성공할 수 있다. 불확실한 상황에서도 언제나 이 목표를 잊지 않도록 마음을 단련해야만 한다. 상황이 바뀌면 투자위원회에서 승인받은 당초 전략과 경영 계획을 무시하고 다시 시작해야 할 수도 있다. 적합해 보였던 경영자와 이사를 경영 성과나 인성 문제로 바꿔야 할 수도 있다. 투자자를 위한 결과를 얻는 데 필요하다면 그 어떤 일이라도 가능하다.

핵심 특성은 유연성과 독창성이 필요하면서도 외곬으로 결과에 집중하는 자세다. 푸드마트 투자팀의 두 젊은이는 이것을 배우고 있었다. 이들에게는 위축될 여유가 없었다. 두 어소시에이트는 프로젝트가 표적 기업을 인수하는 것이든 아니면 표적 기업의 부채에 투자하는 것이든, 돈을 어떻게 투자하느냐에 따라 거기에 맞게 표적 기업 이사회의 지배력과 사업에 대한 영향력을 갖게 된다는 사실을 알고 있었다. 두 사람에게는 표적 기업의 모습과 진로를 만들고 다듬을 힘이 있었다. 이들은 경영진의 주목을 받고 있었다. 두 사람은 성공해야 할 금전적 동기가 있었고, 아무런 제한 없이 시도해볼 기회도 있었다. 프로젝트는 수지맞는 이야기를 마음껏 그릴 수 있는 빈 캔버스와 같았다. 그래서 엑시트할 때가 되면 표적 기업은 수익을 실현할 최고의 기회로 바뀌어 있을 터였다.

두 어소시에이트는 투자 수익률을 가장 우선시하는 것이 핵심이라는 사실을 알고 있었다. 이들에게는 투자자와 **회사**가 기대하는 수익률이 새겨져 있었다. 이들은 긍정적이든 부정적이든 충격이 있으면 수익률을 재조정할 것이다. 이들은 표적 기업의 수익과 현금흐름의 성장을 지속 감시할 것이다. 이들은 프로젝트 기간 내내 여러 가지 엑시트 옵션을 궁리할 것이다. 그리고 모든 팀원은 성과 보수를 포함해 이 프로젝트로 벌 돈의 대략적인 규모를 머릿속에 그릴 것이다.

두 사모펀드 대가 지망생은 자신들이 빠진 투자의 미로가 계속 바뀌건 말건, 수지맞는 엑시트를 기획하고 실행할 능력과 지구력을 갖추는 것이 중요하다는 사실을 알고 있었다. 이것이 실제 투자에서 어떻게 발휘되는지 자세히 살펴보자. 이번 투자 건은 마냥 순조롭지는 못했다.

2020년이었다. 쇠약해진 미국 경제를 정부 지출과 연준의 시장 친화적 정책이 떠받치고 있었고, 소비 활동과 기업 활동은 팬데믹이 초래한 경기 침체에서 서서히 깨어나고 있었다. 적어도 앞으로 2년 동안은 거시경제가 어떻게 바뀔지 오리무중이었다. 이런 비관적인 경제 상황에서 **회사**는 중산층 고객을 대상으로 하는 식품 소매 사업체를 인수했다. 사람은 어쨌든 먹어야 하니까.

푸드마트는 미 전역의 중소도시에서 식료품을 저렴한 가격에 공급하고 있었다. 오랫동안 가족 소유 기업이었던 푸드마트는 나이 든 창업자가 후계자 없이 은퇴하기로 하면서 위기에 봉착했다. 온라인 기업과의 경쟁에 대응해 현대화할 필요도 있었다. 은행이 푸드마트의 입찰을 진행했다. **회사**의 투자팀 파트너는 푸드마트 소유주 가족과 오랫동안 친분을 쌓아왔기에 남들보다 유리한 위치에 있었다. 그리고 식품 소매업 분야의 투자 성공 실적이나 공급자, 물류업체, 소비재 다국적기업과의 인맥을 고려했을 때, 푸드마트의 경영을 긍정적으로 변화시킬 적임자로서도 **회사**가 가장 유리한 위치에 있었다. 투자팀 파트너는 장래의 기업 가치 상승을 염두에 두고 15%의 지분을 유지하겠다는 창업자 가족의 요청을 받아들이면서 사모펀드가 지배적 지분을 투자하는 협상안을 관철했다.

　회사가 표적 기업을 인수한 때는 매출이 부진한 혼란기였다. 푸드마트 매장은 충성도 높은 중산층 고객이 즐겨 찾던 곳이었으나 이제는 싸구려 물건을 파는, 시대에 뒤떨어진 매장이라는 이미지로 바뀌고 있었다. 돈 많은 젊은 화이트칼라 고객은 값이 비싸더라도 다른 곳에서 쇼핑하는 추세였다. 그들은 고리타분한 느낌이 나는 푸드마트 브랜드에 매력을 느끼지 못했다. 푸드마트에 대한 전반적인 인상은 무언가 정체되어 있다는 느낌이었다. 투자팀 파트너는 이 회사가 서서히 녹고 있는 얼음덩어리와 같다고 생각했다. 그래서 점포를 업그레이드하고, 고객가치 제안을 재정립하고, 마케팅을 정비해 가격과 이윤을 높이는 변화를 도모할 생각이었다. 그의 계획에 따르면 푸드마트는 3년 안에 고급 상품을 파는 브랜드로 이미지가 바뀔 예정이었다. 거기다 기술과 물류에 투자하여 온라인 매장까지 만드는 것이 푸드마트에 대한 전략적 비전이었다.

　또한 **회사**는 이전 소유주가 푸드마트의 가장 중요한 부분을 과소평가했다고 생각했다. 푸드마트의 부동산 포트폴리오, 즉 여러 곳의 점포와 물류창고는 40년 전에 매우 싼 가격에 취득한 것이었다. 이 부지는 모두 100% 푸드마트 소유였고, 그중 많은 수가 근래 땅값이 오른 도시 근교에 있었다. 최근 10년 사이에 상업용지의 가격이 오른 것을 감안하면 이들 부동산은 금광이나 다름없었다. 최소한 영업 회사 자체만큼의 가치는 있을 터였다. 창업자 가족은 부동산 매각은 전혀 고려하지 않고 있었다. 자신들의 '아메리칸 드림' 이상에 어긋나기 때문이었다. '부동산은 절대 팔면 안 돼'가 이들이 입버릇처럼 하는 말이었다.

하지만 **회사**는 이런 경직된 사고에 갇혀 있지 않았기에 푸드마트를 운영 법인과 자산 법인으로 분리하는 안을 검토했다. 젊은 투자팀원 두 사람이 밤새워 하는 작업의 일부는 이런 식으로 자산 포트폴리오를 재구성해 얻을 수 있는 추가 수익을 계산하는 일이었다. 투자팀은 두 가지 옵션을 검토했다. 하나는 부동산을 필지별로 나누어 매각한 뒤 점포를 임차하는 방안이었고, 다른 하나는 부동산을 담보로 시가의 80%에 해당하는 돈을 차입하는 방안이었다. 부동산 매수 희망자도 부족하지 않았고, 월스트리트 은행도 최저 수준의 금리로 돈을 빌려주겠다고 나섰다.

회사는 후자, 즉 부동산 담보 대출을 택했다. 부동산의 가치가 계속 오르리라 생각했고, 대출 은행이 차입금 대부분을 배당금으로 사용해도 된다고 허용했기 때문이었다. 배당금은 규모가 어마어마해서 **회사**는 푸드마트를 차입 매수할 때 투자한 금액을 6개월 만에 회수할 수 있었다. 이 말은 이 시점 이후에 회수하는 돈은 모두 투자자의 수익과 **회사**의 성과 보수라는 뜻이었다. 사모펀드 사람들이 흔히 하는 말로 '나머지는 모두 수익이야'의 상황이었다. 투자한 돈을 모두 회수하자 투자팀 파트너는 혁신 작업을 밀어붙였다.

하지만 열두 달이 지나자 푸드마트의 경영 혁신이 그다지 좋은 결과

세상을 움직이는 사모펀드 이야기

를 보이지 못하고 있다는 사실이 분명해졌다. 그중 일부 문제는 투자팀도 예상하고 있던 것이었다. 예컨대 고급 매장으로 전환할 경우 장사가 될 것 같지 않은 일부 지역에서 점포를 폐쇄해 표출된 주민들의 불만 같은 것이었다. 투자팀 파트너는 이런 문제는 해당 지역에 다른 소매사업자가 진입하면 사라질 것으로 판단했다. 진짜 문제는 돈 많은 젊은 고객이 몰리지 않는다는 것이었다. 데이터에는 조금이라도 나아지고 있다는 징후가 보이지 않았다.

문제가 발생한 데에는 분명한 이유가 있었다. 그리고 그 문제는 쉽게 나아질 것 같지 않았다. 식품 소매업 분야에 지각 변동이 일어났던 것이다. 온라인 소비재 대기업이 전격적으로 푸드마트의 경쟁사를 인수해 매장을 계속 유지하면서 다른 한편으로는 온라인으로 고급 및 기본 식료품과 생필품 주문을 받아 전국에 무료로 배송하는 전략을 채택했던 것이다. 이 전략은 효과가 있었다. 다양한 계층의 고객이 이 회사의 웹사이트에 접속해 클릭 한 번으로 손쉽게 일주일 치 쇼핑을 끝마쳤다. 이제 막 시작한 푸드마트의 온라인 비즈니스는 이 회사의 경쟁 상대가 되지 못했다. 세계에서 가장 큰 사모펀드를 압도하는 자금력과 물류 역량을 지닌 이 온라인 대기업은 빵에서 아보카도에 이르는 신선 식품과 비누부터 화장지까지 생필품의 가격을 낮추기 시작했다. 푸드마트의 숨통을 끊으려는 것이었지만 아무도 눈치채지 못하고 있었다.

위태로운 상황이었다. 상황을 반전시키지 못하면 푸드마트도 온라인 쇼핑으로 진화하는 과정에 희생당한 재래식 소매사업자 중 하나로 사라질 터였다. 차입 매수 목적으로 푸드마트가 발행한 하이일드 채권을 채권 투자자들이 투매하기 시작하자 채권 가격은 액면가의 70%까지 떨어졌다. **회사**가 나서야 했다.

투자팀 파트너는 푸드마트 경영진에게 60일 이내의 매장과 포인트 카드 소지 고객의 데이터를 분석해 어떤 상품이 잘 팔리고 어떤 상품이 잘 팔리지 않는지, 또 경쟁사(특히 새로 진입한 온라인 경쟁사)가 제공하지 못하는 상품이나 서비스는 어떤 것이 있는지 알아보라고 했다. 투자팀은 여론 조사를 하고, 시장 전반에 걸쳐 상품의 가격도 재조사하고, 질 좋은 상품을 값싸게 조달하기 위해 공급업체와 협상도 벌였다. **회사**는 식품 소매업 분야에서 경영자로 일하던 사람들을 초빙해 데이터를 보여주며 조언을 구했다. 도출되는 결정을 철저히 검증하기 위해 몇 명의 컨설턴트에게 악마의 변호인 역할을 맡겼다.

데이터를 통해 알게 된 사실은 직관적으로 이해할 수 있는 내용이었다. 온라인 쇼핑은 편하기는 하지만 매장에서와 같이 상품을 직접 보고 느낄 수 없었다. 상품을 직접 보는 것은 공산품보다 신선 식품을 살 때 훨씬 중요했다. 고객은 부담스러운 가격만 아니라면 '일상의 사치품'(인체와 환경에 더 좋은 재료와 제조 방법으로 만든, 품질 좋은 식료품)을 사고 싶어 했다. 고객은 품질 좋은 상품을 사고 싶어 했으므로 상품을 많이 알고 의욕이 있는 직원을 매장에 배치하면 도움이 될 것으로 보였다. 고객은 온라인으로 산 신선 식품이 언제나 신선할 것으로 100% 믿지도 않았고, 자신이 받는 물건이 매장에서 고른 물건과 똑같을 것이라고 완전히 신뢰하지도 않았다. 고객은 충성을 호혜적 관계로 생각했다. 그래서 돈을 조금 더 내면 그만큼 더 좋은 물건을 기대했다. 이들은 또 공동체의 일원이라는 느낌을 갖기를 원했다. 공동체에 충실하고 좋은 말을 퍼트릴 준비가 되어 있었다.

투자팀은 빨리 움직여야 했다. 그래서 푸드마트에 대한 새로운 전략이 완성되지 않았지만 체스판의 말들을 움직이기 시작했다. 이상적인 방안이 완성되기를 기다리기보다 데이터가 보여주는 길로 방향을 전환하기로 한 것이었다.

투자 논거를 바꾸기는 말은 쉬워도 하기는 어렵다. 큰돈이 걸린 사모펀드 환경에서 실패를 인정하는 것, 알파 성향의 동료들 앞에서 잘못을 인정하는 것은 무척 어렵다. 인정받지 못할 수 있다는 두려움과 훌륭한(혹은 적합한) 투자가로 보이지 않을 수 있다는 두려움이 따른다. 이런 두려움은 힘의 집중과 책임자 집단의 긴밀성, 투자위원회 공간의 공개성 때문에 증폭된다. 투자위원회에 참석하는 하급자들은 자신의 결정과 리더십으로 인해 성하거나 쇠하는 파트너의 모습을 직접 눈으로 볼 수 있다. 모든 파트너가 자신이 책임진 투자 건에 걸려 있다. 숨을 곳은 없다.

푸드마트 투자팀 파트너는 투자위원회에서 자신의 계획을 설명했다. 푸드마트는 브랜드를 바꾸고, 신선 식품을 중심으로 공동체를 구성하고, 고객 보상 프로그램을 강화하고, 소규모 독립 공급업체를 많이 발굴할 것이다. 오프라인 매장이 가격은 조금 더 비싸더라도 매장에서 직접 하는 쇼핑의 가치를 고객에게 제공할 수 있을 것이다. 푸드마트는 고급 매장이 되겠다는 계획을 포기하고 모든 계층의 고객을 끌어들이는 쪽으로 방향을 바꿀 것이다. 그리고 점포까지 방문할 만한 가치가 있는 매장 내 경험을 제공할 것이다. 고급 식료품을 무료로 시식할 수 있게 하고, 계산대에서 품질 좋은 재활용 종이봉투를 무료로 나누어주겠다는 뜻이다. 계산대에서 근무하는 직원이 종이봉투에 물건을 넣어주며 제철 농산물에 대한 가치 있는 정보를 제공할 수 있을 것이다. 매장 방문 쇼핑은 어쩔 수 없이 해야 할 일이 아니라 즐거움을 맛볼 수 있는 일이 될 것이다.

"이번에는 성공할 것이라고 어떻게 장담할 수 있소?"

회의적인 파트너의 유도 질문이나 비판을 막아내는 것도 투자팀 파트너가 할 일이다. 회의실에 팽팽한 긴장감이 감돌았다. 투자팀 파트너는 자신의 잘못이라는 말을 거듭하면서도 투자위원회의 승인을 받아내기 위해 확신에 찬 모습을 잃지 않았다. **회사**가 할 일은, 때로는 매우 비판적으로 보일지라도 건설적이면서 신중한 제안으로 투자팀을 지원하는 것이었다. 회의실 뒤편에 앉아 있던 젊은 투자팀원들 눈에는 이 모습이 마치 문명화된 형태의 검투 시합같이 보였다. 요즘에는 테이블을 주먹으로 내려치는 것이 10여 년 전만큼 효과가 없다. 목소리를 높이는 것보다 숫자로 뒷받침되는 냉철하면서도 심사숙고를 거친 대응이 훨씬 설득력이 있다.

두 시간 뒤 **회사**는 진로를 확정했다. 투자위원회가 푸드마트의 새로운 전략 비전을 승인했다. 바뀐 사업 계획에 의한 예상 수익도 당초 승인받은 계획만큼의 규모는 되었다. 다만 몇 년은 더 걸릴 예정이었다. 푸드마트는 독립 공급업체로부터 공급받아 일상적인 가격에 판매하는 신선 식품이라는 의미를 담아 '팜프레시Farm Fresh'로 이름을 바꾸기로 했다. 신선한(혹은 최대한 신선한) 유기농(혹은 유기농에 가까운) 식품만 취급하기로 했다. 팜프레시는 자사를 신뢰하는 지역 농부들이 공급하는 농산물을 농장에서 식탁으로 바로 보낸다는 이미지를 구축할 예정이었다. 가격은 적정한 선에서 유지하기로 했다. 부촌에서는 조금 더 높은 가격을 매길 예정이었지만 그런 것을 따지는 사람은 없을 터였다. 팜프레시 매장에서 자주 쇼핑하는 고객에게는 캐시백을 넉넉하게 제공하는 고객 보상 프로그램도 도입하기로 했다. 팜프레시의 어느 구석에서도 월스트리트가 개입한다는 느낌이 들지 않았다.

전략은 대성공을 거두었다. 팜프레시는 녹색 이미지를 구축했다. 고객 보상 프로그램에 가입하는 회원 수는 기하급수적으로 늘었다. 팜프레시는 공동체 같은 느낌을 주었다. 팜프레시 매장이 없는 지역에서 매장 개설 요청까지 들어왔다. 투자팀은 긍정적인 물결을 타고 있었다. 이들은 팜프레시의 경쟁사를 인수한 빅테크에 반감을 느꼈고, 영양가 높은 친환경 식품에 관심을 갖게 되었으며, 끈끈한 유대감으로 뭉친 공동체를 재발견했다. 소규모 공급업자들은 협상이 까다롭지 않아 팜프레시는 자사 생태계를 만족시키면서도 수익을 크게 늘릴 수 있었다. 1년 뒤 팜프레시는 기업을 공개했고 주가는 폭등했다.

팬데믹으로 인해 일부 매장이 잠시 폐쇄되기도 하는 사이에 투자팀은 한번 더 솜씨를 발휘했다. 팜프레시의 경쟁사를 인수한 온라인 대기업의 경쟁사(기술 분야 및 물류 분야) 서비스를 이용해, 고객 보상 프로그램을 적극적으로 이용하는 충성 고객에게 구매 상품을 무료로 배송하는 서비스를 도입한 것이었다. 구매한 식료품은 제때 신선한 상태로 배달되었다. 팜프레시는 팬데믹으로 인한 록다운 기간에 지역사회에 없어서는 안 될 공익사업처럼 인식되기에 이르렀다. 주가는 30%나 더 올랐다. **회사**는 소유 주식을 단계적으로 분산 매각하기 시작했다. 결국 **회사**는 2년 만에 투자한 돈의 세 배가 넘는 수익을 실현했다.

전략을 변경할 때 투자팀이 프로젝트에 들이댄 렌즈는 기대 수익 대 투자한 자본에 대한 리스크였다. 고소득층에 초점을 맞춘 소매사업자에서 모든 계층의 고객을 대상으로 하는 유기농 소매사업자로의 중요한 전략 변경은 데이터와 산업 전문가의 의견, 그리고 실전 경험을 바탕으로 한 것이었다. 경쟁사는 자금력이 뛰어났기에 가격 경쟁을 벌였다면 팜프레시는 이길 수 없었을 것이다. 하지만 팜프레시에는 한 가지 목표만 추구하는 오너(사모펀드)가 있었다. 전략적 마인드로 무장한 이 오너는 엄청난 압박 속에서 육탄전을 벌이듯이 상황을 처리했다. 이것이 사모펀드가 보여주는 최상의 모습이다. 사모펀드가 오너가 아니었다면 푸드마트는 틀림없이 온라인 대기업에 무릎을 꿇었을 것이다.

이 투자로 **회사**가 챙긴 몫은 얼마나 될까? **회사**는 팜프레시에 3억 달러를 투자해 9억 달러가 넘는 돈을 회수했다. 6억 달러 이상의 수익을 올렸다는 뜻이다. **회사**가 운용 보수와 성과 보수로 받은 돈은 1억 달러가 넘었다. 이중 절반은 **회사**의 주주들에게 배당금으로 분배되었다. 나머지 절반은 **회사**의 투자 전문가들에게 분배되었다. 설립자는 **회사**의 최대 주주였다. 그는 자신이 받은 돈을 개인 투자 포트폴리오와 현대 미술 컬렉션에 투자했다.

푸드마트 사례에서 눈에 띄는 점은 투자 업무를 하는 소수의 인력이 피인수 기업에 큰 변화를 일으켰다는 것이다. 투자팀은 상황을 빨리 재검토하고 데이터를 수집한 뒤 논거를 다시 세워야 했다. 경직된 조직 구조였다면 투자팀에게 그만한 권한을 위임하지도 않았을 것이고 속도가 그렇게 빠를 수도 없었을 것이다. 이들은 투자위원회에 떠밀려 전장에 투입된 것이 아니었다. 이들은 자신의 실수를 인정한 뒤 **회사**가 뒤를 받쳐주리라 생각하고 새로운 전략을 수행했다. **회사**는 한 몸처럼 움직였다.

집단 인센티브의 기반은 투자자와 **회사**의 경제적 유인이 일치한다는 데 있다. 투자자가 돈을 많이 벌수록 **회사**도 돈을 많이 벌고, 투자 전문가가 가져가는 돈도 많아진다. 사모펀드 운용자가 똑똑할수록 투자를 잘할 가능성이 커지고, 열심히 일할수록(투자에서 더 많은 성공을 거둘수록) 모두의 몫이 늘어난다. 그래서 이들은 투자 결과에 집중하는 것이다.

물론 일이 언제나 잘 풀리는 것은 아니다. 대부분의 사모펀드 회사는 실패한 투자 사례 한두 개쯤은 가지고 있다. 경제적 유인이 일치하고 목표에 집중해도, 몇 년 후 수익을 하나도 내지 못하거나 극히 적은 수익을 내든지 아니면 아예 원금 손실이 생기는 경우도 있다. 때로는 투자팀이 전투에 너무 몰입하거나 지나치게 목표에 집중한 나머지 비판적인 시각에서 문제를 보지 못하기도 한다. 상황을 잘못 판단하거나 당면 문제에 너무 깊이 빠져드는 것이다. 이런 문제가 발생하는 이유는 대개 다음에 살펴볼 또 다른 성공의 요소가 결핍되었기 때문이다.

이런 일이 생기면 투자 전문가의 행동이 빗나갈 수 있다. 이들은 투자자와 경제적 이해관계는 일치하지만, 집단적 성공에 필수적인 서로에 대한 투명성을 잃을 수 있다. 즉, 투자의 진행 상황을 공유할 때 잔인할 정도로 솔직해야 하는데 이것을 못할 수 있다. 투자위원회에서 투자팀이 제시하는 예상 수익에 대한 시나리오가 지나치게 긍정적으로 왜곡될 수 있다. 손해를 보는 투자 건을 교묘한 속임수로 분식해 이익을 내는 투자 건으로 보이게 만든다. 그러니 손해를 보는 투자 건이라고 밝혀진다면 실제 손해는 훨씬 클 것이다. 공교롭게도 앞선 사례의 투자팀 파트너가 바로 다음 투자에서 이런 일을 겪었다.

팜프레시의 성공적 엑시트 후 1년이 지난 시점에 투자팀은 유사한 분야의 새로운 기업을 표적으로 삼았다.

투자위원회는 3억 달러를 투자한 기업의 실적 개선과 관련해 열띤 논쟁을 벌이고 있었다. 피인수 기업은 세계적인 식품 및 소비재 그룹에서 분사되어 나온 유럽의 식품 소매기업이었다. 이 투자 건은 경영 혁신이 필요한 식품 소매업에서 투자자를 위한 가치를 창출해내는 **회사**의 역량을 보여줄 두 번째 사례가 될 예정이었다. 하지만 뭔가가 잘못 돌아가고 있었다.

전략적 비전은 팜프레시의 경험을 토대로 한 것이라 익숙했다. 지역에서 조달한 신선한 유기농 식품과 생필품을 모든 계층의 고객을 상대로 합리적인 가격에 판매하고, 브랜드를 중심으로 공동체 의식을 조성하는 전략이었다. 기존의 소유주는 실적 개선을 위해 10년간 노력했지만 여러 차례 경영진을 바꿔 보아도 상황이 나아지지 않자 결국 포기하고 말았다. 회사가 사모펀드 손에 들어오자 팜프레시 투자팀 파트너는 자신이 이 회사의 실적을 개선할 수 있으리라 확신했다. 인수 작업이 끝나자마자 투자팀 파트너는 컨설턴트의 도움을 받아 회사의 이름을 '오가닉 푸즈 Organic Foods'로 바꾸었다. 오가닉 푸즈는 처음에 실적이 개선되는 듯 보였으나 곧 정체에 빠졌다. 1년이 지난 시점에 이 프로젝트는 계획보다 훨씬 뒤처졌고 격차는 갈수록 벌어지고 있었다.

점포망 데이터와 고객 데이터가 보여주는 실태는 암담했다. 새로 만든 브랜드는 그럴듯한 이미지를 보여주기 위한 일시적 유행으로 치부되었다. 독립 공급업체들은 미국에 기반을 둔 사모펀드가 소유한 체인보다는 프랑스나 독일 같은 유럽 시장의 지역 점포와 함께 일하는 것을 선호했다. 회사의 변신은 고객 설득에 실패했고, 새로 단장한 점포들은 텅텅 비다시피 했다. 투자위원회에서 숫자를 검토하던 파트너들은 걱정과 분노가 섞인 반응을 보였다. 그들은 투자를 시작한 지 얼마 되지도 않았는데 너무나 형편없는 결과가 나온 것을 보고 경악했다. 집요하기로 소문난 파트너 한 사람이 감정을 후벼파는 언급을 했다. 다분히 의도적이었다.

"프로젝트 하나 성공한다고 전문가가 되는 건 아닌 것 같소."

자존심에 상처를 입은 투자팀 파트너는 마치 자기 이력을 광고라도 하듯 20여 년에 걸친 자신의 성공 실적을 언급해가며 팀과 자신을 변호했다. 그가 말한 과거 실적은 물론 훌륭했으나 현재 상황과는 아무런 관련이 없었다. 바람직하지 않은 행동이었다. 과거의 성과가 미래의 성과를 보장해주지 않기 때문만은 아니었다. 그의 독백에서는 자존심, 모든 것을 다 안다는 듯한 태도, 필사적인 심정 같은 것이 묻어났다. 무엇보다도 자신에게 던져진 질문은 이번 투자에 어떤 판단을 했느냐는 것이었고, 여기에 정확한 대답을 하는 것이 잘못을 바로잡는 최선의 방법이었는데 그는 흥분해서 반응했다. 성공에 대한 압박감이 그의 분별력을 앗아가 버렸다.

투자팀 파트너는 유동성 확보를 위해 추가로 돈을 투자해달라고 요청했다. 그는 처분하기 쉽게 자산을 지역별로 분할하라는 일부 투자위원의 충고를 무시했다. 그는 자신이 옹호하던 경영진을 해고하고 경쟁사의 핵심 경영자들을 스카우트하겠다는 계획을 밝혔다. 그는 식품 소매업 경쟁사들이 담합해 오가닉에 대응하고 있다고 불평했다. 그런 다음 자신의 장밋빛 시나리오를 발표했다. 최소한 당초 약속했던 규모의 수익은 거둘 수 있다고 자신하고 있었다. 하지만 자신에게 쏟아지는 질문에 직접적인 대답은 하지 못했다. 대신 질문자를 향해 원색적인 역공을 퍼부었다. 그는 잠시 숨을 돌리며 우군을 찾기 위해 투자위원들을 쓱 돌아보았다.

아무도 없었다. 누구의 지지도 받지 못한 것이었다. 아무 말 없이 앉아서 투자팀 파트너의 흥분한 발표를 듣고 있던 설립자가 드디어 입을 열었다. 그는 듣기 좋은 말을 몇 마디 한 다음 나중에 다시 논의하자는 부드러운 말로 끝맺었다.

48시간 뒤 소수의 최고위급 파트너와 설립자만 참석한 회의실에서 투자팀 파트너는 논의를 이어나갔다. 투자팀 파트너는 자신에게 상황을 되돌릴 기회를 달라고 요청했다. 하지만 그는 제한된 기회만 부여받았다. 승인받은 실행 계획은 당초 안보다 규모가 축소되었다. 또, 훨씬 강화된 조건으로 프로젝트 진행 상황을 투자위원회에 보고해야 했다. 새로 선임된 경영진은 회사를 변화시키기 시작했다. 점포의 지역색을 강화시키려고 노력했고, 고객을 끌어들이기 위해 물건의 가격을 낮추는 데 집중했다.

하지만 아무런 효과가 없었다. 아무리 빨리, 강하게, 자주 새로운 조치를 취해도 소용이 없었다. 투자팀 파트너는 방향을 전환하거나 도움이 필요하다는 사실을 인정하는 대신 계속해서 같은 시도를 반복했다. 그러는 사이에 새로운 아이디어는 고갈되었다. 투자위원회에 진행 상황을 보고하는 빈도는 줄어들었다. 그는 동료 파트너들에게 대놓고 거짓말을 하거나 오도된 정보를 제공하지는 않았지만, 진행 상황 공개를 '통제'하는 데 빠져들기 시작했다. 그의 마음속에 벙커 심리bunker mentality(전쟁터에서 위험을 피하려고 참호 속에서 머리를 내밀지 않는 것 같이 주위 사람들이 모두 적대적으로 보여 그들로부터 자신을 지키려는 방어적 심리 상태를 말한다—옮긴이)가 서서히 자라나고 있었다.

아무런 성과도 내지 못한 채 12개월이 지나자 투자위원회는 인내심

세상을 움직이는 사모펀드 이야기

을 잃고 프로젝트를 직접 관리하기 시작했다. 오가닉 푸즈는 현지 증시에 상장된 기업인수목적회사SPAC◆에 매각되었다. SPAC(스팩으로 읽는다)은 정해진 기간 안에 기업을 인수하거나 합병할 목적으로 투자자로부터 모은 백지수표를 가지고 있는 금고라고 할 수 있다. 투자 결정은 SPAC을 운영하는 경영진이 한다. SPAC은 증시에 상장되어 있어 사모펀드 회사보다 높은 가격으로 기업을 인수할 때가 많다. 투자 수익률은 사모펀드보다 낮지만 사모펀드보다 안전하고 간편한 투자 방법으로 알려져 있다. 오가닉 푸즈를 인수한 SPAC은 프랑스 식품 소매점 체인의 전임 경영자와 사모펀드로 영역을 확장하려는 헤지펀드가 운영하고 있었다. 해당 분야를 운영해본 경험과 금융 경험이 결합했기에 이 거래는 설득력이 있었고, 투자자들의 동의를 얻을 수 있었다.

SPAC이 지불한 돈은 **회사**가 사모펀드를 통해 오가닉 푸즈에 투자한 돈을 회수할 만한 금액이었지만 그 이상은 없었다. 이 프로젝트는 **회사**의 자원을 2년 동안 소모했다. 그 사이 펀드 투자자들은 운용 보수와 일회성 거래 수수료로 1천만 달러를 지불해야 했다. 이런 비용까지 감안하면 투자자들은 이 투자로 상당한 손해를 본 셈이었다.

아이러니하게도 SPAC은, 사모펀드를 비판하는 사람들이 사모펀드가 오가닉 푸즈를 관리하면 일어나리라 예상하던 일을 벌였다. 앞의 두

◆　기업인수목적회사Special Purpose Acquisition Company, SPAC **투자자로부터 자금을 모아 기존의 회사를 인수하거나 합병할 목적으로 IPO를 거쳐 설립된 회사를 말한다. SPAC은 투자자의 돈을 보관하는 서류상 회사**blank check company**로, 정해진 기간(예컨대 2년) 안에 인수나 합병을 마치지 못하면 투자자에게 돈을 돌려줘야 한다. 사모펀드 회사 입장에서 SPAC은 투자한 자산을 매각하는 또 다른 수단이 될 수 있다.**

소유주가 겪은 실패 사례를 검토한 SPAC 팀은 회사를 지역별로 분할한 다음 경쟁 식품 소매기업에 하나씩 매각했다. 매수한 기업은 지원 인력을 늘릴 필요도 없고 점포망 구축에 들어가는 돈도 절감할 수 있어 시너지를 얻을 수 있었다. 자산 분할 매각은 2년이 지나 끝을 맺었다. 비록 자랑할 만한 야심 찬 전략적 비전은 없었지만, SPAC 투자자들은 40%의 투자 수익률을 달성했다.

회사의 투자팀 파트너는 분할안은 거들떠보지도 않는 채 실적 개선을 위해 필사적인 노력을 기울였었다. 자산 분할은 실패로 보였기 때문이었다. 그는 자신이 약속했던 대로 몇 배의 수익을 올리고 싶었다. 다른 사람들에게 한 약속이었지만 스스로에게 한 약속이기도 했다. 팜프레시 같은 또 하나의 엄청난 투자 성공 스토리를 쓰고 싶었다. 그는 프로젝트에 엄청나게 집중했지만, 사태가 벌어지자 공포와 분노가 섞인 감정으로 상황에 반응했다.

그는 해당 기업에는 투자자 외에도 종업원, 지역사회, 공급업체 등 중요한 이해관계자가 있다는 사실을 잊고 있었다. 본인이야 투자자의 자본을 그럭저럭 회수했고 앞으로도 백만장자로 남아 있겠지만, 매장의 선반을 채우거나 계산대에서 일하는 사람들은 사모펀드에 대해 좋은 감정이 생기지 않았을 것이다. 어떤 종업원의 말마따나 사모펀드 아래로 들어가 뒷걸음질 치다 난도질당해 조각조각 팔려나가는 것보다 옛날 소유주 아래서 매장 통로에 파묻혀 있는 편이 더 나았을 것이다.

다음 장에서는 이 투자팀 파트너의 행동에서는 찾아볼 수 없었지만 사모펀드 대가에게 필수적인 또 다른 특성을 살펴보겠다. 그것은 바로 사태에 반응하는 것이 아니라 대응하는 것의 중요성이다. 대응은 집중력, 융통성, 주인 정신, 복잡성의 수용과 더불어 성공적인 사모펀드 투자가가 되기 위해서 반드시 가져야 할 자질이다.

반응하지 말고
대응하라

07

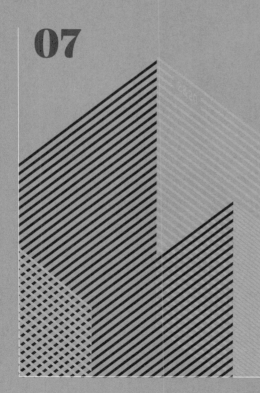

PRIVATE
EQUITY
FUND

"솔직함이 언제나 최선의 전략은 아니지."

메이크업 아티스트가 이마를 토닥거리는 동안 설립자는 자신의 멘토가 한 말을 떠올렸다. 그의 멘토는 내부자 거래로 증권 거래 금지 및 단기 징역형을 선고받고 경력을 마감하기 전까지 투자 회사를 설립해 운영하던 금융계의 거인이었다. 그는 출소 후 앞으로 자선사업과 정치에 전념하겠다며 금융계에서 은퇴했다. 이런 멘토가 이상적인 롤모델이라고 할 수는 없을 것이다. 하지만 그의 조언은 언제나 정곡을 찔렀고 적절한 때 도움이 되었다.

CNBC 카메라가 설립자가 스위스 다보스에서 처음으로 하는 인터뷰를 찍을 준비를 마쳤다. 자산 운용을 하는 다른 억만장자와 마찬가지로 설립자도 해마다 세계경제포럼에 참석했지만 지금까지 인터뷰에 응한 적은 한 번도 없었다. 그저 은행가나 정치인들이 하는 이야기를 들으며 분위기를 파악하고 사람들의 심리가 어느 방향으로 향하는지 느끼면 된다고 생각했다. 하지만 이번에는 달랐다. 사람들 앞에 나서서 목소리를 내는 편이 유리했다.

회사는 끔찍한 한 해를 견뎌야 했다. 몇몇 파트너가 일으킨 반갑지 않은 잡음이 플래그십 사모펀드, 신용펀드, 부동산펀드, 인프라펀드에서 기록한 좋은 성과를 무색하게 만들었다. 문제들은 모두 **회사**에 치명적이었다. 규정을 위반한 사실이 증권거래위원회에 적발되었고, 국세청 세무조사를 받았으며, 직장 내에서 부적절한 행위가 있었다는 주장이 제기되었다. 연루자 모두 공식적으로 불법 혐의는 벗었지만 잡음의 여파는 **회사**뿐만 아니라 투자자에게도 좋지 않은 영향을 끼쳐, 일부 투자자는 당분간 신규 약정 체결을 중단했다. 각각의 문제가 단독으로 발생했다면 관리할 수 있었겠지만 한꺼번에 터지다 보니 평판이 악화되었다. 경쟁자 일부는 자사와 **회사**를 공개적으로 비교하기도 했다.

　코로나19의 여파가 가시지 않은 시점이라 이런 문제로 주목받는 것은 불리했다. 새로 등장한 민주당 정권은 팬데믹 기간에 소득과 일자리를 늘리기 위해 풀었던 돈을 거둬들이고, 부의 불평등 같은 악화된 사회 정의를 바로잡겠다는 목표를 세운 참이었다. 행정부의 일부 인사는 이미 사모펀드 산업을 노리고 있었다. 특히 사모펀드 경영진의 소득세와 자본이득세가 적정한지가 쟁점이었다.

　이런 심리적 물결을 되돌리기 위해 **회사**는 연금펀드를 비롯한 투자자들에게 도움이 되는 일을 하고 있다는 홍보 공세를 펼쳤지만, 비평가들의 입을 다물게 하고 뉴스 기조를 완화하기에는 역부족이었다. **회사** 문제가 언론에 유출되어 〈뉴욕타임스〉와 〈블룸버그〉에서 크게 다뤄지는 바람에, 자사 직원들은 선량한 투자가일 뿐만 아니라 선량한 시민이라는 **회사**의 메시지는 먹혀들지 않았다.

　이런 맥락에서 **회사**의 최대 주주이자 CEO인 설립자가 카메라 앞에 나서기로 한 것이다. 그는 여론을 장악해 대중의 관심을 미래로 돌리고자 했다. 방어적으로 대처할 것이 아니라 전파의 힘을 빌려 **회사**가 지금 무엇을 하고 있으며 어떤 방향으로 나아가려는지를 밝힘으로써 시장의 관심을 돌려야 한다고 판단했다. 물론 내부적으로는 부정적인 언론 보도로부터 **회사**와 자신을 지키기 위해 동분서주하고 있었다. 설립자가 보기에 이번 일은 월스트리트의 누구보다도 좋은 실적을 보여온 **회사**의 역사에 비추어보면 아주 사소한 문제에 불과했다. 설립자는 '세상에 우리보다 나쁜 놈들이 얼마나 많은데… 언론이 이번 건만 볼 게 아니라 지난 수십 년간 아무런 잡음 없이 좋은 성과를 내왔다는 사실도 다루어야 하는데…'라고 생각했다. 하지만 이번 사건을 잘못 다루면, 정치와 사회의 분위기를 고려했을 때 주류 언론과 소셜 미디어를 통해 매우 나쁜 여론이 형성될 수 있다는 사실 또한 알고 있었다. **회사**의 어젠다를 해결하고 계속 만들어 나가려면 과거의 문제는 솔직하게 인정하는 편이 나았다.

설립자는 자수성가한 사람 특유의 자신감 있는 모습으로 CNBC 앵커의 질문에 쉬운 말로 침착하게 답했다. 그는 원대한 계획의 일부를 슬쩍 공개하는 듯이 말했다. 그래서 **회사**가 다음에 무슨 일을 하려고 하는지 운 좋게 알게 되었다며 시청자들이 흥분하기를 바랐다.

설립자는 웃음 띤 얼굴로 다음과 같이 말했다. "우리 산업은 지금 과도기입니다. 사모펀드 회사는 더 이상 조그만 합작 개인기업이 아닙니다. 금융 시스템의 중요한 한 축을 담당하고 있지요. 우리는 시장 수익률을 상회하는 장기 투자 수익을, 장기간에 걸쳐 그런 수익을 필요로 하는 사람들에게 안겨주고 있습니다. 예컨대 퇴직자들이죠. 우리는 시장을 추종하지 않습니다. 피델리티나 뱅가드가 아닙니다. 우리는 리스크에 맞게 투자자들에게 수익을 가져다줍니다. 투자자들은 어떤 곳보다도 더 많은 수익을 받을 수 있습니다. 물론 일정 기간 의무도 부담해야 하지요. 우리는 이번과 같은 사태가 다시 일어나지 않도록 내부 경영 구조를 크게 바꿨습니다. 현재 우리가 운용하는 순자산총액은 5천억 달러에 이릅니다. 저는 이것이 시작에 불과하다고 생각합니다."

두 사람(TV 앵커와 설립자)은 정책결정자부터 규제기관, 투자자에 이르는 금융 생태계의 비판적 구성원들이 이 방송을 보고 있다는 사실을 잘 알고 있었다. 이들은 설립자가 한 말의 의미를 이해하기 위해 단어 하나

하나를 분석할 터였다. 그리고 설립자가 예측한 대로, **회사**의 성장 계획을 슬쩍 흘리면 이들의 관심은 이미 보도된 내용에서 설립자가 품고 있는 생각으로 옮겨갈 터였다. 잠시 그랬다가 다시 원래 이슈로 돌아와 물어뜯는 언론도 있을 것이다. 그러나 형법상의 범죄 행위는 없었다. 그리고 판단 착오에 대해서는 이미 내부 조치를 끝냈다. **회사**는 일부 몰지각한 구성원의 행위로 피해를 입었지만, 투자자에 대한 수탁자의 의무를 성실히 이행할 것이고 성장 계획을 계속 실현해 나갈 것이었다.

설립자는 불같이 화가 났지만 감정을 드러내지 않기로 했다. 더 이상 잡음을 내지 않는 것이 **회사**에 도움이 된다는 사실을 알기 때문이었다. 자신 역시 규정 위반 같은 반칙을 얼마나 싫어하는지 말하고 싶었으나 적절하지 않은 일이 될 터였다. 자신이 할 일은 투자자나 일반 대중이 이 문제를 보는 시각을 바로잡는 것이었다. 이 일은 상장회사로 '성장'하기 위해, 그리고 책임감 있는 조직 문화를 만들기 위해 **회사**가 겪고 있는 고통스러운 과정의 일환이었다. 앞으로 경쟁사도 이런 과정을 겪어야 할 터였다. 설립자는 더 많은 우군을 얻고 인터뷰를 멋지게 마무리하기 위해 마지막으로 계획의 일부를 슬쩍 흘렸다.

팬데믹 충격을 떼놓고 보면, 우리는 지금 10년째 경기 상승기에 있습니다. 금리는 낮고 우리 투자자들은 수익을 원합니다. 신용 시장은 거품이 끼어 있습니다. 투자에 문제가 생겨도 제대로 된 보호를 받지 못하는 하이일드 채권조차 이자율이 5%밖에 되지 않습니다. 투자자들은 수익률 높은 곳을 찾아서 전 세계를 헤맵니다. 우리는 투자자들에게 원금과 수익을 모두 돌려줄 가능성이 매우 큰 자산을 매수하려고 노력하고 있습니다. 계획대로만 된다면, 플랫폼과 프랜차이즈의 성장을 거쳐 10년 안에 1조 달러가 넘는 자산을 운용하게 될 것입니다. 현재 우리가 운용하는 자산의 두 배에 이르는 규모입니다. 우리는 수동적으로 시장을 추종하는 일반적인 회사와 달리 시장을 상회하는 실적을 낼 것입니다. 우리는 지속적인 투자 성과를 통해, 그리고 제가 오늘 설명한 방법으로 투명성을 제고해 회사를 성장시킬 것입니다. 이렇게 하면 조만간 우리 주식은 S&P500 지수에 편입될 수 있을 것입니다.

이 말로 설립자의 의도가 분명해졌다. 설립자는 자산운용업계의 힘의 균형을 깨겠다는 의사를 명확히 밝혔고 자신을 비판하는 사람들에게 도전장을 내밀었다. 그는 싸움에 나섰다. 그렇다고 적극적으로 싸우겠다는 의도를 내보이지는 않았다. 그는 최근 일어난 **회사**의 이슈에 방어적으로 대응하지 않았다. 하지만 운용 자산의 규모를 두 배로 늘려 1조 달러를 넘길 것이고, 또 S&P500 지수에 편입되겠다는 폭탄 발언이 사람들의 관심을 과거에서 미래로 돌리기에 충분하리라는 사실을 알고 있었다.

S&P500은 세계에서 가장 중요한 주가지수 중 하나다. 이 지수를 구성하는 엘리트 기업 그룹에 들어가려면 시가총액 규모, 일반 대중이 보유한 주식 비율 등과 같은 일정 기준을 만족시켜야 한다. ETF 같은 패시브펀드는 미국 주식 시장에 상장된 대형 기업 주식을 대표하는 S&P500 지수를 추종해 수조 달러를 투자하고 있다. 그러므로 **회사**의 주식이 S&P500에 편입되면 주요 패시브펀드 운용사들은 자동으로 **회사** 주식을 매수하게 될 것이다. **회사** 주식의 수요가 증가하면 그에 따라 주가는 오를 것이다. 지금까지 사모펀드 업계에서 S&P500 지수에 편입된 회사는 없었다. 만약 S&P500에 편입된다면 **회사**가 업계 최초였다. 그렇게 되면

설립자의 선구적 업적 리스트에 또 하나가 추가된다. 게다가 설립자는 **회사**의 최대 주주이므로, **회사** 직원들은 물론 그의 순자산도 크게 늘어날 것이다.

또, 지수 추종 펀드나 ETF 같은 패시브펀드 투자를 통해서 또는 **회사**의 펀드 약정이나 **회사** 주식 투자를 통해서 연금펀드나 다른 투자자들이 **회사**와 접촉할 기회도 늘어날 것이었다. 물론 지금까지도 그랬지만, **회사** 주식이 S&P500에 편입되면 그럴 일이 더 많아질 것이다. 퇴직자들의 신뢰와 펀드 규모를 늘리는 효과는 두 배로 커질 터였다.

설립자의 홍보 전략에서 눈에 띄는 점은 그가 위기에 '반응'하지 않았다는 것이다. 그는 자신만의 방식으로, 자신에게 유리하게 '대응'했다. 재계나 정치권의 수많은 인사들처럼 자신은 잘못한 일이 아무것도 없으므로 대답할 말도 없다는 식으로 행동하지 않았다. 그는 **회사**와 자신이 지난 일에서 교훈을 얻을 것이고 과거에 무슨 일이 일어났든 앞으로는 더 나은 방향으로 성장하겠다고 쉬운 말로 밝혔다. 앞만 보고 나아가겠다는 그의 차분한 말은 겸손하게 들렸다.

설립자는 사모펀드에 오래 몸담으며 크게 성공한 사람이 가진, 다른 사람에게서는 좀처럼 찾기 힘든 특성을 보여주었다. 이것이야말로 다른 무엇보다도 중요한 기질이다.

그 순간, 맨해튼 미드타운에서는 **회사**와 가장 치열하게 경쟁하고 있는 사모펀드 회사의 70대 설립자가 30대 초반의 중간급 사모펀드 전문가 한 사람을 면접하고 있었다. **회사**보다 오래된 그 경쟁사는 업계에서 권위를 인정받는 자사 브랜드를 자랑스럽게 여겼다. 이 경쟁사는 **회사**만큼 까다롭게 협상하지 않았고, 마지막 한 방울까지 짜내려고 노력하지 않았다. 급여는 20% 적었지만, 젊은 전문가는 개의치 않았다. 그는 **회사**의 공격적인 분위기가 자신과 맞지 않는다고 느껴 변화를 택했다. 그는 치열한 협상가가 될 자신이 있었지만 조금 더 여유로운 분위기에서 경력을 쌓고 싶었다. 마침 대학 친구 몇이 여기서 일하고 있어 이곳을 택하게 되었다. 이번 면접이 적성 검사, 심리 측정, 이른 아침과 주말의 비밀 화상 회의 등으로 이루어진, 진을 빼는 과정의 마지막 단계였다. 경쟁사 설립자는 **회사**를 좋아하지 않았고, **회사** 설립자도 마찬가지였다. 두 회사는 투자 건을 두고 경쟁했고, 투자자의 돈을 두고도 경쟁했지만, 무엇보다도 재능 있는 직원을 두고 벌이는 경쟁이 가장 치열했다.

70대의 경쟁사 보스는 빳빳한 흰색 셔츠에 암청색 실크 넥타이를 매고 그 위에 짙은 감색 모직 양복을 걸친 깔끔한 모습이었다. 양복 앞주머니에는 어울리는 색깔의 포켓 스퀘어가 꽂혀 있었고, 반짝반짝하게 광을 낸 술 달린 검은색 로퍼를 신고 있었다. 모두 주문 제작한 것으로 그의 컬렉션의 일부였다. 그는 의복 생산 회사를 몇 개 소유하고 있었는데, 틈새시장에서 활동하는 가족 회사를 살려두는 것이 그의 취미 중 하나였다. 그의 푸른 눈은 풍부한 경험을 보여주듯 깊고 그윽했다. 그는 젊은이에게 **회사**의 문화가 어떤지 물었다. 실제로는 **회사**보다는 설립자에 관한 질문이었다. 젊은이가 대답하기 시작하자 그는 몇 마디 듣지도 않고 젊은이의 말을 잘랐다. 그런 다음 **회사**에 대한 자신의 견해를 밝히며 젊은이가 어떤 반응을 보이는지 살폈다. 그는 자신의 감정을 숨기지 않았다.

"그 회사에는 문화라는 게 없어. 나는 그쪽 사람들하고는 말도 섞기 싫어. 그들이 뛰어난 투자가라는 사실은 인정하네. 하지만 우리도 뛰어나지. 그런데 우리는 두려움과 질투의 분위기가 아니라 서로 협력하는 문화 속에서 이런 실적을 거두었다네. 우리는 훌륭한 문화를 가진 회사를 만들었지. 우리는 공격적으로 보이기 위해서 공격적이지 않네. 나는 그 사람들이 무섭지 않아. 우리 회사 사람 누구라도 마찬가지일세. 지금까지 나는 그 회사 출신을 채용해본 적이 없네. 지나치게 경쟁적인 사람은 우리 회사에 맞지 않기 때문일세. 이 점에 대해 자네는 어떻게 생각하는가?"

젊은이의 경력을 좌우할 결정적인 순간이었다. 경쟁사 설립자의 생각은 자신의 관심 밖이었지만 어쨌든 본인의 생각은 밝혀야 했다. 그는 자신이 의지가 강한 사람이고 통찰력 있는 식견의 소유자라는 사실을 보여주면서도 아첨꾼이나 배신자로 보여서는 안 되었다. 까딱 말을 잘못했다가는 입사는 물 건너갈 터였다. 이 순간 '**회사** 설립자라면 이 질문에 뭐라고 대답할까?'라는 생각이 들었다. 그는 용기를 내어 겸손하지만 단호한 목소리로 이 회사에 오려고 하는 이유를 말했다. 롤모델이 될 만한 리더 밑에서 일하고 싶다는 것이 그의 대답이었다.

경쟁사 설립자는 이 대답이 마음에 들었다. 그는 젊은이와 함께 엘리베이터까지 걸어갔다. 승낙의 신호가 틀림없었다. 게다가 면접이 성공적이었다는 사실을 보여주는 몇 가지 긍정적인 신호가 더 있었다.

"건설적인 대화였네. 자넨 능력 있는 젊은이야."라고 그가 말했다.

잠시 후 이렇게 덧붙였다.

"자네가 어디서 일하든 맘에 들 걸세. 자넬 믿네."

젊은이는 5번가를 가로질러 파크 애비뉴로 되돌아가며 극명한 대조를 이루는 두 경쟁사의 차이점에 대해 생각해보았다. 치과에 다녀온다고 둘러대고 나왔는데 시간이 늦어 남들 눈에 띄기 전에 빨리 돌아가야 했다. 두 회사는 외관부터 달랐다. **회사**는 현대식 건물에 입주해 있었고, 사무실에는 높낮이 조절 책상이 있었으며 회의실은 아무런 장식 없이 깔끔했다. 파트너는 넥타이를 매지 않았다. 전체적인 분위기는 여유로웠지만 업무에 열중하는 느낌이 있었다. 경쟁사는 전통적인 유럽의 사립은행 같은 모습이었다. 모두 실크 넥타이, 프랑스제 커프스단추, 포켓 스퀘어를 하고 있었다. 파트너들은 부유한 외교관처럼 보였고, 사무실 벽에는 현대 미술품이 걸려 있었으며, 천장에는 샹들리에가 매달려 있었다. 경쟁사는 자사를 사모펀드 업계의 얼굴로 생각하고 있었다. 큰 소리는 거의 들을 수 없었고, 거래 상대방을 협박하면 안 되었다. 투자위원회는 격렬하면서도 품위 있는 포럼이었다. 다만, 수익률이 더 높은 것으로 보아 **회사**의 투자가들이 더 뛰어난 것 같았다. **회사**는 공격적인 일터였다. 싸우는 것이 설립자의 DNA였다.

두 회사 모두 뛰어난 훈련소였고 돈을 많이 벌 수 있는 직장이었다. 젊은이가 이직하려는 이유는 일이 마음에 들지 않아서가 아니라 자신이 **회사**의 틀에 맞지 않는다고 느껴서였다. 그는 경쟁사 설립자가 **회사**를 무시하는 이유를 생각해보았다. 그리고는 최근에 부실 자산을 두고 벌인 두 사모펀드 회사의 싸움에서 경쟁사가 형편없이 당했다는 사실을 떠올렸다. 경쟁사는 차입 매수한 기업이 무너지면서 5억 달러의 손실을 봤다. **회사**는 파산 직전의 이 기업을 인수해 정상으로 되돌려 큰돈을 벌었다. 어쩌면 경쟁사 설립자는 질투하고 있는지도 모른다. 두 사람 사이의 경쟁 관계 이면에는 남들이 모르는 무언가가 더 있을 터였다. 하지만 자신이 끼어들 싸움은 아니었다.

그는 자신이 설립자에 관한 이야기를 시작하자 경쟁사 설립자의 포커페이스가 무너지던 모습을 떠올렸다. 젊은이가 경쟁사에 자리를 얻을 수 있었던 것은 부분적으로는 경쟁사 설립자의 비위를 맞출 수 있었기 때문이었다. **회사** 설립자에게는 절대 통하지 않을 일이었다. 솔직히 경쟁사 입사는 생각하던 것보다는 쉬운 편이었다.

입사가 최종적으로 결정되자 젊은이는 **회사**에 사직서를 내고 퇴사 통보 기간이 지날 때까지 근무했다. 유능한 젊은 투자가 한 사람을 경쟁사에 빼앗겼다고 설립자가 화가 났는지는 모르겠지만 그런 내색은 비치지 않았다. 하지만 설립자는 그 사실을 기억하고 있었다.

3개월 후 젊은이는 경쟁사 근무를 시작했다. 그는 새로 입사한 회사의 협력하는 분위기가 좋았다. 자기보다 몇 년 앞서 들어온 여자 멘토는 도움을 주었다. 그녀는 그가 새로운 환경에 적응할 수 있도록 안내해주었다. 두 사람은 긴밀하게 협력했다. 몇 달 후 그녀가 해고되었다는 소식이 알려졌지만, 그는 아무런 감정도 드러내지 않았다. 나중에 알게 된 사실이지만 그는 그녀의 후임으로 채용된 것이었다. 그는 공석이 된 자리로 승진해 전도양양한 자신의 경력을 시작했다. 그는 그녀가 흥분을 잘 해 이 일에 맞지 않는다는 말을 들었다. 그는 아무런 반응도 보이지 않았다. 대신 냉정함의 화신 같은 태도로 대응했다. 이런 짓을 하는 것이 역겨웠지만 성공하기 위해서는 어쩔 수 없었다. 그는 경쟁사도 **회사**와 큰 차이가 없지 않나 하는 회의감이 들었다.

위의 두 사례는 실제 있었던 사실에 기반한 것이다. 위의 사례가 말해주는 것은, 리더로서 회사를 지키는 일이 되었든 경쟁사에서 꿈꾸던 직업을 찾는 일이 되었든, 아무리 감정이 격해지고 걸린 것이 많아도 중요한 결정은 감정에 좌우되지 않는다는 것이다. 다른 직업군에서는 보기 힘든 일이다. 사모펀드 투자의 결과는 주식이나 채권에 투자하는 유동적 거래와 달리 몇 분 또는 며칠 단위로 측정되지 않는다. 경력도 마찬가지다. 투자가는 몇십 년 동안 진입과 엑시트를 반복하며 여러 건의 투자를 거친다. 투자건 경력이건 기간이 길기 때문에 장기적인 안목에서 결정을 내려야 한다. 사모펀드 대가 지망생에게는 이런 기술이 배우기도 가장 어렵고 적용하기도 가장 어려울 것이다.

회사가 당면한 문제에 대응한 설립자의 TV 인터뷰는 그가 품은 계획의 시작에 불과했다. 설립자는 계획의 일부를 먼저 발표하고 나머지는 드러내지 않는 식으로 신중하게 단계적으로 대응했다. 1단계는 시장과 언론에 자신이 한 말을 되씹어볼 시간을 주는 것이었다. 2단계는 전략적 주도권을 쥐고 계속 대응하는 것이었다. 그는 여러 단계를 통해 **회사**가 얼마나 강력하고 광범위한 청사진을 가지고 있는지 서서히 보여줄 생각이었다. **회사**는 이미 사모펀드를 넘어서서 다양한 투자 전략을 구사하는 사모자본을 운용하고 있었다. 그래서 대체 자산운용사로 불리고 있었다. 하지만 아직 일반인은 직접 접근할 수 없었다. 연금펀드나 국부펀드 같은 기관투자가만 **회사**에 투자할 수 있었다. 조만간 이것이 바뀔 터였다.

다보스 포럼이 끝나자 설립자는 캘리포니아와 아시아에서 열리는 명사들의 모임에 연이어 참석했다. 억만장자와 영향력 있는 유명 인사들이 자가용 제트기를 타고 비공개 포럼에 참석해, 사회와 경제를 둘러싼 문제를 논의하기도 하고 자신의 비즈니스를 설명하기도 했다. 포럼에 참석한 설립자는 세계경제포럼에서 자신이 한 발표와 유사한 발언을 했다. 이제 이듬해가 되면 **회사**가, 설립자가 CNBC 인터뷰에서 예고한 목표를 달성하리라는 사실이 분명해졌다. **회사** 주식은 곧 S&P500 지수에 편입될 것이다. 생명과학이나 보험 같은 수직적 시장에서 사모펀드나 신용펀드가 대기업의 지분을 인수하거나 인수 자금을 제공하는 식의 대규모 투자가 이루어질 것이다. 전망은 끝이 보이지 않을 정도였다. 순자산총액은 해마다 500억 달러 이상씩 늘어날 것이라고 했다. 사모펀드가 금융업계의 빅테크가 된 것이 분명했다. 너무 중요해 실패하면 안 되었다. 너무 긴요해 중단할 수 없었다. 사모펀드가 손을 뻗치지 않은 곳이 없었다.

회사를 키우기 위한 설립자의 절묘한 다음 조치는 조용히 이루어졌다. **회사**는 뮤추얼펀드와 패시브펀드를 운용하는 중간급의 자산운용사를 인수했다. 이 자산운용사는 소매 투자자, 즉 일반 투자자나 401⑯ 가입자를 직접 상대하는 회사였다. 인덱스펀드와 ETF를 '매수 후 보유'하는 전통적 전략을 구사하는 이 자산운용사는 자금 운용 스펙트럼상 사모펀드의 반대편 끝에 위치하고 있었다. **회사** 주식은 주요 지수에 편입되었고, 그 덕분에 주가가 크게 뛰었다. 자산운용사 인수가 주가로 보상받은 셈이었다. 자산운용사 인수는 잘한 결정으로 보였다. 이번 인수는 사모펀드나 다른 사모자본 수단의 돈이 아니라 **회사**를 위해 회삿돈으로 한 것이었다.

자산운용사를 인수하고 12개월이 지나는 동안 사모펀드 운용자가 포트폴리오 투자를 위해 쓸 수 있는 수단의 범위가 넓어졌다. **회사**는 자산운용사의 고위 경영진을 뛰어난 사람들로 교체했고, 불필요한 비용을 절감했으며, 고객 대면 직원을 새로 뽑았다. 경영진이 회사 운영과 실태

세상을 움직이는 사모펀드 이야기

분석을 쉽게 할 수 있도록 시스템을 재정비하기 위해 기술 분야에도 투자했다. 브랜드도 **회사**의 분위기와 어울리는 이름으로 바꾸었다.

통합은 순조롭게 진행되었다. 하지만 금융시장은 그 이상을 기대하는 것 같았다. 설립자가 지금까지 밝혀온 것보다 한 발 더 나간, 조금 더 전략적인 움직임을 원했다. 자산운용사는 연금펀드가 아니라 소매 투자자를 상대하는 회사였고, 일반인을 상대한다는 말은 비밀 유지 기능이 떨어지고 규제가 늘어난다는 뜻이었다. 지금까지 **회사**는 자사의 일처리 방식이 자산운용사와 다르다는 점을 부각하기 위해 애써왔다. **회사**는 분기 실적 발표를 하며 자산운용사에 관한 이야기는 거의 하지 않아 애널리스트와 경쟁사는 추측에 의존할 수밖에 없었다. 무슨 일이 일어나고 있었을까?

회사는 공부하고 있었다. 설립자는 **회사**가 운용하는 사모펀드를 비롯한 여러 투자 수단을 일반 대중에게 직접 제공할 계획이었다. 그는 퇴직자들이 **회사**에 연금펀드를 위탁하는 기존의 여러 방법에, 401(k) 가입자나 다른 소매 투자자가 직접 투자하는 방법을 추가함으로써 경쟁사보다 먼저 소매 시장에 진출할 생각이었다. **회사**의 투자 전문가들은 자산운용사의 자금 흐름을 분석하고, 소매 투자자에게 직접 판매할 수 있는 사모펀드나 신용펀드, 부동산펀드, 인프라펀드를 새로 만들 아이디어를 짜내는 등 자산운용사를 공부하고 있었다. **회사**에는 연금 프로그램이나 대형 투자자의 자본을 투자하는 사모펀드보다 훨씬 다양한 투자 수단이 필요했다. 이런 수단은 더 엄격한 규제를 받을 터였으므로 월스트리트의 변호사들이 서류 작업을 하느라 땀 흘리고 있었다. 리스크가 있는 내용은 굵은 글씨체로 강조한 뒤 그 주위에 테두리를 둘러 다시 한 번 강조할 예정이었다. 파트너들은 환금성을 어느 수준으로 가져갈 것인지, 투자자에게 투자 자산의 가치 변화를 어떻게 알려줄 것인지, 수수료의 종류와 수준은 어떻게 할 것인지 등 새 상품의 조건을 두고 토론을 벌였다. 수수료로 2+20을 받지는 않겠지만 블랙록 같은 우량 자산운용사보다는 훨씬 높게 책정할 예정이었다. **회사**의 펀드는 고급 브랜드로서의 가치를 지닐 터였다.

회사의 계획은 열두 달에 걸쳐 금융시장에 서서히 알려졌다. 워싱턴에 있는 **회사**의 대정부 업무 부서와 설립자는 주기적으로 정책결정자를 만나 현행 규정 때문에 소매 투자자들이 놓치고 있는 기회에 관해 설명했다. 이들은 일반 근로자들도 주가가 계속 오를 것이라는 막연한 희망으로 빅테크 주식만 투자 포트폴리오에 담아서는 안 된다고 주장했다. 이들도 투자를 다변화해야 한다. 이들에게도 금융업계의 롤스로이스에 올라탈 기회를 줘야 한다. 왜 일반 대중에게는 사모펀드 회사의 상품에 직접 접근할 기회를 주지 않는 것인가? 이들의 로비 활동으로 적법 절차를 거쳐 규정을 바꾸는 데 1년이 걸렸다. 드디어 **회사**의 소매 펀드 판매에 청신호가 들어왔다. 소매 펀드 판매는 **회사**가 인수한 자산운용사가 맡기로 했다.

회사의 투자 실적과 브랜드에 힘입어 소매 투자자의 돈이 쏟아져 들어오기 시작하자 경쟁사들도 **회사**를 따라잡으려고 애썼다. 경쟁자가 설립한 사모펀드 회사는 한참 뒤처졌다. 설립자는 소매 투자자의 돈을 활용할 수 있는 거대한 시장에 진입함으로써 **회사**의 순자산총액을 두 배로 늘리는 데 도움이 될 또 하나의 성장 엔진에 불을 붙였다. 설립자는 뻐기지도 않았지만 성공을 과소평가하지도 않았다. 언론에 나와 **회사**의 발전

과정을 설명할 기회가 생기자, 그는 과거를 반성하는 듯한 표정을 지으며 간략하게 사실을 있는 그대로 설명했다. 그러면서 사회에 감사를 표했다.

설립자는 돈 버는 데 집착하지 않았다. 적어도 겉으로 보기에는 그랬다. 투자은행이나 헤지펀드의 시끌벅적한 거래소 같은 곳이라면 있었을 법한 축하 행사도 없었다. 설립자는 하루 열두 시간, 일주일에 엿새를 일했다. 그는 여러 자선 단체와 인도주의 기관에 아낌없이 후원했다. 후원 대상 기관에는 박물관이나 학교도 포함되어 있었다. 그는 성공을 향한 채울 수 없는 갈증으로 목말라했지만 참을 줄 알았다. 그의 멘토는, 사모펀드의 올바른 목표는 '장기적 탐욕'이라는 말을 자주 했었다. 설립자는 자신의 기질 덕분에 계획을 실행에 옮기고 장기간에 걸쳐 부를 창출할 수 있었다.

다음 장에서는 사모펀드에서 성공하기 위해 투자 전문가에게 필요한 핵심 특성에서 벗어나 업계 최정상에 있는 사람들, 즉 사모펀드 대가에게서 볼 수 있는 핵심 태도에 대한 설명으로 넘어가겠다. 우선 그들이 가진 승리의 욕구부터 살펴보기로 하자.

구하라,
그리하면 이길 것이다

08

PRIVATE
EQUITY
FUND

사모펀드 대가는 이겨야 한다.

투자 프로젝트에서 성공적으로 엑시트할 뻔하거나 프로젝트를 추진할 뻔하기만 해서는 나눠 가질 투자 수익이 생기지 않는다. 승리를 거두어 투자자에게 줄 수익을 창출하지 못하면 아무런 의미가 없다.

당신이 이기지 못한다면, 연금 프로그램은 차라리 적은 수수료를 내고 패시브 투자를 하는 편이 나을 것이다. 패시브 투자를 하는 것이 싫다면 기업에 직접 투자하거나 직접 대출해주는 회사를 세우는 것도 괜찮을 것이다. 당신은 집에 가는 편이 나을 것이다. 이것이 사모펀드 투자가의 냉엄한 현실이다. 그래서 이 업계는 반드시 이겨야 하는 리스크 감수자 risk taker를 양성한다.

투자자는 성공이 이진법이라는 사실을 알고 있다. 사모펀드에서 기대할 수 있는 투자 수익을 받든지 못 받든지 둘 중 하나다. 사모펀드 회사에는 투자하라는 압력은 거의 없다. 하지만 투자 수익을 돌려줘야 한다는 압력은 언제나 존재한다.

언제나 성공(투자에서 돈을 버는 것)이 가장 중요하다. 이런 성공을 실현해 나가기 위해 인수 기업의 성장을 지원하는 것부터 공동체에 기여하는 일까지 다른 여러 중요한 요인을 고려하겠지만, 결국 가장 중요한 것은 돈을 버는 것이다. 수년간에 걸친 작업이 옳았다는 사실을 입증해주는 것이 바로 성공이다. 성공은 고통스러운 구조조정의 필요성을 확인시켜준다. 성공은 수수료를 낮추고 세금을 더 많이 내라고 업계에 압력을 가하는 규제기관과 정책결정자들에게 분명한 답을 제시한다. 경기가 어떻게 변동하든 성공이 거듭되면 사모펀드가 퇴직자들에게 필수적인 서비스가 아니라는 주장은 점차 설득력을 잃는다. 사모펀드의 성공은 연금 프로그램의 이득으로 이어진다.

사모펀드의 성공 요소는 기밀사항이 아니다. 사모펀드가 성공하려면 우선 표적 기업을 적절한 가격에 잘 인수해야 한다. 경영진과 독립적 비상임 이사와 협력관계를 구축해야 한다. 다른 기업을 인수하거나 자생적 성장 전략을 추진하는 등의 방법으로 표적 기업을 변화시키고 경영을 개선해야 한다. 이자율이나 다른 조건이 매력적일 때 표적 기업을 담보로 융자나 재융자를 받는 방법도 있다. 사모펀드가 성공하려면 일시에 하든 단계적으로 하든, 매각 가격이 최대화되게끔 창의적인 방법으로 엑시트해야 한다. 이상에서 말한 성공 요소 대부분이 어우러져야 사모펀드가 성공할 수 있다.

주요 사모펀드 회사에서 최고의 자리에 오른 억만장자들, 즉 사모펀드 대가들은 변명이 용납되지 않는 성공 문화의 전형을 보여준다. 이런 문화야말로 이 직업이 존재하는 이유의 핵심이자 신규 지망생을 끌어들이는 매력이다. 사모펀드 대가들은 계획과 의지력을 통해 이기는 것을 체화한 사람들이다. 이들은 큰 실수를 저지르면 거기에서 벗어날 수 없다는 사실과 함께 자신이 올린 투자 실적만큼의 대접을 받는다는 사실을 알고 있다. 이들은 자신의 판단으로 일어나는 모든 책임을 받아들인다. 이들은 성공한 척 조작하지도 않고 자신의 실패를 부인하지도 않는다. 자신이 한 일을 책임지는 규칙은 사모펀드에서 일하는 모든 사람에게 적용된다. 이들은 사모펀드 업계의 운동장이 평평하며 그렇기에 열심히 일하면 더 큰 성공을 거둘 수 있다는 사실을 인정할 뿐 아니라 그렇게 만들기 위해 노력한다.

이들은 직원들에게 문제가 생겨도 숨을 곳이 없고, 또 숨으려고 해봐야 아무 소용이 없다는 사실을 강조한다. 투명성이 중요하다. 이들은 끊임없이 움직이며 온갖 수단을 다 동원한다. 이들은 승리한 경쟁자가 경쟁 과정에서 너무 많은 대가나 비용을 치러 위험한 상황에 처했다는 사실이 확실하지 않은 한 패배를 견디지 못한다. 2+20이 제공하는 엄청난 인센티브와 개인적으로 걸린 것이 대단히 많다는 사실을 고려했을 때 우리는 이들이 이기리라 예상할 수 있다. 이들은 투자위원회에서 투자 논거의 약점을 앞장서서 드러낼 사람들이고, 탈선한 프로젝트를 정상 궤도에 올려놓기 위해 복용해야 할 쓴 약에 당의를 입히려 하지 않을 사람들이다. 사모펀드 회사의 설립자들은 그저 얼굴마담이 아니다. 정부나 중앙은행의 관료들도 전반적인 경제 실태나 경제의 체계적 위험을 알고 싶을 때 이들에게 연락한다. 이들은 상황을 있는 그대로 이야기한다.

이런 문화는 사모펀드 회사의 최고위층에서 말단까지 폭포수처럼 흘러내린다. 갓 입사한 신입 사원은, 억만장자인 설립자가 멀리 떨어져 큰 그림만 보는 것이 아니라 투자의 세부 내용을 두고 고민하는 모습을 접하는 순간, 회사의 직급 단계마다 요구 수준이 매우 높다는 사실을 깨닫는다. 초급 전문가와 중간급 전문가 사이의 회의에서는 생각할 수 있는 모든 각도에서 투자 분석이 진행되고, 투자위원회 보고 자료 초안에 대한 면밀한 검토가 이루어진다. 투자팀 파트너는 개인적 역량을 투입해 재무 모델 수립을 지원한다. 이런 식으로 팀 업무에 기여하는 이유는 자존심이 아니라 리더십 때문이다. 이들에게 무엇보다도 중요한 질문은 다음과 같은 것이다. 어떻게 하면 투자자에게 올바른 대우를 해줄 수 있을까? 어떻게 하면 투자자와 우리 회사를 위해 돈을 벌 수 있을까? 이 직업에서는 성과와 매주 이루어지는 미시적 의사 결정이 조명을 받고, 체스

판의 모든 움직임을 최적화하기 위해 한 사람이 세 사람 몫의 일을 하는 것이 일반적이다.

　이런 문화로 인해 자가용 제트기부터 신입 투자가들이 일하는 사무실까지 개인적 갈구가 폭포수처럼 흘러내리는 것이다. 모두에게 경쟁심이 몸에 깊이 배어있다. 팀원들은 피인수 기업의 경영진을 통해 내리는 결정이 '올바른' 결정인지 서로에게 묻는다. '이렇게 하면 투자 보고서에 제시한 만큼의, 혹은 그보다 더 많은 수익을 올리는 데 도움이 될까?'라는 의미에서다. 젊은 어소시에이트는 곧 전문적 기술을 갖춘 것만으로는 충분하지 않다는 사실을 깨닫는다. 전문적 기술이 입사에는 도움이 되었을지 모른다. 하지만 그들의 판단력을 평가하는 잣대는 돈을 벌었는지, 그리고 어떻게 벌었는지다. 이들은 사모펀드 내에서 자신에게 주어진 자율성을 이용해 성공의 가능성을 최대화하기 위해 할 수 있는 모든 일을 다 한다.

　이런 일에서는 끊임없고 집요한 협상이 가장 중요하다. 투자팀원들은 사업 전략을 수립하거나 실행하는 과정에서 중요한 순간을 만나면 이렇게 자문한다. '이것이 최선일까? 더 나은 방법은 없을까?' 난리를 피운다고 해도 좋고 법석을 떤다고 해도 좋다. 그것을 무엇이라고 부르건 더 나은 것을 추구하려는 이들의 노력은 멈출 줄 모른다. 이런 노력을 견인하는 것은 최적화를 향한 투자 전문가의 꺾일 줄 모르는 욕구다. 더 나은 융자 조건을 끌어내기 위해서일 수도 있고, 경쟁사를 제치고 적절한 가격에 적절한 기업을 인수하기 위해서일 수도 있다. 투자팀원들은 거래에서 손을 떼야 하거나 돌이킬 수 없는 상태 직전까지, 시간이 얼마가 걸리든 최고의 결과를 얻기 위해서라면 협상할 준비가 되어 있다. 사모펀드

세상을 움직이는 사모펀드 이야기

상층부에서 아래로 이어져 내려오는 정신은, 협상을 잘하는 방법을 알면 더 나은 결과를 얻을 가능성이 커진다는 것이다.

"2천만 달러가 자네한테는 큰돈이 아닐지 모르지만 투자자들한테는 큰돈일세. 우린 더 나은 조건을 얻어내기 위해 싸워야 하네."

설립자가 **회사** 사모펀드의 돈 10억 달러를 포함해 20억 달러 규모의 프로젝트를 맡은 젊은 파트너를 부드럽게 나무라자 요란스러운 웃음소리와 함께 박수갈채가 터져 나왔다. 승진한 지 얼마 되지 않은 파트너는 설립자의 말이 맞다는 생각에 계면쩍은 웃음을 띠었다. 투자 규모가 컸기 때문에 책임도 그만큼 컸다. 따라서 자신은 협력관계를 맺고 있는 월스트리트 은행을 밀어붙여 부채조달 비용을 낮춰야만 했다. 그는 24시간 내내 일에 매달리느라 지친 나머지 순진하게도 은행이 제안한 수수료 차이가 커봐야 반올림 오차 정도밖에 되지 않으니 그대로 받아들이자는 말을 하고 말았다.

복잡한 프로젝트였다. 표적 기업 펫케어PetCare는 애완동물 사료와 용품에 특화된 대형 소매점 체인으로 미 전역 및 여섯 곳의 해외 시장에서 영업하고 있었다. 캘리포니아에서 소규모로 출발한 펫케어는 4년 만에 급성장해 나스닥의 총아로 떠올랐다. 펫케어는 애완동물을 위한 원격 의료 시스템을 구축하고 유명 셰프가 홍보하는 사료라는 아이디어를 도입한 회사였다. 그런 회사가 예상치 못하게 궁지에 몰린 것이다.

사료에 건강에 좋지 않은 재료가 포함되었다는 논란이 몇 차례 불거지고 이어서 애완동물 의류의 품질 문제가 발생했지만 펫케어를 창업한 CEO는 대수롭지 않은 일이라는 듯이 대응했다. 이사회는 CEO를 경질

했다. 하지만 새로 선임된 CEO는 문제 해결에 실패했을 뿐만 아니라 애완동물 보험회사를 인수하는 허세를 부려 회사 전략을 모호하게 만들었다. 회사는 엉망진창이 되었다. 피 냄새를 맡은 경쟁사들은 시장 점유율을 높이기 위해 가격을 대폭 인하했고, 업계 선두를 달리던 펫케어는 빛을 잃고 말았다.

펫케어는 **회사**의 경쟁사 한 곳의 지배를 받고 있었다. 경쟁사는 월스트리트 은행이 주관하는 입찰을 통해, 펫케어가 스타트업 시절일 때부터 투자한 팰로앨토의 벤처캐피털리스트로부터 펫케어를 사들였다. **회사**도 입찰에 참여했지만 큰 차이로 떨어졌다. 펫케어 인수 후 경쟁사는 고속 성장하는 회사는 매수 차입금이 많아도 시장이 용인하리라는 사실을 알고, 펫케어에 부채를 추가로 안긴 후 IPO를 신청했다. 하지만 펫케어의 운이 기울자 경쟁사는 부리나케 투자금을 회수할 방안을 모색하고 있었다. 전액을 회수하지는 못한다 해도 위험에 노출된 수십억 달러의 투자금을 최대한 줄여야 했다.

차입 매수를 위해 펫케어가 발행한 채권은 가격이 폭락해 액면가에서 30% 할인된 가격에 거래되고 있었다. 현금흐름이 압박을 받자 펫케어는 재융자가 필요했지만, 은행은 운전 자본 확보에 긴요한 크레디트 라인의 규모를 늘려주지 않았다. 이대로라면 펫케어는 6개월 안에 어찌해 볼 수 없는 신용경색에 직면할 것이었다.

회사가 나서기로 했다. 펫케어 프로젝트를 이끌던 젊은 파트너에게 펫케어 입찰 실패는 파트너가 된 후 처음으로 맛본 실패였다. 지나고 나서 보니 입찰에서 떨어진 것이 어쩌면 축복인 것 같았다. 이제 그에게 이전보다 더 낮은 금액으로 펫케어를 잡을 기회가 왔다. 본질적 가치보다 훨씬 싼 가격으로 펫케어를 인수할 기회였다.

그가 펫케어를 소유한 경쟁 사모펀드에 제안한 내용은 **회사**가 펫케어의 채권자를 대신해 그 자리에 앉겠다는 것이었다. 기존의 모든 채무를 **회사**의 사모펀드가 떠안고, 시장의 주목을 피하기 위해 이 부채를 비밀에 부칠 뿐만 아니라 부채를 거래하지도 않기로 했다. **회사**는 표적 기업을 인수하는 조건으로 표적 기업이 갚아야 할 부채를 인수해 채권자가 되기로 한 것이었다. 채무 공여는 펫케어가 운전 자본이나 비상 지출 자금이 필요하면 쓸 수 있을 만한 규모로 했다. 이런 식으로 재융자 문제가 해결되면 사모펀드 오너는 다시 펫케어의 성장 전략에 집중해 더 많은 수익을 남기고 엑시트할 수 있는 기틀을 마련할 수 있을 터였다.

젊은 파트너는 표적 기업의 이사회에서 자신의 계획을 설명하며 이것이 서로에게 윈윈 게임이라는 사실을 강조했다. 펫케어는 사태를 추스를 시간을 벌고, **회사**는 원하는 대로 부채에 투자할 수 있었다.

"우리는 도와주러 왔습니다." 그것이 그의 첫마디였다.

젊은 파트너는 이런 구조를 통해 상대의 숨통을 끊을 기회를 잡게 될 터였고, 경쟁사도 이 사실을 알고 있었다. 10억 달러나 되는 채무를 공여하겠다는 그의 제안은 결코 화해의 제스처가 아니었다. 그는 펫케어가 곤란한 상황에 빠지면 **회사**가 유리한 위치에서 활용할 수 있도록 참을성 있게 기다려왔다.

펫케어는 젊은 파트너의 제안을 수용하는 것 말고는 다른 선택지가 없어 보였다. 사모펀드 오너는 이 투자를 위해 이미 너무 많은 돈을 위험에 노출시켰기 때문에 더는 밀어붙이기 힘들었다. 사모펀드 자금이 한곳에 너무 집중되어 있어 펫케어에 더 많은 돈을 투자할 수 없었다. **회사**가 제안한 투자는 금방 이루어질 것이었고, 믿을 만했으며, 한방에 모든 문제를 해결할 수 있었다. 시장은 이것을 평판 있는 경쟁사(즉, **회사**)가 보내는 신뢰의 표시로 받아들일 것이었다. 국외자 눈에는 두 경쟁사가 공통의 목표를 향해 협력하는 모습으로 비칠 터였다.

물론 전혀 그렇지 않았다. **회사**는 나름의 계획이 있는 채권자였다. 펫케어는 이제 막강한 힘을 가진 채권자가 생겼고, 공교롭게도 이 채권자는 소유주의 경쟁자였다. 물론 **회사**는 정보 보호 규정을 존중할 것이다. 분명한 사실은 펫케어가 더 망가지면 경쟁사에 큰 골칫거리가 되리라는 점이었다. 경쟁사의 투자 전문가들도 승리의 욕구, 상황을 최대한 활용하고 싶은 욕구, 그런대로 괜찮은 결과에 만족하지 않고 투자자에게 최대의 수익을 돌려주고 싶은 욕구를 느끼는 사람들이었다. 펫케어가 경쟁사를 위험에 빠트릴 수도 있다는 것은 대출 조건을 보면 분명히 알 수 있었다. 이자율을 기존 대출보다 높였고, 계약 조항은 더 엄격했으며, 파산을 신청해 **회사**에 손실을 안길 여지는 훨씬 줄여놓았다.

사실, 상황이 개선되지 않으면 **회사**가 대출 중단을 선언하고 즉시 채무를 상환하라고 요청하는 일도 그리 어렵지 않았다. 소송이 뒤따르더라도 **회사**가 유리한 입장에 놓일 터였다. 젊은 파트너는 투자위원회에서 **회사**가 펫케어를 소유할 수도 있다고 말하고 싶었지만 참았다. 물론 이런 정보는 채무 구조조정 중에는 알려지지 않게 할 것이다. **회사**는 여느 채권자와 다를 바 없어 보일 것이다. 이 대출은 기업을 소유하고 경영할 욕심과 경험이 있는 사모펀드 회사가 하는 일이었다. 은행에서 돈을 빌린다면 일반적으로 은행이 기업을 인수할 생각을 하리라고 예상하지는 않을 것이다. 은행은 채무 상환에만 관심이 있다. 압류는 은행이 좋아하지 않는 마지막 수단이다.

또 하나 흥미로운 것은, **회사**가 채권자로서 기업에 신용을 제공하거나 경쟁사에 인수 자금을 융자할 때와 채무자로서 사모펀드 투자를 위해 부채를 일으킬 때의 대출 조건이 다르다는 점이다.

회사가 기업 인수 자금을 융자받을 때는 데트 커버넌트debt covenant (돈을 빌리는 사람이 하지 말아야 할 행동을 규정한 조항-옮긴이)나 기타 제한 규정을 포함한 채권자 보호 조치◆를 최대한 약화시키기 위해 치열한 협상을 벌인다. 제한 규정이란 예컨대 사모펀드가 기존 채권자의 허락 없이 추가로 부채를 일으키지 못하게 하는 조항 같은 것이다. 또는, 만약의 경우를 대비해 채권자가 설정한 채권 보전 장치에서 가치 있는 자산을 빼가지 못하는 조항이 될 수도 있다. 또는, 사모펀드에 배당금 지급을 제한하는 조항이 될 수도 있다. 대개 채권자는 위와 같은 제한 규정을 여러 개 결합해 채권을 보호한다. 채권자 보호 조치는 제로섬 게임이다. 채권자 보호 조치가 약화되면 사모펀드에서 투자자를 대신하는 **회사**의 입장은 강화된다. **회사**가 최대한 유리한 조건을 얻기 위해 협상하는 것은 투자자의 이익을 위해서다. 투자 건에 문제가 생기면 가능한 한 채권자보다 유리한 위치에 서는 것이 투자자의 이익에 부합한다.

◆　　채권자 보호 조치Creditor protections 채무자(예컨대, 채권을 발행하거나 자금을 대출받는 기업)가 채권자(돈을 빌려주는 측)의 이익을 보호하기 위하여 약속하는 일련의 조치를 말한다. 이 조치의 포인트는 채무자가 대출금 상환이나 이자 지급 의무를 이행하지 못하는 상황에 빠지지 않게 하여 채권자를 보호하자는 것이다. 보호 조치는 '커버넌트covenant' 조항을 통해 구현된다. 커버넌트란 채권자에게 해가 될 수 있는 채무자의 행위를 제한하는 내용을 규정한, 공식 대출 계약서에 기재된 법적 구속력이 있는 조항이다(예컨대, 추가로 받을 수 있는 대출 규모를 제한한다든가, 대출 규모를 관리 가능한 수준으로 묶어둔다든가, 채권자의 허락 없이 기업의 중요 자산을 매각할 수 없게 한다든가 하는 것이다). 커버넌트는 일정 수준의 재무 지표를 달성하거나 유지할 것을 요구한다(예컨대, 이자 비용을 커버하기에 충분

대부분의 투자자는 중앙은행이 경기를 부양하기 위해 금리를 낮게 유지하고 있을 때 수익에 목이 말라 어쩔 수 없이 이런 힘의 불균형을 받아들인다. **회사**가 사모펀드 투자를 위해 일으키는 부채를 인수하기 위해 신용 투자자가 벌이는 경쟁은 대개 대출 조건 경쟁이다. 보통 위험을 가장 많이 감수하려는 신용 투자자가 승자가 된다.

그에 반해 **회사**가 경쟁사에 자금을 융자할 때는 상황이 정반대가 된다. **회사**는 가능한 한 채권자 보호 조치를 강화하려고 한다. 경우에 따라 지분의 일부를 소유하는 옵션도 붙이려고 한다. 이 경우에도 **회사**는 수동적 참여자가 아니다. 이런 조건을 두고 **회사**를 위해 벌이는 협상은 가치가 있는 곳을 중심으로 일진일퇴를 거듭하며 이루어진다. 반드시 이겨야 하는 투자 전문가가 필요한 이유다. 이런 협상은 이 부채를 보유할 **회사**의 펀드에 투자한 투자자를 위한 것이다. 투자자의 위치가 달라졌으니 상황이 반대로 바뀌었다.

회사는 이런 식으로 행동할 힘, 즉 서로 다른 목표를 추구할 힘이 있다. 이것을 두고 돈을 빌릴 때와 빌려줄 때 대출 조건과 채권자 보호 조치 등의 기준이 다르다고 말할 사람도 있을 것이다. 채권자가 돈을 빌려준 포트폴리오 기업에 설정해 놓은 채권자 보호 조치를 앞당기거나 강행하려고 하면 **회사**와 설전을 벌일 각오를 해야 한다. 반대로 채무자도 **회사**가 돈을 빌려줄 때 데트 커버넌트 같은 조항을 통해 설정한 채권자 보호 규정을 위반하면 위험을 각오해야 한다. 기업의 운명이 돈을 빌려준 사

할 만큼 현금흐름의 여유를 확보해야 한다든가, 기업의 총부채 부담이 수입의 일정 비율을 넘기면 안 된다든가 하는 것이다). 채무자가 커버넌트 조항을 위반하면 채권자는 그동안 발생한 이자와 함께 대출금을 돌려달라고 요구할 권리를 행사할 수 있다.

세상을 움직이는 사모펀드 이야기

모펀드 손에 놓이는 것을 좋아할 사람은 없을 것이다. **회사**는 이런 위치를 차지하고 있었다. 전문성이 있을 뿐만 아니라 엄청난 돈을 자유롭게 움직이는 채권자와 채무자 역할을 동시에 하고 있기에 가능한 일이었다.

이 거래를 앞두고 젊은 파트너는 들떠 있었다. 채권자로서 까다로운 조건을 요구하기 힘든 대출이 이루어질 상황이 아니었기 때문이다. '일반적인' 대출이라면, 신용 시장 거품 때문에 매우 낮은 이자율과 빈약한 채권자 보호 조치 등 **회사**에 불리한 조건으로 실행될 터였다. 그런 대출이라면 자신이 나서서 거절했을 것이다. 하지만 이 건은 평범한 대출이 아니었다. 이런 특별한 대출은 일반적인 대출보다 채권자에게 유리한 조건을 설정할 수 있다. 게다가 표적 기업을 인수해야 하는 사태가 생긴다 해도 크게 우려할 일이 아니었다.

일반 채권자들은 펫케어를 계속 지원하는 데 관심이 없었다. 그들은 채권을 회수할 수 있기만을 바라고 있었다. 따라서 **회사**는 협상 중에 몇 번이고 되풀이해서 어떤 때는 넌지시, 또 어떤 때는 대놓고 더 많은 것을 요구할 수 있는 위치였다. **회사**가 펀드를 통해 신용 투자를 하지 않으면 펫케어는 파산할 위기였다. 펫케어가 파산하면 많은 사람이 일자리를 잃을 것이고 지역사회에도 여파가 미친다. **회사**의 투자는 펫케어에 다시 한번 기회를 주는 것이었다.

젊은 파트너는 동료들의 선망의 대상이 되었다. 펫케어의 실적이 악화되어도 일정 선에서 손실을 차단하고, 펫케어가 좋은 성과를 내면 이익의 일정 부분을 가져오는 구조였다. 펫케어가 회생하면 **회사**는 막대한 이자와 함께 원금을 상환받을 뿐만 아니라 지분 일부를 확보할 수 있었다. 펫케어의 성공은 **회사** 성공의 일부가 될 터였고, **회사** 실적의 일부가 될 터였다. 젊은 파트너는 이 목표를 달성하기 위해 밤낮을 가리지 않고 대출 계약서의 세부 조건을 협상했다. 그는 중요한 모든 협상에서 상대방을 이기겠다는 내적 욕망과 필요성을 숨기지 않았다. 그는 **회사**의 투자자를 보호하기 위해 필요한 경우에는 대출 서류를 무기로 삼았다.

기존의 채권 은행에 지급할 부채조달 비용을 낮추라는 설립자의 지시는 젊은 파트너에게 아직 협상 중인 몇 가지 조건을 강화할 기회를 제공했다. 결국 젊은 파트너는 200만 달러의 부채조달 비용을 추가하기로 했다. 그런데 이번에는 일회성 거래 수수료로 **회사**가 받는 것이었다. 협상에 참여한 사람들은 "착한 일 하는 사람에게 주는 상입니다"라는 농담을 했다.

아이러니한 것은, 그동안 성공적으로 사업을 영위해왔던 경쟁사가 곤경에 빠졌다는 것이었다. 젊은 파트너가 펫케어 입찰에서 더 높은 가격을 써낸 경쟁사에 패했다는 소식을 들었을 때 설립자는 이렇게 말했다. "걱정하지 말게. 경쟁사는 차입 매수 쪽에는 약하다네."

설립자는 펫케어 이사회가 경쟁사의 제안을 받아들인 이유가 거절하기에는 가격 조건이 터무니없을 만큼 좋았기 때문이라고 확신하고 있었다. 마찬가지로 투자위원회에서 협상의 진전 상황이 어떤지, 펫케어의 사업을 모니터하고 지원하기 위해 (현 소유주인 경쟁사가 아니라) **회사**가 기울이는 노력이 얼마나 되는지 등에 대해 논의할 때도 설립자는 이렇게 말했다. "이제 우리가 모든 일을 다 하고 있으니 잘됐네."

현 소유주가 할 일의 대부분을 대신 떠맡으면서도 만족스러워하는 데는 이유가 있었다. 전리품이 따라오기 때문이었다. 설립자는 젊은 파트너가 이끄는 투자팀에게 이와 관련된 일화를 들려주었다.

7년 전 설립자가 어느 카지노 운영 회사의 차입 매수를 이끌 때였다. 표적 기업은 현실에 안주하는 무기력한 회사였다. 하지만 군살을 빼고, 소수의 잘나가는 사업을 선택해 집중하고, 작은 기업을 흡수합병하는 전략을 구사하면 수익성을 개선할 잠재력이 엄청나 보였다. 기업실사가 차질 없이 진행되고 있던 와중에 융자를 제공할 월스트리트 은행에서 흘러나온 부주의한 말이 언론에 누설되고 말았다. 순식간에 모든 일이 엉망이 되어버렸다.

비밀리에 진행되던 협상이 공식 입찰로 바뀌었다. 모든 대형 사모펀드 회사가 입찰 참가 여부를 결정하고 **회사**가 표적 기업에서 본 가능성이 무엇인지 확인하기 위해 필사적으로 주판알을 튀기기 시작했다. 경쟁 사모펀드 회사의 투자팀들이 룰렛 위를 구르는 구슬처럼 네바다에 있는 카지노 운영 회사 본사를 들락거렸다. 카지노 운영 회사 회장은, 자신이 회사 경영진과 종업원의 일자리가 걸린 큰 도박판을 관리하는 딜러가 된 기분이 들었다고 했다.

"그냥 외부의 잡음일 뿐이요." 입찰에 참여한 사모펀드 한 곳이 **회사**가 제안한 조건에 필적하는 조건을 제시하는 바람에 두 회사가 반씩 투자해야 한다고 우려 섞인 목소리를 내는 동료들에게 설립자가 한 말이었다. 이보다 더 좋은 가격으로 표적 기업을 인수할 수 없다고 일반 주주를 설득하고, 또 입찰 경쟁을 피하기 위해서는 **회사**와 경쟁사가 어쩔 수 없이 한 팀이 되어야 한다고 해도 설립자는 전혀 개의치 않았다. 양사가 서로를 좋아하지 않을 뿐 아니라 투자 기간 내내 삐걱거리리라는 것은 중요하지 않았다. 설립자가 중요하게 생각하는 것은 **회사**가 대부분의 일을 주도적으로 처리할 것이고, 표적 기업을 몰아붙여 프로젝트를 성공시키리라는 것이었다. 그 밖의 것은 승리라는 최우선 목표와는 관계없는 잡음이었다. 두 사모펀드 회사가 서로 협력할 수 있는 관계였으면 더 좋았겠지만 현실은 그렇지 않았다. 중요한 것은 **회사**가 공동 투자자를 끌고 가는 것을 전혀 개의치 않았다는 점이다. 그런 일과 상관없이 **회사**는 목표를 달성할 터였다.

이번 거래에서도 같은 생각이었다. 설립자는 다른 사람이 돈을 벌 수 있는 투자라면 **회사** 직원들도 벌 수 있다고 확신하고 있었다. 더 열심히 일하고 더 똑똑하기 때문이었다. 그들은 투자의 모든 중요한 부분에서 최대의 성과를 올리려 할 것이기 때문이었다. 그들은 투자를 정리할 때는 협상할 때보다 더 똑똑해졌다.

젊은 파트너는 견실한 신용 투자 계획을 수립하고, 매력적인 조건으로 펫케어를 통제할 수 있는 옵션을 만들기 위해 **회사**의 가용 자원을 모두 끌어모았다.

채무를 통합함으로써 **회사**가 투자한 돈은 펫케어에 대한 경쟁사의 지분보다 우선해서 변제받을 권리가 생겼고 더 안전해졌다. '손실 개시점attachment point(증권을 상환받지 못하고 손실이 발생하기 시작하는 지점. 변제의 우선순위가 다른 여러 증권을 발행하면 후순위에 속하는 증권부터 손실이 발생한다―옮긴이)'이 높았기 때문에 펫케어가 위기에 처한다 해도 다른 돈보다 상환받을 가능성이 컸다. 게다가 **회사**에는 그런 일이 발생하면 펫케어를 손에 넣고 싶어 할 사모펀드 팀이 있었다.

젊은 파트너는 투자 기간 내내 스스로 압박감을 만들어내면서 부채의 규모를 키울 기회(가령 펫케어의 경영이 호전되면 성장 자금을 추가 융자해주기)가 있는지 면밀하게 모니터하며 다음 조치를 강구할 것이었다. 주변에 상어

떼가 득실거리지는 않았지만, 자신이 확실한 승리의 욕구를 느끼지 못하면 다른 사람이 그러리라는 사실을 잘 알고 있었다. 자신을 돕기 위해 선발된 동료일 수도 있었고, 경쟁 사모펀드 회사의 파트너가 그럴 수도 있었다. 그런 이유로 젊은 파트너는 자신을 계속 몰아붙였다.

그는 사람들의 칭찬을 받는 것에는 큰 관심이 없었다. 만족감과 보상은 펫케어의 투자 결과에서 나오는 것이지, 그 일을 자랑하는 것에서 나오는 것이 아니었다.

이런 상황을 얻어내기 위해 이미 수천 시간의 노력이 투입되었지만, 자금을 투자하고 2+20의 수수료를 지급하는 **회사**의 투자자에게 돌려줄 큰 수익을 얻기 위해 필요한 작업은 이제 막 시작된 것이나 다름없었다. 펫케어의 성과가 악화되면 구조조정을 하거나 원점에서 다시 시작하거나 조각조각 해체하게 될 것이었다. 펫케어의 성과가 좋아지면 펫케어와 **회사**는 협상 과정에 약속한 지분에 대하여 논의하게 될 것이었다. 힘든 일은 이때부터 시작될 것이다.

위의 사례에 나오는 젊은 파트너 같은 투자 전문가는 훈련의 산물이자 시스템의 산물이고, 산업의 산물이다. 물론 그에게도 타고난 추진력이 있었을 것이다. 하지만 사모펀드의 생태계가 그의 틀을 만들었고, 그에게 자극을 주었고, 그를 견인했다는 것에는 의심할 여지가 없다. 모든 대형 사모펀드 회사에는 정도의 차이는 있지만 알파 성향을 지닌 사람들이 모여있다. 그리고 이 업계에서 투자 전문가로 활동하는 사람에게는 누구에게나 조금이라도 알파 성향이 있다. 알파 성향은 성공을 갈망하는 불굴의 의지다. 이런 의지는 개인의 성격과 성공에 따르는 돈에서 나온

다. 펫케어가 문제를 극복하고 순항하든지 아니면 월마트나 아마존 같은 곳에 매각되든지 간에 젊은 파트너는 은퇴자들이 계속해서 연금을 받을 수 있도록 노력할 것이다.

이 장에서 우리는 사모펀드의 중요한 특성인 이기겠다는 마음가짐의 필요성과 그것이 어떻게 펀드 투자자들에게 좋은 결과를 가져다주는지에 대해 알아보았다. 다음 장에서는 경쟁심이 어떻게 행동과 태도를 견인하는지 살펴볼 것이다. 사모펀드 사람들은 다양한 기법을 활용해 이런 특성을 보여준다. 그중 하나가 전망이 밝지 않은 표적 기업을 인수해 성과를 내는 기업으로 개조하는 능력이다.

더 많이 얻는 법을
최대한 모색한다

09

PRIVATE
EQUITY
FUND

"설탕과 지방, 소금이 우리가 파는 마법의 재료 세 가지다."

찰리스 쿠키Charlie's Cookies의 창업자 겸 CEO는 부끄러움을 모르는 사람이었다. 그가 창업한 찰리스 쿠키는 40년 넘게 근로자 계층에 달콤한 과자류를 공급해온, 미국의 상징과 같은 이름이었다. 그의 회사는 100개의 프랜차이즈 점포와 300개가 넘는 전 세계 주요 도시의 판매점에 갓 구운 초콜릿 칩과 호두 쿠키, 오트밀 건포도 쿠키 등을 공급했다. 지금까지 CEO는 자신을 억만장자로 만들어줄 인수 제안을 자랑스럽게 거절해왔다. 개중에는 사모펀드 회사도 있었고 경쟁사도 있었다. CEO는 수십 년 동안 타고난 감각에 의존해 고객이 무엇을 원하는지 알아차리고 그것을 제공해왔다. 그가 회사를 창업하던 1982년에는 쿠키 하나가 50센트였는데, 이제는 2달러 99센트를 받는다. 그래도 여전히 싼 가격이었다. 그의 회사 브랜드는 전 세계 과자류 시장에서 선망의 대상이었다.

하지만 시대는 변하고 있었다. 75세가 된 이 쿠키 공급업체 사장은 이제 더이상 새벽 5시에 일어나 무작위로 고른 10여 군데의 제과점에 전화해 첫 회분 쿠키가 제대로 나오는지 확인할 에너지가 남아 있지 않았다. 신입 사원을 면접하거나 벨기에산 초콜릿, 오스트레일리아산 마카다미아, 멕시코산 바닐라를 공급하는 업체를 하나하나 테스트할 체력도 없었다. 온라인 판매나 택배에 대해서도 완전히 이해하지 못했고, 분기마다 자신의 저택까지 찾아오는 월스트리트 은행가들이 말하는 블록버스터급 금융 거래나 인수에 대해서도 깊이 알지 못했다. CEO는 지쳐 있었다. 그중에서도 그를 가장 괴롭히는 것은 네 자녀나 열한 명의 손자녀 중 누구도 사업을 물려받는 데 관심을 보이지 않는다는 현실이었다.

찰리스는 불확실한 미래에 직면했다. 때는 2016년이었고, 더 건강한 음식물을 섭취하려는 추세로 인해 매출이 타격을 입고 있었다. 고객 층은 녹는 얼음덩어리처럼 사라지고 있었고 재고는 달이 갈수록 불어났다. 충성 고객이 회사를 단단히 받치고 있었지만 현금흐름과 수익의 부진 때문에 국내 점포와 해외 판매점을 재단장하기 위해 최근에 발행한 정크본드가 신용 투자자들에게는 정크푸드처럼 보였다. 회사는 비용을 절감해야 했다. 하지만 나이 든 CEO는 자신을 성공한 사업가로 만들어준 지역사회의 일자리를 줄이고 싶어 하지 않았다. 그에게는 운전 자본이 필요했다. 시간을 벌고 찰리스에 다시 집중해 사업을 되살릴 돈이 필요했다. 그래서 **회사**를 찾은 것이었다. 그는 파크 애비뉴 위로 쭉쭉 뻗은 건물이 보이는 임원 회의실에 앉아 있었다. CEO는 사모펀드 그룹의 투자팀 파트너와 신용펀드 그룹의 다른 파트너를 설득하는 중이었다. 그는 찰리스의 미래와 함께할 수 있다면 행운을 잡은 것이며 이야기가 있는 찰리스의 과거도 큰 도움이 될 것이라고 했다. 노련한 두 투자 전문가는 각자의 관점에서 찰리스에 대한 투자 가능성을 재고 있었다. 두 사람은 함께 투자할 수도 있었고, 둘 중 하나만 투자할 수도 있었고, 둘 다 투자하지 않기로 할 수도 있었다.

하지만 CEO가 눈치채지 못하고 있는 사이에 밥그릇 싸움이 벌어지고 있었다. 사모펀드 그룹의 투자팀 파트너는 신용펀드 그룹의 파트너를 존중했지만, 그가 이 회의에 참석한 것이 몹시 불편했다. 그는 이 프로젝트는 사모펀드 그룹 단독으로 추진해야 한다고 생각했다. 신용펀드 전문가도 마찬가지 생각을 하고 있었다. 두 사람 모두, 찰리스에 돈을 투입해 잘 돌아가지 않는 분야는 바로잡고 잘 돌아가는 분야는 더 잘되게 만드는 것이 성공으로 가는 길이라고 생각했다. 하지만 둘 다 상대방이 이 투자 건을 맡는 것은 싫었다.

두 파트너는 수천만 달러어치의 **회사** 주식을 소유하고 있어, 어느 쪽 돈(사모펀드나 신용펀드)이 찰리스에 투자되더라도 성과만 좋으면 배당금으로 이익을 취할 수 있었다. 그럼에도 상대방이 자신보다 더 나은 투자가로 보이는 것을 원하지 않았다. 두 사람은 동료이자 경쟁자였다. 상대방이 성공하기를 바랐지만, 자신이 성공하기를 바라는 것만큼은 아니었다. 이런 경쟁의 역학은 다른 금융 산업에서도 볼 수 있지만, 사모펀드에서는 보상의 규모와 고위 투자 전문가가 누리는 자율성 때문에 더 첨예하다.

설립자가 들어왔다. 그가 들어오자 회의실에 있던 사람들이 자기도 모르게 자리에서 일어났다. 그러자 설립자가 황급히 일어나지 말라는 손짓을 했다. 두 파트너와 CEO를 만나게 한 것은 설립자의 생각이었다. 설립자는 적정한 수준의 내부 경쟁은 건강한 조직을 만드는 데 도움이 된다고 생각했다. 그것이 **회사**가 올바른 답을 얻는 데 도움이 되고, 투자자의 돈을 굴리는 옳은 방법이라고 믿었다. 그는 두 파트너가 불편함을 느끼리라는 것을 알고 있었지만 개의치 않았다. 두 전사는 힘을 합해 CEO에게 이것저것 가르칠 터였다. 하지만 동시에 자신의 그룹만이 프로젝트를 성공으로 이끌 정답을 알고 있다고 CEO를 설득하며 상대방을 이기려할 터였다. 그러면서도 **회사**가 때로는 하나의 투자 건을 두고 경쟁하는 서로 다른 돈주머니를 차고 있다는 느낌을 주지는 않을 것이었다. 그들은 자신의 그룹이 이 일에 더 적합하다고 조심스럽게 목소리를 높이면서도 강한 결속감을 보여줘야 했다. CEO는 파트너 두 사람이 자신과 충실하고 솔직한 논의를 하며, (마치 찰리스가 이미 포트폴리오 기업이거나 한 듯이) 온갖 상상력을 발휘해 찰리스를 도우려는 모습을 보면서 **회사**가 아이디어로 넘쳐난다고 생각할 터였다. 그러면 보기도 좋고, **회사**나 찰리스에 도움이 될 터였다.

설립자의 관심사는 찰리스 CEO에게 **회사**가 최고의 옵션이라고 설득하는 것이었다. 설립자는 CEO를 회의실 상석에 있는 자기 자리 옆으로 오라고 손짓해 불렀다. 두 사람은 거의 들리지 않는 소리로 은밀한 이야기를 나누었다. 설립자는 CEO의 처지를 위로하며 여러 대형 사모펀드 회사와 월스트리트 은행 가운데 믿을 만한 곳을 선택해야 한다는 그의 결정에 공감을 표했다. 설립자는 그에게, 그가 어떻게 찰리스를 창업했고 지금까지 성취한 것이 얼마나 되는지, 앞으로 찰리스를 어떻게 끌고 갈 것인지, 또 설립자가 돕지 않으면 찰리스가 어떻게 될 것이지도 깊이 생각해보라고 했다. 찰리스는 지금 곤경에 빠져 있었고, 두 사람 다 그 사실을 알고 있었다. CEO는 자존심보다 생존을 우선시해야 했고, 자율성을 어느 정도 잃더라도 자신을 위기에서 구해줄 파트너가 있으면 그를 믿어야 했다. 그에게는 찰리스가 구워내는 트랜스 지방이 듬뿍 든 쿠키를 사랑하는 소비자와 자신을 생각해주고, 물불을 가리지 않고 싸워줄 투자가가 필요했다. 찰리스를 흑자로 돌려놓을 투자가가 필요했다.

설립자는 CEO에게 비밀을 털어놓듯이 무용담 중 하나를 들려주었다. 이야기는 짧았다. 설립자의 이야기는 버지니아 페이퍼스Virginia Papers라는 알짜 기업에 관한 것이었다. 버지니아는 잘 알려지지 않은 어느 유력 대기업의 작은 계열사로, 궐련과 시가용 특수 종이를 만드는 탑 파이브 기업 중 하나였다. 사람들은 잘 모르지만, **회사**의 사모펀드가 버지니아의 일부 지분을 소유하고 있다고 했다. 이 모든 이야기는 담배를 규제

세상을 움직이는 사모펀드 이야기

하는 현재의 분위기가 자리 잡기 시작하던 20년 전에 시작되었다. 선진국에서는 담배 광고가 금지되거나 엄격한 규제를 받았고, 개발도상국에서는 건강 문제가 담배 판매에 영향을 끼치기 시작할 때였다. 버지니아의 모기업은 버지니아의 경쟁사 인수를 추진하다가 행동주의 헤지펀드와 인수를 반대하는 일반 주주의 강력한 저항에 직면했다. 당시 설립자는 직접 투자 업무를 맡아서 하고 있었다. 버지니아의 모기업 회장과 친분이 있었던 그는 비밀리에 인수를 돕겠다고 제안했다.

회사는 신용펀드를 통해 인수 자금을 융자해줬다. 하지만 사람들의 관심이 담배 제조업계에 지나치게 쏠릴 것을 우려해 대중의 주목을 받지 않으려 애썼다. 지원에 대한 보답으로 버지니아의 모기업은 이 기업의 지분 일부를 **회사**의 사모펀드에 매각했다. 버지니아의 모기업은 경기 침체로 어렵던 시기에 이 투자를 통해 유입된 자금을 유용하게 활용할 수 있었다. 이 투자는 부채였지만 의결권이 있는 채권의 형태였다. 따라서 혼합 투자라 할 수 있었다. 투자 규모가 비교적 작았으므로 **회사**나 **회사**의 펀드에 중요한 투자라고 할 수는 없었다. 그는 지금까지 이 투자를 바라보며 흐뭇해한 적도 없었고, 투자의 존재 자체를 드러내 본 적도 없었다. 하지만 지금은 이 투자 이야기가 건강에 해로운 분야라는 점에서 담배와 다르지 않은 새로운 투자 건을 확보하는 데 도움이 될 수 있으리라고 생각했다. 거부할 수 없는 유혹으로 탐닉하게 만드는 설탕과 지방과 소금을 공개적으로 파는 분야 말이다.

설립자는 자신의 일화를 들려주며 CEO와 신뢰를 쌓고, 자신의 분별력도 드러내고, 실용적인 면도 보여주려고 했다. 그는 이야기하는 법을 알았다. 그의 말은 솔직하고 부드러웠으며 설득력이 있었다. 설립자는

회사의 포트폴리오 기업 중 찰리스의 업무와 관련이 있는 기업은 모두 찰리스 지원에 나설 것이라고 말했다. 식품 첨가물 회사부터 비닐 포장 회사, 물류 회사, 소매회사까지 그 종류도 다양했다. **회사**의 전문가들은 찰리스의 재무 상태와 사업 전망을 보여주기 위해 작성한 엑셀 스프레드 시트의 모든 내용을 빠짐없이 들여다볼 것이라고 했다. 또, 찰리스의 경영진이 추정한 내용을 교차 검증해 문제가 생기기 전에 미리 위험 가능성을 알려주겠다고 했다. CEO의 성공은 **회사**의 성공이 될 터였고, **회사**의 성공은 CEO의 성공이 될 터였다. 설립자는 이 일에 CEO의 얼마나 많은 것이 걸려 있는지를 강조하는 것으로 말을 끝맺었다. 평생의 사업과 명성뿐만 아니라 자선사업가라는 유산을 남길 기회까지 위태롭다고 했다. 설립자는 CEO의 가족이 CEO가 수십 년 동안 팔아온 고칼로리 스낵에는 관심이 없을지 몰라도 자선사업가라는 유산은 자랑스러워할 수도 있다는 사실을 넌지시 알렸다. CEO가 해야 할 일은 과거의 영광을 곱씹으며 아쉬워하는 것이 아니라 자존심을 누르고 피할 수 없는 미래를 받아들이는 것이었다. CEO가 거부할 수 없는 유혹이었다.

"퍽이 있는 곳이 아니라 퍽이 날아갈 곳이 어딘지 자문해 보십시오('훌륭한 하키 선수는 퍽이 있는 곳으로 움직인다. 위대한 하키 선수는 퍽이 날아갈 곳을 예측해 움직인다.'라는 아이스하키 선수 웨인 그레츠키의 말을 빗댄 표현-옮긴이). 그러면 답을 찾을 수 있을 것입니다."

이 마지막 말이 돌아가는 내내 CEO의 귓가에 맴돌았다. 그는 찰리스의 출혈을 막기 위해 **회사**와 협력하기로 했다. **회사**는 찰리스에 투자하기로 마음을 굳혔고, 그는 **회사**를 받아들일 결심을 했다.

한편, **회사**에서는 CEO를 만났던 두 파트너와 설립자가 설립자 사무실에 모여 있었다. 사무실은 외부인이 생각하는 것보다 좁았다. 사무실 한가운데 '결단의 책상'Resolute desk(미국 대통령 집무실에 있는 대통령 전용 책상을 말한다─옮긴이)을 닮은 대형 책상이 놓여 있었고, 뒤로 젖힐 수 있는 팔걸이 가죽 의자가 있었다. 가죽의 색은 달러 지폐에서 볼 수 있는 바로 그 색조였다. 이 의자는 **회사**가 설립될 때 재무장관이 호의로 보낸 선물이었다. 사무실은 센트럴파크가 내려다보이는, 맨해튼에서 가장 비싼 마천루 중 한 곳의 가장 좋은 층에 있었지만 창문이 없었다. 책상이나 바닥과 같이 짙은 색상의 떡갈나무 재목으로 마감한 벽에는 아무런 장식도 없었다. 사무실이라기보다는 비밀 아지트 같은 느낌을 주는 이곳에서 두 파트너는 서 있어야 했다. 여분의 의자가 없었기 때문이다. 보고서도 없었고, 프레젠테이션도 없었고, 컴퓨터도 없었다. 이 사무실에서는 전화기도 허용되지 않았다. 여기서 허용되는 것은 사람과 그 사람의 말뿐이었다. 모든 사람은 혼자 힘으로 자신의 주장을 펼쳐야 했다.

세 사람은 굉장한 투자 기회가 익어가고 있다는 사실을 알고 있었다. CEO는 **회사**와 찰리스가 마주 앉아 어떤 유형의 투자가 좋을지(차입 매수, 융자, 또는 사모펀드 그룹과 신용펀드 그룹의 아이디어를 결합한 제삼의 유형) 결정할 배타적 협상 기간에 대해 논의하기 위해 **회사**에 전화를 걸 수밖에 없을 터였다. 설립자는 자신의 매력과 지혜를 이용해 **회사**에 유리한 방향으로 영향을 미칠 것이다. 두 파트너는 힘을 합해 찰리스를 모든 각도(재무적, 전략적, 정치적 측면)에서 냉철하고 자세하게 분석한 후, 설립자가 **회사**와 투자자에게 가장 유리한 결정을 내릴 수 있도록 그 결과를 설립자에게 제시할 것이다. CEO와의 회의에 두 사람을 참석시킨 것은 경쟁사와의 외부 경쟁을 차단하기 위한 목적도 있었지만 이런 내부 경쟁을 유도하기 위해서였다.

두 파트너는 찰리스를 살리고 투자를 성공작으로 만들려면 찰리스를 쪼갤 수밖에 없다고 생각했다. 이들을 이끄는 힘은 경쟁심과 승부욕에 기인하는 추진력이었다. 찰리스가 자발적으로 변화하지 않으면 강제로라도 변화시켜야 했다. 이들은 이기려 노력할 것이다. 그것은 직업적 목표인 동시에 개인적 목표가 될 것이며 찰리스를 성공시키려는 이들의 추진력은 집착에 가까운 수준이 될 것이다. 하지만 명확한 자기 인식을 바탕으로 정교하게 제어된 집착이다.

두 파트너는 계약 체결에 대비해 투자 대상 자산을 면밀히 조사하기 시작했다. 두 사람은 몇 주에 걸쳐 찰리스가 생산하는 모든 제품과 회계 장부의 모든 숫자를 검토하고 캐물었다. 이들은 제품별로 재료의 원산지, 영양성분, 쿠키를 굽는 제과점 네트워크와 제조 과정, 과자류 시장의 빈틈 등 모든 면을 샅샅이 조사했다. 이들은 사람들이 쇼핑을 가장 많이 하는 시간을 어떻게 하면 최대한 활용할 수 있을지 살펴보았다. 이들은 온라인 판매와 택배에 관심을 기울였다. 이들은 CEO가 습관적으로 무시해오던, 비만이나 비만과 연관된 질병에 관한 불편한 문제도 따져 물었다. 이들은 신성한 소sacred cow(지나치게 신성시되어 비판이나 의심이 허용되지 않는 제도나 관례, 또는 비즈니스의 고정관념을 이르는 말이다. 여기서는 영업 비밀까지도 파헤쳤다는 뜻-옮긴이)의 배를 갈랐다. 브랜드의 핵심이라 할 수 있는 쿠키의 제조 비법도 포함되었다.

조사가 마무리될 즈음 두 사람은 만족스러운 기분이 들었다. 많은 돈을 벌 수 있을 것으로 보였기 때문이었다. 찰리스는 '가치를 창출할 엄청난 기회'였다. 두 파트너는 찰리스의 사업 계획을 다시 세웠다. 그러면서 찰리스에 적합한 경영 혁신안도 검토했다. 두 사람은 쿠키에 풍미를 더하고 설탕과 버터를 적게 써도 같은 맛이 나게 해줄 새로운 첨가물을 시험해보았다. 이 첨가물은 제품 수명도 늘려서 쿠키의 유통 기한이 길어질 수 있었다. 소비자는 제조 후 한 달만 지나면 맛이 변하던 쿠키를 90일까지 즐길 수 있을 것이다. 이렇게 제조 방법이 바뀌면 현장에서 쿠키를 구울 필요가 없어질 것이다. 제과점을 중앙집중화하고, 필요할 때마다 쿠키를 공급하는 분배망을 갖출 수 있는 것이다. 지금까지 제과점 기능을 하던 점포는 고객과의 접점으로서 마케팅의 최전선이 될 터였다. 새로 구축할 웹사이트는 고객이 주문을 쉽게 할 수 있게 도와줄 것이고, 제품이 떨어졌을 때 고객이 느끼던 실망감을 누그러뜨릴 것이었다. 고객들은 클릭 몇 번으로 1년 내내 찰리스의 쿠키를 살 수 있게 된다.

두 사람은 혁신의 일환으로, 코코넛이나 올리브유 같은 버터 대용품과 대추야자나 무화과 같은 설탕 대용품을 사용하여 더 건강한 제품을 도입하자고 CEO를 설득했다. 찰리스의 오랜 고객은 이런 제품을 좋아하지 않을지 몰라도 젊은 층은 다를 것이라고 했다. 쿠키에 단백질, 섬유질, 비타민을 추가하면 식사 대용품이 될 수도 있다. 여기에 적절한 브랜드를 붙이고 광고를 내보내면 성공할 가능성이 높았다. 두 파트너는 컨설턴트를 초빙해, 체중 감량 센터와 협업하는 것이 너무 앞서나간 생각인지 아니면 현명한 생각인지에 대해서도 검토했다. 오래지 않아 찰리스는 프로틴 바, 오트밀 베이크, 파이버 쿠키, 비타민 바이트를 생산할 준비를 시작했다. 투자팀과 경영진은 모든 제품의 크기를 10% 줄이기로 했다. 비용 절감뿐만 아니라 건강에 더 좋은 쿠키라고 마케팅하기 위해서였다.

두 파트너는 찰리스의 자본 구조도 자세히 들여다봤다. 찰리스는 월스트리트 은행의 적극적 권유에 따라 하이일드 채권을 발행했다. 하지만 그 위험성을 제대로 알지도 못했고, 회사에 유리하게 협상하는 법도 몰랐다. 신용 투자자는, 찰리스가 브랜드나 지적 재산권 같은 가치 있는 자산을 따로 떼어내 매각하거나 비상시 돈을 빌리기 위한 담보물로 삼는 것을 막을 수 있다. CEO는 신용등급 하락이 회사에 미치는 영향조차 이해하지 못했다. 평생 개인적으로 돈 한 푼 빌려본 적 없는 사람이었으니 그럴 만했다. 사는 집도 수십 년 동안 모은 현금으로 매수한 것이었다. 회사의 운전 자본은 쌓아둔 현금으로만 집행했다. 두 파트너는 경영 혁신이 결실을 맺어 재무 성과가 좋아지면 기존 채무를 갚기 위해 재융자를 받을 계획을 세웠다.

찰리스의 경영 방식을 개선하려는 **회사**의 전략은 CEO의 승인을 받았다. **회사**는 사모펀드 그룹과 신용펀드 그룹이 모두 참여하는 계약을 체결했다. 사모펀드는 찰리스의 지배 지분을 취득했다. 찰리스가 발행했던 정크본드는 더 나은 조건으로 재융자받은 돈으로 환매했다. 회전 신용 공여(RCF, Revolving Credit Facility)(대출기관이 대출 한도를 정한 뒤 일정 기간 동안 이 한도 내에서 계속 대출해주는 기법. 일반인이 사용하는 한도 대출(이른바 마이너스 통장)과 유사한 개념이다-옮긴이) 계약을 통해 새로운 크레디트 라인도 확보했다. 계획은 순조롭게 진행되었고, 두 파트너는 결과를 보고 기뻐했다. 찰리스는 군살이 빠진 건강한 기업으로 바뀌었고, 자본 구조는 효과적으로 관리되었다. 찰리스는 모든 면에서 전보다 예리해졌고 날씬해졌다. 두 파트너는 찰리스 이사회에 합류했다. 비용은 줄었고, 현금흐름은 늘었으며, 쿠키의 종류는 다양해졌다. **회사**가 또 하나의 성공작을 만들어낸 것이다. 인플루언서의 마케팅으로 이 복고 브랜드가 신세대 소비자에게 쿨

한 브랜드로 받아들여졌다. 할리우드 스타가 카메오로 출연한 광고 동영상은 입소문을 타고 퍼졌다.

이익은 예상대로 세 배로 늘었고, 그 이후에도 5년 동안 지속해서 견고하게 성장했다. 새로 얻은 명성이 최고조에 달했을 때 찰리스는 해외 시장을 다각화하고 급성장세를 보이는 과자류 시장을 장악하려는 아시아의 다국적 식품 그룹에 매각되었다. 매각 가격은 **회사**의 기대치를 훌쩍 뛰어넘는 수준이었다.

찰리스의 CEO, **회사**와 투자자, 새로운 아시아 오너가 모두 원하던 것을 얻었다. 역사적인 체인은 다시 활기를 찾아 영광과 성장의 길로 들어섰고, 나이 든 CEO는 자선사업가라는 유산을 남길 수 있는 거액의 자본을 확보했으며, **회사**와 투자자는 이례적인 수준의 수익을 챙겼다. 투자자들은 투자금의 다섯 배 넘게 벌었다. 이 수익으로 인해 연금 프로그램은 계속해서 **회사**를 다시 찾게 될 터였다. 미국, 유럽, 아시아에 있는 수백만 근로자가 찰리스의 쿠키를 먹었다. 이들 대부분은, 자신이 먹는 과자를 만드는 기업에 **회사**가 돈을 투자하고 경영을 지원함으로써 자신이 받을 연금이 보다 안정적으로 보장된다는 사실을 모르고 있었다. 어떤 면에서는 이 미래의 은퇴자들이 과자 사업에 일조했다고 할 수 있었다.

회사는 거래 수수료 수백만 달러와 함께 2+20의 투자 보수를 챙겼다. 투자자의 돈 1달러가 5달러가 되어 돌아왔고, 그중 1달러는 **회사**가 성과 보수와 **회사**가 부담한 각종 비용 명목으로 공제했고, 나머지 4달러는 투자자에게 돌아간 것이다. 일반적으로 **회사**와 파트너도 자기 돈을 일부 투자하는데, 이번 거래에서는 이들의 투자금이 2%였다. 하지만 위험에 노출된 돈은 투자자의 돈이 압도적으로 많았다.

여기서 우리가 눈여겨봐야 할 것은 사모펀드나 신용펀드의 투자 기간이다. 대부분의 경우 몇 대에 걸친 장기적 투자를 염두에 두지는 않는다. 엠파이어빌딩을 건설하는 것도 아니고, 미래를 걸고 되돌릴 수 없는 도박을 하는 것도 아니기 때문이다. 그렇다고 순간순간의 거래를 통해 이익을 쥐어짜는 초단타매매를 하지도 않는다. 이들은 기업의 지분을 전부 인수하든 일부 인수하든, 혹은 부채를 공여하든 매입하든, 중기적 관점에서 투자자의 돈을 배분한다. 투자 자산은 때가 되면 매각한다.

사모자본은 때로 다른 자금줄이 다 막힌 성장 기업이나 위기에 빠진 기업을 지원하느라 엄청난 위험을 감수하기도 한다. 위의 사례에서 **회사**는 갑작스러운 요청을 받고 찰리스를 회생시키기 위해 큰 위험을 감수했다(물론, 투자자의 돈으로). **회사**는 찰리스에 파산의 위기가 닥쳤을 때 수천 명의 일자리를 구했고, 역사적인 브랜드를 다시 살려냈다. 현실에서도 해마다 이런 일이 수없이 일어난다. 사모자본은 파산 직전에 몰린 기업의 리스크와 수익을 비교하며 개입 여부를 저울질한다. 정부는 모르는 체하고 개입하지 않는다. 누구도 이런 기업에 관심이 없다. 전통적인 자금원은 안전하고 복잡하지 않은 투자를 선호하기 때문이다.

다른 사람들이 도망칠 때 사모펀드는 뛰어든다. 그리고 회생시킨다. 이런 렌즈를 통해서 보면 2+20(혹은 약간의 변형)라는 보상도 그다지 많다고 느껴지지 않는다. 다른 사람들이 회피하는 리스크를 감수한다는 점, 복잡한 상황을 깔끔하게 정리한다는 점, 다른 사람들에게는 없는 비전을 지녔다는 점이 확실한 수익을 꾸준하게 만들어내는 사모펀드에 충분한 보상을 하는 이유일 것이다.

성과에 따른 보상이라는 이 역학을 더 자세히 들여다보자. 사모펀드가 투자자에게 가져다주는 성과를 내기 위해 투자 전문가들은 적극적이고 직접적으로 개입한다. 그들은 투자 건마다 힘들게 일한다. 집을 사서 수리한 뒤 몇 년 뒤에 파는 일이 사모펀드 투자자와 유사하다. 다음 매수인에게 지불하는 돈만큼의 가치가 있다고 느끼게 하려면 집 상태가 나아진 모습이 확실하게 보여야 할 것이다. 원매자가 방문하기 전에 페인트칠하고 화단에 꽃을 심는 것만으로는 충분하지 않다. 지하실을 넓히고, 다락방을 개조하고, 벽을 옮겨 공간 배치를 최적화하고, 부엌과 화장실을 추가하는 등의 계획이 필요하다. 이제 리스크를 생각해보자. 만약 매수한 집이 검증되지 않은 지역에 있는데 인근에 건설 중인 기차역을 보고 도박을 한 것이라면 어떻게 할 것인가? 투자의 성공 여부는 그 동네가 사람들이 살고 싶어 하는 핫 플레이스가 되느냐에 달려 있을 것이다. 사전 조사를 하고 매수한 것이라면 성공 가능성이 큰 도박이 될 수도 있다. 조사를 하지 않고 매수했다면 재앙이 될 수도 있다. 당신이 그 집을 임대하든 그 집에서 살든 주택담보대출 회사는 구입가 대부분을 융자해준다. 하지만 할부금을 제때 갚지 못하면 집을 잃을 수도 있다. 은행은 집을 취득할 돈을 빌려주면서 그 집을 담보로 잡는다. 만약 투자가 잘못되면 은행은 채권자로서 가장 먼저 상환받는다.

지금까지 한 이야기는 당신에게도 익숙한 내용일 것이다. 이제 사모펀드에 어울리게 비유를 조금 더 심화시켜 보자. 만약 투자한 돈이 당신에게서 나온 것이 아니라 투자자에게서 나온 것이라면 어떻게 할 것인가? 부동산 매수의 최적지(위치, 구조적 무결성과 안전성, 학교와 병원의 접근성, 외부공간, 필수 점포 등) 여부를 판단하기 위해 입수하기 힘든 데이터와 인맥이 필요하다면 어떻게 할 것인가? 당신이 원하는 모습으로 자산을 바꾸는 일을 도와줄 경험 많은 전문가 그룹이 필요하면 어떻게 할 것인가? 엑시트 시점이 다가오는데 원매자를 찾기 힘들면 어떻게 할 것인가? 이런 여러 가지 요소를 고려해 당신 대신 투자처를 발굴하고 투자를 실행할 자산운용사를 이용해야겠다는 생각이 들 수도 있을 것이다. 자산운용사가 이 모든 일을 처리할 수 있을 뿐만 아니라 훌륭히 처리할 자원과 경험이 있다면 어떻게 할 것인가? 자산운용사가 채권자와 협상을 잘해 파산을 피하게 할 수 있고, 당신이 재정적으로 어려워져도 집을 계속 소유하게 할 수 있다면 어떻게 할 것인가? 자산운용사가 주택뿐만 아니라 사무실 건물에서 경기장에 이르기까지 다른 유형의 부동산 거래에서도 입증된 승자라면 어떻게 할 것인가?

사모펀드 대가들이 거래를 성사시키기 위해 얼마나 다양한 전문지식을 동원하는지 깨닫기 시작하면 그때부터 보상 문제가 눈에 들어오기 시작한다. 이들의 서비스는 특별 요금을 내야 하는 프리미엄 서비스다. 최고 수준의 사모펀드 회사는 어떻게 '기업의 해자'a business moat(어떤 기업을 경쟁사와 차별화시키는 핵심 경쟁 우위를 말한다. 해자(성 주위에 둘러 판 못)가 성을 보호하듯 기업을 보호한다는 뜻-옮긴이)라 불리는 것을 구축했는지 알아보기 시작할 수도 있다. 이들은 수익을 내기 위해 필요한 기술, 정보, 인맥, 실적이 있다. 이런 특질은 유지하기도 어렵지만 베끼기는 더 어렵다. 이런 특질을 모방하는 것은 매우 힘든 일이다.

이런 보호막 덕분에 이들은 돈이 걸린 문제를 협상하기에 유리한 위치에 있다. 연금펀드나 국부펀드 같은 대형 투자자들은 갈수록 소수의 블록버스터급 자산운용사에 투자를 집중하는 패턴을 보이고 있다. 이들 기관은 자신이 선호하는 사모펀드 브랜드(그리고 그들이 판매하는 여러 투자 전략)에 더 많은 돈을 투자한다. 이들이 선호하는 것은 브랜드만이 아니다. 이들은 좋아하는 투자팀이나 펀드도 따로 있다. 이렇게 하면 사모펀드 실사가 쉬워진다. 이미 알고 있는 사모펀드에 투자한다면 사모펀드 회사와 돈을 투자하고자 하는 특정 펀드를 알아보기 위해 투자할 때마다 밑바닥부터 실사를 시작할 필요는 없을 것이다. 브랜드가 핵심인 다른 산업에서도 그렇듯이 사모펀드도 마찬가지다. 스마트폰을 새로 사고 싶어 애플 매장부터 찾는 것이 멍청한 짓이라는 느낌은 들지 않을 것이다. 온라인 쇼핑을 하고 싶다면 아마존이 상품을 검색하기에 최적의 장소가 아니겠는가?

사모펀드에서는 KKR이나 블랙스톤, 실버레이크Silver Lake, 칼라일 같은 회사가 그러하다. 이들은 나머지 회사보다 훨씬 쉽게 기관투자가로부터 자본을 조달할 수 있는 업계의 슈퍼스타다. 이 '가진 자'들은 명성이 떨어지는 회사들처럼 투자금을 찾아 전 세계를 뒤질 필요가 없다. 이들에겐 자금 조달 파이프라인이 있고, 차입 매수펀드, 신용펀드, 부동산펀드, 인프라펀드 같은 다양한 상품을 매수하는 투자자들이 뒤를 받쳐주고 있다. 이들은 언제나 이런저런 펀드 자금을 모집하고, 투자자들은 대개 이전에 투자한 펀드에서 나온 수익을 새로운 펀드에 재약정한다.

이런 사이클은 양쪽 모두에 도움이 된다. 사모펀드 회사는 풍부한 운용 자금을 갖게 되고, 투자자는 은퇴자에게 지급할 연금의 꾸준한 수익원을 갖게 된다. 사모펀드 회사는 투자자를 위해 자신이 부담하는 단위 리스크당 수익을 최대화하려고 동원할 수 있는 모든 수단을 동원해 전력투구한다. 연금펀드는 자신의 의무를 이행하기 위해 지속해서 사모펀드와 기타 사모자본 투자 전략에 분산 투자한다. 이 둘은 규모가 점점 커지는 공생 관계에 있다.

　앞 장과 이번 장에서 우리는 경쟁심과 승리의 욕구, 그리고 이 경쟁심이 투자자와 사모펀드 회사에 가져다줄 수 있는 혜택에 대해 알아보았다. 다음 장에서는 승리에 대한 갈구가 만들어내는, 새로운 투자 영역을 발굴하고 개발하는 혁신의 불꽃에 대해 살펴볼 것이다. 이미 사모펀드 회사가 지속해서 전통적인 수익원을 대체해나가는 성장 분야 중 하나로 보험과 신용 투자를 언급한 바 있다. 20년 전까지만 해도 대형 대체 자산 운용사도 거의 관심을 보이지 않던 분야였으나 오늘날 이 분야에 관심이 집중되고 있다. 특히 개도국에서 낡은 공공자산을 교체할 엄청난 자금이 필요하기 때문이다. 이 분야란 다름 아닌 인프라를 말한다. 흔히 창의적인 돌파구가 그렇듯이 혁신의 불꽃은 예기치 않은 곳에서 피어오르는 법이다.

갈망으로는 부족하다,
필사적이어야 한다

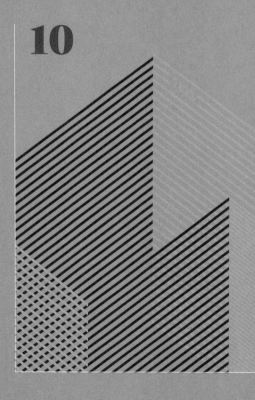

10

PRIVATE
EQUITY
FUND

"농담이시겠지요. 펀드 규모가 얼마나 됩니까?"

리먼 브라더스의 은행가는 지구 반대편 오스트레일리아의 시드니에 있다는 들어본 적도 없는 사모펀드로부터 걸려 온 전화를 받고 있다는 사실에 모욕감을 느끼며 빈정거리듯 말했다. 맨해튼 미드타운의 고급 사무실에 앉아 있는 이 은행가는 큰 계약과 쉬운 돈벌이, 더 큰 권력을 찾아 헤매는 재무 전문가로 가득한 이 도시의 정점에 거의 다다른 듯했다. 그의 세계는 리무진과 고급 레스토랑, 맞춤 양복으로 채워졌다. 때는 2003년이었다. 여신 팽창으로 인해 조만간 가혹한 심판이 닥칠 조짐이 보였지만 그 가능성을 심각하게 고려하는 사람은 거의 없었다. 특히이 은행가가 그러했다. 이 은행가는 그가 모시는 CEO의 말과 문화를 열정적으로 신봉했다. 서류상 5천만 달러에 이르는 그의 부는 회사 주식에묶여 있었다. 몇 년 후면 종잇조각이 될 터였지만….

그는 인수합병 전문가였고, 그의 고객은 뉴욕 기반의 세계적 차입매수 회사 중에서도 가장 잘 알려진 회사였다. 이 이름난 사모펀드 회사는 EBCEuropean Broadcast Corporation에서 분사되어 나오는 거대한 통신인프라 자산을 인수하려는 일단의 경쟁사 가운데 선두 주자였다. EBC는 유럽에서 가장 크고 영향력 있는 TV와 라디오 방송국을 소유한 거대 미디어 기업이었다. 입찰에 나온 것은 TV와 라디오 신호를 송신하는 데 필요한 방송탑과 장비, 그리고 스튜디오에서 제작한 방송 콘텐츠를 송신할수 있는 신호로 바꾸는 변환 설비였다. 지금까지 이런 작업을 수행해온엔지니어와 기술 지원 인력도 거래 범위에 포함되었다. 이들에게는 수십년에 걸쳐 쌓아온 대체할 수 없는 경험이 있었다. 새로운 인력을 고용해이들을 대체할 만한 수준으로 훈련하려면 몇 년이 걸릴 터였다.

인프라와 사람은 스튜디오에서 제작된 창의적 콘텐츠와 분리될 수 없다는 것이 방송과 미디어 산업의 지배적인 생각이었다. 송신 수단은 같은 회사나 그룹 소속으로, 콘텐츠를 만든 사람과 함께해야 했다. 하지만 풍부한 자금으로 무장한 케이블 방송사와 기타 여러 형태의 미디어가 등장해 경쟁이 격화되자 EBC도 생각을 바꿀 수밖에 없었다. EBC는 이들 경쟁사에 효과적으로 대응하고, 인터넷에 친숙한 차세대 고객을 계속 붙잡아 두기 위해 자금을 마련해야 했다. 결국 생각해낸 방안이 통신인프라를 독립 회사로 분사해 매각하는 것이었다. 이 입찰은 수십억 달러에 이를 전망이었다.

EBC의 TV와 라디오 방송국은 분사되어 생길 신설 회사의 핵심 고객이 될 터였고, 10년 동안 신설 회사의 수입과 서비스 수준을 관리하기로 했다. 이들 방송국은 공영방송이었으므로 방송 면허에 명시된 전국적 커버리지 의무를 이행하려면 매각될 통신인프라에 의존할 수밖에 없을 터였다. 전 유럽을 커버할 수 있을 만큼 광범위하고 강력한 것은 EBC의 방송탑 망과 설비뿐이었다. 또한 기존의 엔지니어와 기술 지원 인력만이 이 통신인프라를 운용할 수 있었다. 모든 가정에 새로 케이블이나 광섬유를 설치하려면 너무 많은 돈이 들 것이므로 사실상 TV와 라디오 방송국은 캡티브 고객captive client(소비자가 특정 제품을 구매할 때 선택할 수 있는 공급자의 수가 제한되어 있어 그 공급자에게 구매할 수밖에 없을 경우 이 소비자를 캡티브 고객이라 부른다ー옮긴이)이었다. 입찰에 참여한 사모펀드 회사들은 안정적인 수입과 현금흐름이 매력적이라고 생각했다. 이들에게는 그동안 미디어와 기술 분야의 투자를 통해 얻은 교훈도 있었다. 그래서 이 입찰에 대해서는 나름대로 알고 있다고 생각했다. EBC를 대신해 입찰을 주관하는 월스트리트 은행(골드만삭스)은 정크본드를 인수하고 대출을 해주는 방법으로 낙찰자에게 차입 매수 자금을 융자해주기로 했다. 준국가기관의 인프라와 관련 자산을 떼어내 매각하는 거래는 처음 있는 일이었다. 만약 성공한다면 다른 시장의 통신인프라자산을 포함해 이와 유사한 거래가 늘어날 것이었다.

2000년대 들어 가장 뜨거운 관심이 집중된 거래였다. 그런데 리먼 브라더스 은행가는 맨해튼에 기반을 둔 사모펀드 고객과 작업하며 시간을 보내야 할 순간에, 오스트레일리아에서 사모펀드를 운용하는 사람과 이 자산의 입찰 관련 통화를 하며 시간을 낭비하고 있었다. 금융시장에서 자신의 서열이 어떻게 되는지도 모르고 갑자기 전화를 걸어온 사람은 아니었다. 이 오스트레일리아인은 배짱 좋게도 은행가의 사모펀드 고객에게 전화를 걸었고, 사모펀드 고객은 자문사인 리먼 브라더스로 전화를 돌렸다. 은행가는 직업적 예의상(자기 고객에 대한 예의) 어쩔 수 없이 답신 전화를 걸었다. 그는 오스트레일리아인에게 5분의 시간을 할애하겠다고 했다.

전화를 받은 오스트레일리아인은 극도로 진지했다. 그는 리먼 브라더스 은행가에게, 자신을 오스트레일리아에서 가장 큰 투자은행(아시아 태평양 지역에서 열 손가락 안에 들어가는 은행)이 설립한 새로운 투자 회사의 대표라고 소개했다. 신생 사모펀드지만 엄청난 잠재력과 성공적인 유산을 가진 회사라고 했다. 물론 이 오스트레일리아 투자은행과 신생 사모펀드는 뉴욕이나 런던에 거의 알려져 있지 않았다. 하지만 오스트레일리아에서 유사한 인프라 투자를 성공적으로 마친 경험이 있었다. 그가 뉴욕의 사모펀드 회사에 전화한 이유는 자사와 제휴해 통신인프라자산 입찰에 참여하는 것이 어떻겠느냐고 논의하기 위해서였다. 투자해야 할 에쿼티 체크는 8억 달러 정도가 될 것 같았다. 2003년에는 사모펀드 회사가 이 정도 규모를 나눠 투자하고 함께 일하는 것이 드문 일이 아니었다. 이 오스트레일리아인은 뉴욕이나 런던에서는 아직 모르는 독자적인 금융 기법과 경영 노하우를 제공하겠다고 했다. 그는 입찰에서 이길 수 있게 도와줄 자사만의 '우위'가 있다고 자신했다.

오스트레일리아인은 에쿼티 체크와 투자 수익을 양사가 똑같이 나누자고 제안했다. 투자금, 수수료, 수익, 언론의 노출 등 모든 것을 반으로 나누자는 것이었다. 그는 은행가의 사모펀드 고객에게 오스트레일리아 은행을 리먼 브라더스와 동등한 자격의 공동 자문사로 선정해줄 것을 제안했다. 그리하여 두 은행은 자문사로, 두 사모펀드는 고객으로, 양측이 긴밀하게 협조해야 한다고 했다. 마지막으로, 그는 리먼 브라더스 은행가의 첫 질문, 즉 펀드 규모에 대한 답을 내놓았다. 오스트레일리아 사모펀드가 현재 보유한 자금은 2억 달러밖에 되지 않지만, 에쿼티 체크의 절반을 부담하는 데 필요한 나머지 2억 달러는 계약 체결 전에 주식자본시장ECM, Equity Capital Markets(자기자본 발행을 통해 자본 조달을 하는 시장. 기업공개를 통해 주식을 발행하거나 전환사채 또는 교환사채를 발행하는 방법 등이 있다—옮긴이)을 통해 오스트레일리아의 연금펀드에 증권을 발행해 모집할 계획이라고 했다. 물론 증권은 모기업인 오스트레일리아 은행이 인수할 예정이었다. 자금은 사전에 모집되는 것이 아니라 필요에 따라 모집되는 방식이지만 걱정할 필요는 전혀 없다고 했다.

하지만 은행가의 귀에는 현재의 펀드 규모 외에는 아무 소리도 들어오지 않았다. '2억 달러라고? 계약 한 건에 가진 돈을 다 투자한다고? 그것도 필요한 돈의 반밖에 되지 않는다고? 이런 엉터리가 다 있나!' 그는 오스트레일리아인이 말한 금융 기법과 경영 노하우에 대해서는 물어볼 생각도 하지 않았다. 사모펀드 고객이 오스트레일리아인의 제안에 무슨 반응을 보일지도 생각하지 않았다. 사실 그는 이 오스트레일리아인과 협력하는 것이 말도 안 된다는 생각 외에는 아무 생각도 할 수 없었다. 그는 오스트레일리아인에게 분수를 알게 해주는 것이 자신의 의무라는 생각이 들었다.

"분명히 말해두지만, 귀사와 제휴할 생각은 전혀 없소. 아무튼 전화해줘서 고맙소. 행운을 빌겠소."

위의 사례는 실제 사건을 기반으로 한 것이다. 실제 일어났던 일은 훨씬 냉혹했다. 오스트레일리아에서 온 사람들은 뉴욕이나 런던에서 만난 금융업자들에게 괄시를 받았다. 내가 직접 목격한 일인데, 대형 사모펀드 회사의 파트너 한 사람은 상호 협력을 위한 아이디어와 접근 방법에 대해 논의하자고 흔쾌히 약속해놓고도 오스트레일리아 방문객들을 세 시간 넘게 접견실에서 기다리게 했다. 그런 다음, 20분 동안 상대방의 이야기를 잔뜩 받아적기만 하고는, 그 이후 2개월 동안 그들의 전화를 받지 않았다. 아마도 이 오스트레일리아인들은 그가 이렇게 비신사적으로 행동하리라고는 예상하지 못했을 것이다.

이 금융업자들이 놓친 것은 오스트레일리아인들의 필사적인 심정이다. 그들은 새롭고 효과적인 무언가를 찾아야 할 때 느끼는, 가슴이 시릴 정도의 욕망을 표현할 때 필사적이라는 말을 쓴다. 그들의 킬러앱인 셈이다. 필사적desperation이라는 말은 부정적인 함의를 띨 때가 많지만(필사적임, 자포자기 등의 뜻이 있음-옮긴이), 여기서는 승리의 갈망뿐만 아니라 승리에 대한 원초적 욕구까지 아우르는 개념이다. 실패라는 말은 대형 글로벌 사모펀드 회사를 상대로 성공을 쟁취하겠다는 신생 회사의 노력이 물거품이 됐을 경우를 뜻했다. 리먼 브라더스 은행가와 통화한 오스트레일리아인에게는 신생 펀드를 운용할 예산이 한정되어 있었지만, 그를 고용한 사람들의 인내심도 한정되어 있었다. 투자 건을 이것저것 찾아볼 여유나 거래가 성사되지 않더라도 발생한 비용을 감당할 여유가 있는 대형 사모펀드와 달리, 그는 빠듯한 예산으로 사업을 영위했고 언제 잘릴지 모르는 삶을 살고 있었다. 그에게는 뒤로 숨을 번듯한 브랜드도 없었고, 상대방에게 건넬 위압감을 주는 명함도 없었다. 그는 지하철을 타고 다녔고 비행기도 이코노미석을 탔다. 그에게는 큰 건을 하나 성사시키려고 3년이나 기다리는 호사를 부릴 여유도 없었다. 그가 가진 것이라고는 아이디어뿐이었다.

이 아이디어는 무엇이었을까? 간단히 말해 이들에게는 이런 유형의 '경질 자산hard asset' 또는 '인프라 자산'에 투자하고 융자해본 오스트레일리아 시장에서의 경험이 있었다. 이들은 가망 투자자에게 TV 방송탑이나 이동통신 철탑, 공항, 항구, 유료도로와 같은 인프라 자산이 사모펀드 회사가 일반적으로 인수하는 화학회사나 제약회사 등과 같은 영업 회사보다 더 안전하다고 설득하는 방법을 개발했다. 이들 자산에 대한 투자 전략은 이익을 남기고 빨리 매각하는 것이 아니라 장기간, 적어도 10년 이상 자산을 보유하며 발생하는 풍부한 현금흐름을 이용해 배당금을 뽑아내는 것이라는 논리였다.

언젠가 이 '인프라' 자산을 제값에 팔 수도 있겠지만 엑시트에 대한 압박감은 없었다. 실제로 지역 연금펀드 같은 오스트레일리아의 투자자들은 장기간에 걸쳐 꾸준히 배당금을 받을 수 있다는 개념에 끌렸다.

이런 논리가 먹혀들자 이들은 인프라 자산이라 불리는 신종 자산의 차입 매수에 프로젝트 파이낸싱(예컨대 유료도로 건설 등의 프로젝트)에 쓰는 부채조달 기법을 적용할 수 있었다. 이 부채조달 기법을 적용하면 일반적인 차입 매수보다 차입금의 이자율을 낮추고 부채비율을 높일 수 있었다. 인프라 자산은(제대로 운용만 된다면) '일반적인' 차입 매수용 자금을 대출해주거나 증권을 인수하는 것보다 훨씬 안전하다는 생각이 반영되었기 때문이다. 영리한 주장이었다. 인프라라는 실체가 있었기 때문이다. 오스트레일리아 회사는 이런 시각 덕분에 EBC의 원매자 중에서 유력한 다크호스였다. 하지만 대부분의 입찰 참여자들은 이들의 접근방법이 순진하다거나 완전히 틀렸다거나 혹은 둘 다의 이유로 이들을 무시했다.

이 오스트레일리아인들에겐 사모펀드에 투자하는 전 세계 대형 투자자들(투자 수익을 올릴 보관 장소가 필요한 돈 수천억 달러를 보유한 대형 연금펀드와 국부펀드)이 곧 '인프라' 부문으로 몰릴 것이라는 안목이 있었다. 이런 종류의 자산이 안전하면서도 수익률이 높은 돈 보관 장소를 찾는 투자자들의 마음을 사로잡을 속성이 있기 때문이었다. 경질 유형자산은 건설하거나 교체하기가 어려울 뿐만 아니라 운영하려면 면허나 영업권이 필요하거나 리스해야 할 때가 많다. 또, 장기 계약에 의해 수입이 보장되고, 진입장벽이 높고, 매출액 이익률이 높으며, 오랜 기간에 걸쳐 미리 자본적 지출 계획을 세울 수 있고, 현금흐름이 풍부해 정기적으로 이익배당을 해줄 수 있을 뿐 아니라 낮은 이자율과 높은 부채비율로 돈을 빌릴 수 있다는 장점도 있다.

인프라 자산 운영자(예컨대 공항)와 고객(예컨대 항공사) 사이에 맺는 서비스 수준 합의서는 매우 엄격할 뿐 아니라 위반하면 무거운 위약금을 무는 것이 일반적이다. 무언가가 잘못되면 관련 당사자는 많은 것을 잃게 된다. 신문 1면을 장식하거나 규제기관의 조사를 받는 것은 말할 것도 없다. 인프라 자산은 대개 필수적 공익사업으로 여겨지기 때문에 사업을 못하게 될 가능성은 매우 낮다. 인프라 자산과 관련된 계약은 차입 매수보다 낮은 이자율로 상환기간이 더 긴 부채를 일으킬 수 있고, 차입 매수보다 높은 부채비율로 돈을 빌릴 수 있다. 이 말은 싼 부채를 더 많이 조달할 수 있고, 투자자로부터 모집한 에쿼티 체크를 적게 투입할 수 있으며, 투자가 성공하면 더 많은 이익을 얻을 수 있다는 뜻이다.

오스트레일리아인들이 생각해낸 금융 '기법'은 차입 매수에서는 일반적으로 사용되지 않던 방식이었다. 예컨대 부채가 더 안전해 보일 수 있게 신용보험에 가입한다든가(이자율을 낮출 수 있다), 주류 은행의 프로젝트 파이낸싱 부문을 이용한다든가(이 은행들은 월스트리트 은행이 독식하다시피 하는 큰 계약에 참여했다는 사실에 기뻐했다) 하는 것이었다. 은행은 수수료로 수백만 달러를 챙겼고, 인프라 부문의 계약에 계속해서 참여했다. 이전에는 매력이 없어 보이던 분야가 붐을 일으킨 것이었다.

그 결과 오스트레일리아인들은 EBC 입찰에 관심을 갖게 되었다. 이들이 생각해낸 방법은 방송탑과 관련 자산을 하나의 인프라 자산으로 보는 것이었다. 이들은 이 자산을 하나로 묶고, 자산을 담보로 융자를 받아 짭짤한 이익배당을 받을 수 있는 안정된 사업을 장기간에 걸쳐 영위하자는 계획을 세웠다. 이들 자산은 계획을 뒷받침할 만한 특성이 있었다. 신설 회사의 고객이 될 공영방송국들이 방송 면허에서 요구하는 보편적 서비스를 제공하기 위해 TV와 라디오 신호를 송출하려면 방송탑 인프라에 의존할 수밖에 없었기 때문이다. 이들 방송국은 국가기관의 지원을 받기 때문에 사용료 지급에는 전혀 문제가 없었다. 이들은 AAA 등급의 고객이었다. 이보다 더 안전할 수 없었다.

오스트레일리아 팀은 입찰을 주관하는 골드만삭스가 지금까지 본 어떤 회사보다도 광범위하게 기업실사를 했다.

이들은 중요한 사항을 하나라도 놓칠세라 철저하고 집요했다. 표적 자산의 수입과 현금흐름을 계약 건별로 밑바닥부터 분석해 전체적인 그림을 완성했다. 이들은 계약 조건을 파악하기 위해 변호사나 컨설턴트에 의존하지 않고 직접 계약서 조항을 하나하나 읽어보았다. 한눈파는 사람은 아무도 없었고, 지구 반대편의 동료와 계약 건을 논의하기 위해 밤샘 통화를 마다하지 않았다. 수입을 보여주는 주문 대장에서 비용 구조◆까지 분석하면서 수익 구조를 세밀히 들여다보았다. 현금흐름의 예측 가능성은 얼마나 되는가? 고객사의 신용등급은 어떠한가? 고객사는 재계약을 반드시 해야 할까? 계약 기간에 사용료 인상이 가능할까? 재계약 시점은 언제이며 조건은 무엇인가? 어디에서 비용을 절감할 수 있을까? 계약이 성사된 뒤 인수할 수 있는 다른 방송탑 자산이 있는가? 이들은 여러 가지 자본비용을 계약 수입과 임시 수입 중 어디에 배분할 것인지, 또는 안전한 현금흐름과 잠재적 현금흐름 중 어디에 계상할 것인지의 문제를 두고 격렬한 논쟁을 벌였다. 그리고 모든 논쟁은 천연덕스러운 익살로

◆　　비용 구조Cost structure 그 기업의 비즈니스 모델을 운용하는 데 들어가는 원가와 기타 비용을 말한다. 일반적으로 사모펀드 회사가 투자 대상 기업을 볼 때는 불필요한 비용을 제거해('군살 빼기'로 알려져 있다) 수익성을 높일 가능성이 있는지를 본다.

끝을 맺었다.

　오스트레일리아인들은 자기네 말이 맞다는 사실을 증명하고 싶었다. 월스트리트 금융기관의 자만심과 자부심에 맞닥뜨린 이 신규 진입자들은 더 열심히 일하고, 머리를 더 많이 쓰고, 더 기민하게 움직였다. 이들은 투자처를 발굴하려고 전 세계를 누비면서도 자신들에게 남들이 알아주는 브랜드가 없다는 사실을 자랑스러워했다. 이들이 가진 것이라고는 책상과 노트북과 전화기뿐이었다. 사무실도 없었다. 오스트레일리아 은행의 CEO도 이들과 다를 바 없었다(다만, 그를 위해 비밀 통화를 할 수 있는 조그만 회의실 하나는 준비되어 있었다). 시드니의 본사에서는 런던과 뉴욕에 나가 있는 투자가들에게 한밤중에 전화해 부드럽지만 강한 어조로 채근할 때가 많았다.

　"정신 차려! 잠은 이긴 다음 자면 되네!"

　이것이 필사적인 사람들이 보이는 모습이었다. 차입 매수를 '인프라' 투자로 이름을 바꾸는 데 성공하려는 사람들이 보이는 모습이었다. 일단 이 일에 성공하면 그다음에는 이런 투자가 채무 불이행에 빠질 위험은 극히 희박하다고 대출기관을 설득할 수 있을 터였다. 통상적인 차입 매수의 리스크보다는 유료도로나 교량에 대출해줄 때의 리스크에 가깝다고 설득하면 된다. 그러면 이 투자는 차입 매수와 같은 조건이 아니라 국가의 중요한 인프라를 건설하거나 유지하는 프로젝트와 유사한 조건으로 융자받을 수 있을 것이다. 숫자적 관점에서 생각해보자. 2003년 당시 이런 자산을 차입 매수할 때 정크본드의 이자율이 대략 8%였고, 인수가의 60%를 부채로 조달할 수 있었다. 하지만 이 자산이 '인프라'라면 이자율을 3%까지 낮출 수 있었고, 거래 금액의 80%까지 대출을 받을 수 있었

　　　　　　　　　　세상을 움직이는 사모펀드 이야기

다. 대출을 더 많이 받을 수 있으므로 필요한 자기자본은 더 적은, '더 안전한' 거래인 셈이다.

이런 구조는 표적 자산에서 창출되는 현금흐름에서 인수 부채에 지급하는 이자가 적기 때문에 현금흐름에서 더 많은 부분을 투자자의 이익 배당을 위해 사용할 수 있다. 이른바 '현재 현금 수익률running cash yield'이 높은 것이다. 애초에 자기자본이 적고 타인자본이 많으므로 매월 혹은 매분기 확보되는 현금 유입분은 자기자본이익률을 끌어올릴 것이다.

이것은 입찰 전쟁에 뛰어든 오스트레일리아인들이 늘어날 수익의 일부를 포기하고 입찰가를 더 높게 써낼 여지가 있다는 뜻이다. 정말로 이 자산의 리스크가 차입 매수보다 낮다고 생각한다면 처음부터 수익률 목표치를 낮출 것이다. 예컨대 연간 수익률을 사모펀드가 일반적으로 목표로 삼는 20%보다 낮은 15%로 가져가는 것이다. 이 모든 것(높은 현재 현금 수익률, 낮은 자기자본 비율, 적은 리스크에 따른 낮은 기대수익률, 인프라식 접근방법 등)을 감안하면, 이들은 입찰에서 전통적인 사모펀드 회사를 물리치고도 짭짤한 수익을 올려 투자자들에게 매력적인 투자 수익을 돌려줄 수 있을 것이다.

바로 이런 일이 EBC 입찰에서 일어났다. 총싸움이 벌어지는 줄도 모르고 칼을 준비한 다른 회사들의 결과는 뻔했다. 오스트레일리아에서 온 창의적인 투자가들은 이 건에서만 이긴 것이 아니라 이후 나오는 입찰 건을 모두 휩쓸었다. 이들에게는 여러 해에 걸쳐 검증된 경쟁 우위가 있었다. 시간이 지나자 전통적인 사모펀드 회사들도 이들의 경쟁 우위가 일시적인 것이 아니라 진짜라는 사실을 믿게 되었다. 그리고 어떻게 하면 그 기법을 모방하고 발전시킬 수 있을지 궁리하기 시작했다. 물론 그들이 사상누각처럼 무너져 내리리라고 생각하는 회의론자도 많았다. 운이 좋았을 뿐이지 자기네보다 나을 리가 없다고 생각했다.

오스트레일리아인들의 '인프라식 접근방법'의 장점은 인수 금융을 넘어 EBC 방송탑 자산의 운용에서도 드러났다. 이들은 유료도로에서 통신탑에 이르기까지 오스트레일리아에서 인프라 자산을 운용해본 경험이 있었기 때문에 수입의 원천이 되는 중요한 계약 내용을 협상할 때 상대방보다 훨씬 유리한 위치에 있었다. 이들은 수입을 인플레이션과 연동시키는 방안을 모색하고, 아웃소싱을 통해 비용을 절감하고, 자본적 지출을 효율적으로 집행해 적절한 수익을 확보하는 등 이미 새로운 분야의 언어를 사용하고 있었다. 이들에게는 인수 후 표적 자산을 운용할 경영자와 전문가 등의 인맥이 있었다. 이들은 EBC의 경우에서처럼 인프라 자산이 그룹에서 분리되어 나올 때 자산을 분리해 이전하는 방법과 관련된 협상을 진행하는 법이나 이 자산을 구조화하는 법을 알고 있었다.

게다가 차입 매수의 일반적인 사업 기간인 5년보다 더 오랜 기간 사업을 영위하게 되므로 민영화 등의 사유로 국가의 인프라 자산을 매각할 때 다른 사모펀드 회사와 차별화하여 입찰할 수 있었다. 규제기관 눈에는 이들이 좋게 보일 수밖에 없었다. 가격을 가장 높게 써낼 뿐만 아니라 인프라 자산 운용 노하우도 있었고, 자산을 일찍 매각하지도 않을 것이었다.

오늘날 인프라는 사모자본 산업의 핵심 사업이 되었다. 모든 대형 사모펀드 회사에는 교통, 에너지 및 공익사업, 상하수도, 통신 및 디지털 인프라, 발전소, 재생에너지 등에 투자하는 다양한 펀드 상품이 있다.

사례에서 언급한 사건 이후 20년이 지나는 동안 인프라 자산의 투자 수익률이 그때보다 떨어진 것은 사실이다. 가장 큰 이유는 인프라 자산 투자에 뛰어드는 업체가 늘었기 때문이다. 필수적 서비스와 공익사업 자산은 특별하게 복잡하거나 해당 자산과 관련한 위험성이 높지 않은 한(예컨대 파산한 자산을 인수한다든가, 표적 자산이 인프라 투자보다 안정성과 예측 가능성이 떨어지는 '더 위험한' 다른 자산과 섞여 있는 인프라 자산일 경우가 여기에 해당한다), 사모펀드 회사가 일반적인 거래에서 올리는 연간 투자 수익률만큼의 수익률을 올리기가 쉽지 않다.

지난 20년 사이 투자 전문가들이 나중에 인프라가 아닌 것으로 판명이 난 거래를 하다가 뜨거운 맛을 보기도 했다. 대개 아전인수식 해석의 희생양이었다. 대부분의 투자가 보통의 차입 매수였는데 인프라라는 딱지가 붙었을 뿐이었고, 그것이 한계 상황에 다다른 경우였다. 한때 열성적인 투자가들은 전화번호, 유람선, 주차장, 유선전화 같은 사업을 필수적 자산이나 필수적 서비스라며 고객에게 투자를 권유했다. 이들 자산 대부분이 기술 발전의 영향 또는 경쟁 환경이나 고객 수요의 예기치 못한 변화와 같은 어려움에 직면해 구조를 조정해야 했다. 거꾸로, 인프라 자산을 찾는 투자가의 손에 들어가지 못한 증권거래소 같은 자산은 좋지 않은 투자 성과를 냈다.

이 분야는 여러 가지 실수를 통해 교훈을 얻으며 성장해 성숙기에 접어들었다. 이제는 대형 사모펀드 회사뿐만 아니라 인프라에만 특화된 회사 등 많은 투자 회사가 이 시장에서 활동하고 있다. 이 분야는 성장 초기와 달리 범주의 독자성 문제가 거의 거론되지 않는 시점에 이르렀다. 정치의 양극화, 동맹 재편 등과 함께 지정학적 문제가 갈수록 복잡해지면서 국가 인프라는 그 중요성으로 인해 투자자들에게 이전보다 더 매력적인 투자 분야로 인식되고 있다. 이들은 파이프라인에서 에너지망이나 전력망까지, 상수도에서 공항까지, 그리고 데이터 센터에서 기타 여러 유형의 기술 인프라까지 다양한 분야의 인프라에 관심을 기울인다. 인프라는 이제 일상적인 투자 분야가 되었다.

생생한 정보의 중요성이나 보험회사 투자 사례에서 본 선견지명의 중요성과 마찬가지로, 이제 우리는 장기적 성공의 길을 여는 사모펀드 대가의 특성에 '필사적인 마음가짐'을 더할 수 있게 되었다. 필사적인 마음가짐이 있으면 경쟁사도 따라 하려고 애쓸 혁신적인 생각을 하게 된다. 오스트레일리아인들도 필사적이었기에 무명이었던 회사를 세계에 알릴 수 있었다. 월스트리트의 유력한 낙찰 후보자들을 꺾고 대열에 합류할 수 있었다. 그들에게는 성공의 갈망만으로는 충분하지 않았다.

필사적이었던 이 오스트레일리아인들의 수익성은 어떠했을까? 이들의 혁신적인 생각은 인프라라는 새로운 분야를 개척할 때만 발휘된 것이 아니었다. 이들은 투자자들에게(그리고 자신에게) 수익을 가져다주는 면에서도 창의적이었다. 이 투자 회사의 뒤에 있는 투자은행은 상장기업이었다. 오늘날의 대형 사모펀드 회사와 다를 바 없다. 사모 인프라펀드는 투자자들에게 2+20에서 약간 변형한 수수료를 수취했다. 이 또한 오늘날의 대형 사모펀드 회사와 크게 다를 바 없다. 그런데 이들은 투자할 때는 거래 수수료를, 자산을 담보로 융자나 재융자를 받을 때는 융자 수수료를, 이사회에 참석할 때나 투자 기업의 사업 계획을 세울 때는 모니터링 수수료를, 투자에서 엑시트할 때는 거래 수수료를 챙겼다. 이들이 투자한 인프라 자산은 대개 초기에 이 투자에 참여한 지역 연금펀드 투자자들에게 매각되었다.

　인프라를 사모자본 투자 자산의 한 종류로 분류하니 사모펀드에 좋은 점이 하나 늘었다. 투자 전문가가 표적 자산을 분석하는 데 쓸 수 있는 새로운 렌즈가 생긴 것이다. 표적 자산이 인프라 분야가 아니어도 상관없다. 회사가 습득한 인프라 노하우 덕분에 투자 전문가들은 사모펀드 계약이나 부실채권을 분석할 때 표적 자산 안에 경질 자산이 들어 있는지(혹은 추가될 수 있는지) 확인한다든가, 시장 진입 장벽이나 고객 스위칭customer switching(고객이 사용하던 제품이나 서비스를 버리고 다른 제품이나 서비스로 바꾸는 행동을 말한다-옮긴이)에 대해 전과 다른 관점에서 생각한다든가, 표적 자산에 대한 고객의 의존도를 고려한다든가, 고객과 체결하는 계약서의 구조와 계약 갱신 옵션을 포함해 수입과 현금흐름의 안전성과 안정성을 따져보게 되었다. 이런 안목이 생기자 투자의 방어적 속성, 즉 약점도 더 잘 볼 수 있게 되었다. 부동산펀드로 인해 렌즈가 추가되면 부동산 관련 문제를 분석하는 데 도움이 된다든가, 신용 분야에 전문성이 있는 회사는 차입 매수 대상 기업의 자본 구조를 잘 파헤친다든가 하는 것과 비슷한 현상이다.

　일반적으로 인프라 분야는 사모펀드보다 자본비용이나 기대수익률이 낮다. 그것이 사모펀드 사람들에게는 투자 대상이 되는 표적 기업의 전략 계획을 수립할 때 쓸 수 있는 또 하나의 도구가 되었다. 이 기업이 의존하는 인프라를 꼭 매수해야 할까 아니면 리스해도 될까? 등한시되는 저 경질 자산을 헐값에 살 수 있을까? 표적 기업을 인수한다면 이 부분을 따로 떼어내 값을 높이 쳐줄 인프라 투자자에게 매각할 수 있을까? 표적 기업을 인수하면 인프라 부문만 빼고 다 매각한 뒤 남은 자산으로 인프라 사업을 영위할 수 있을까?

이제 투자계의 의사는 수술 도구함에 상황을 해부할 때 쓸 수 있는 수술칼을 하나 더 갖게 되었다. 사모펀드 회사에 미치는 인프라펀드의 효과는 두 개의 상품이 결합되면(예컨대 인프라펀드와 신용펀드) 더 커진다. 이제 사모펀드 회사는 인프라 투자를 차입 매수나 분리 매수를 할 수 있는 별개의 분야로 생각할 뿐만 아니라 신용 투자를 할 기회를 찾는 곳으로도 생각한다. 신용펀드는 우량 부채가 되었든 부실채권이 되었든 인프라 거래의 부채에 투자할 기회를 찾고 있는데, 이를 위해서는 당연히 인프라 분야의 전문성이 필요하다. 인프라는 사모펀드 회사가 운용하는 신용펀드의 성장 동력원 역할을 하고 있다.

사모펀드 산업에서 일어나는 혁신의 결과는 재무적 보상과 인접 펀드가 받는 혜택을 넘어 정보에도 영향을 미친다. 새로운 분야가 발굴되거나 새로운 상품이 만들어질 때마다 그 분야에서 수집된 데이터는 사모펀드 회사와 포트폴리오 기업이 보유하고 있는 거대한 정보 저장소에 축적된다. 여기에는 표적 기업과 그 기업이 소속된 산업, 경쟁사, 고객, 공급업체, 핵심 인력 등의 정보가 포함된다. 사모펀드 회사는 표적 기업과 해당 산업에 관한 재무 성과, 경영 지표, 규제 관련 문제, 기업실사 문제 등의 데이터도 가지고 있다. 이러한 정보는 사모펀드, 신용펀드, 인프라펀드, 부동산펀드 등 다양한 투자 전략을 통해 수집된다. 여기에는 사모펀드 회사가 가지고 있으리라 생각하지 않는 데이터까지도 들어 있다. 예컨대 당신이 이용할 수도 있는 데이트 앱이나 당신이 방문할 수도 있는 치과까지 다양한 비즈니스를 포괄한다.

사모펀드 회사가 가진 이 지식의 샘(끊임없이 업데이트되고, 이해 충돌을 방지하기 위해 관리된다)은 정제되어 회사의 투자 전문가들에게 제공된다. 투자팀은 인접 분야의 표적 기업을 인수하면서 얻은 교훈을 투자 업무에 반영한다. 예컨대 화학기업은 자사 제품을 공급받는 식료품 포장지 회사를 잘 알고 있을 것이다. 병원 체인은 의약용품 공급업체의 정보를 잘 알고 있을 것이다. 식품 소매기업은 고객의 주간 쇼핑 데이터나 신선 식품을 공급하는 농업 분야의 데이터를 가지고 있을 것이다. 거래가 이루어질 때마다, 또 해가 갈수록 사모펀드 회사의 데이터는 늘어나고 그에 따라 전문성도 깊어진다.

지식을 정제하는 이 과정은 결국 우위를 확보하기 위한 것이다. 이런 지식을 바탕으로 사모펀드 대가 지망생은 언제 노를 해야 하고(잘못된 투자 아이디어를 죽여야 할 때가 되면), 언제 예스를 해야 하는지(설득력 있는 사실관계로 뒷받침되는 확신이 있으면) 알게 된다. 다음 장에서는 연금펀드나 기타 투자자들이 기대하는 투자 수익을 가져다 주는 데 갈수록 데이터 수집과 이용이 중요한 역할을 한다는 사실과 함께, 이 정보 우위에 대해 자세히 알아볼 것이다. 사모펀드가 어떤 의미에서는 우리를 항상 감시하고 있다는 사실 또한 알게 될 것이다.

수집한 모든 데이터의
도서관

11

PRIVATE
EQUITY
FUND

이해 충돌이 없으면 이익도 없다.

당신이 전 세계에 많은 기업을 거느린 그룹의 총수라고 하자. 이 그룹은 대형 사모펀드 회사이며 그룹이 운용하는 펀드로 다양한 사모자본 투자 전략을 구사해 수많은 기업을 지배하거나 중대한 영향력을 행사하고 있다. 이 그룹은 항공우주와 국방, 소비재와 소매업, 미디어와 통신, 부동산과 인프라, 에너지와 공익사업, 은행과 보험업, 기업 서비스와 소비자 서비스, 의료 서비스와 제약, 공업과 제조업, 물류와 여행, 그리고 기술 등 경제의 거의 모든 영역에 투자한 거대 기업이다. 당신의 제국이 투자한 기업은 200개가 넘고, 개별 투자 건으로는 300건이 넘는다. 이 제국은 수십만 명의 근로자를 고용하고 있다. 당신은 각 기업을 지배하는 고위 투자 전문가들의 보좌를 받고 있다.

관리할 범위가 워낙 방대하다 보니 당신은 별도로 기업 경영자들로 구성된 팀을 꾸려 이들의 보좌도 받고 있다. 이들 전문가는 각 포트폴리오 기업을 대상으로 조직을 슬림화한다든가, 더 나은 의사 결정을 신속하게 내린다든가, 혁신 계획을 실행한다든가 하는 일을 지원한다. 이들은 전략과 사업 계획 수립에서 고위 경영자와 비상임 이사 선임, 경쟁적 차별화와 문제 해결을 위한 기술 시스템 투자에 이르기까지 모든 문제에 언제든지 뛰어들어 씨름할 준비가 되어 있다. 그렇다고 해서 당신이 멀리 떨어져 큰 그림만 보는 것은 아니다. 당신도 리스크를 줄이고 수익률을 높이는 데 도움이 되는 조그만 문제까지 지원할 준비가 되어 있어야 한다. 예컨대 세무 계획 최적화, 데이터 수집 및 보관, 회계 및 감사 기능, 조달과 비용 절감, 종업원 의료보험, 사이버 보안과 IT 시스템, 에너지 효율화와 배기가스 저감, 홍보와 대정부 업무 등이다.

당신은 모든 것을 다 신경 써야 하지만 하나의 문제에 너무 집착해서도 안 된다. 당신은 각 포트폴리오 기업의 경영진과 협조하여 돈과 직결되는 중요 레버와 해당 기업의 사업 계획 중 가치를 창출할 수 있는 핵심 요소에 집중해야 한다. 당신은 투자가이자 투자한 기업의 최종 의사결정자로서의 역할과 각 포트폴리오 기업 경영진의 역할을 혼동해서는 안 된다. 당신은 포트폴리오 기업의 성과를 최대화하기 위해 이사회를 통해서 혹은 직접적인 방법으로 개입할 수도 있다.

어떻게 이 모든 일을 다 할 수 있을까? 성공을 위한 핵심 요소는 방대한 데이터에 있다. 당신이 투자한 회사와 투자 기회를 놓친 회사의 수입과 비용 추세에 관한 데이터, 고객과 공급업체와 경쟁사 행태의 패턴에 관한 데이터, 수익성 있는 자본적 지출 프로젝트와 시너지를 내는 기업 인수에 관한 데이터, 어떻게 하면 실적이 개선되고 어떻게 하면 개선되지 않는지에 관한 데이터, 최고의 재능을 지닌 경영자들의 명단 및 프로필 등이 여기에 포함된다.

당신은 이런 정보를 다양한 방법으로 수집할 수 있다. 수집된 데이터가 늘어나면 들이댈 수 있는 렌즈도 많아진다. 다른 산업에 원료를 공급하는 업체를 소유하고 있다면 고객사의 행태에 대해 알게 되기도 한다. 나중에 그런 고객사 중 한 곳을 인수하면 공급업체를 소유해봤기 때문에 다루는 법도 안다. 때로 가치 사슬 내에서 상반되는 입장에 있는 기업을 동시에 소유하기도 한다. 워낙 투자를 많이 하다 보니 경쟁 관계에 있는 같은 업종의 기업들에 투자하기도 한다. 이런 경우에는 투자가 서로 다른 형태일 때가 많다. 예컨대 한 기업은 사모펀드로 차입 매수해 직접 소유하고, 다른 기업은 신용펀드로 타인자본인 부채를 매입해 소유하는 식이다. 같은 부채 매입이라도 어떤 기업의 부채는 적게 소유하고 있고 어떤 기업의 부채는 많이 소유하고 있어 미치는 영향력이 다르다.

투자한 기업에서 수집한 데이터는 비공개 정보일 때가 많다. 따라서 당신의 제국 내에서라 해도 이해 충돌을 방지하기 위해 펀드와 펀드 사이에 정보의 장벽을 세워 데이터를 세심하게 관리해야 한다. 물론 최고위 계층의 일부 파트너는 이런 장벽을 넘어 데이터의 금광을 파헤쳐볼 수 있다.

지난 수년간 투자자의 돈 수천억 달러가 그룹으로 유입되었고, 그에 따라 당신은 해마다 수십 건의 투자 기회를 물색했다. 당신은 계속해서 학습하고 있다. 시냅스의 신호 전달은 활발해지고, 당신은 갈수록 수집한 데이터를 서로 연결하는 데 익숙해진다. 물론 당신은 정보를 제공한 측에 대한 신의를 저버리지 않고 비밀유지계약서를 통해 약속한 내용을 지킨다. 당신은 준비하던 투자가 실패하면 상대방의 요청에 따라 파일과 재무 모델을 삭제한다. 경쟁사로부터 입수한 데이터를 매우 신중하게 다루고, 법규 준수와 규제 문제를 처리하는 강력한 내부 통제 조직을 운영한다. 하지만 정보를 담은 파일은 삭제할 수 있어도 이미 알게 된 내용을 모르게 만들 수는 없다. 투자 전문가들의 머릿속에 들어간 내용을 지우는 것은 불가능하다. 데이터 분석에 도가 트인 이들의 머리는 하드 드라이브와 같다. 투자 건을 검토하고 실행하면서 당신은 값진 투자 경험을 축적한다. 아울러 해당 분야에 대한 전문지식과 경영진의 인맥을 넓힌다. 거시경제에 대한 안목도 현저히 높아진다. 기업을 분석하다가 경제 상황에 대한 식견이 넓어진 것이다. 당신은 경쟁 우위를 갖게 되었다.

우위가 생겼다고 해서 멈추지 않는다. 당신은 수집한 정보를 더 효과적으로 이용하기 위해 데이터 과학과 기계학습에 투자한다. 이렇게 생긴 힘과 지금까지 쌓은 투자 실적, 그리고 투자를 위해 쓸 수 있는 엄청난 현금에 힘입어 당신은 경쟁사보다 훨씬 앞서 달리기 시작한다. 선순환이 이루어지는 것이다. 가끔 투자가 실패하기도 하고 실패한 투자를 회생시키지 못하는 불상사가 일어나기도 한다.

오늘날 대형 사모펀드 회사의 현실은 위에서 묘사한 이야기와 크게 차이가 나지 않는다. 각 회사의 투자 전문가들은 현재 진행 중인 투자의 상세 정보나 이미 매각한 회사의 상세 정보, 투자를 검토하였지만 실행하지 않은 프로젝트의 상세 정보뿐만 아니라 각각의 투자 건에 관여한 경영자들에 관한 상세 정보까지 접근할 수 있다. 이런 자료에 접근할 수 있는 사람의 수는 운용되는 펀드의 규모에 비해 매우 적다. 그리고 이들은 프로젝트가 개발될 때마다 새로운 무언가를 배우고 있다.

여기서 우리가 말하는 것은 단순한 데이터가 아니라 정보다. 각 포트폴리오 기업에서 경영진과 사모펀드 전문가들은 투자 기업과 그 기업을 둘러싼 생태계(공급업체, 고객, 경쟁사, 규제기관 등)를 라이브 웹캠처럼 비춰주는 핵심 성과지표와 정보를 수집한다. 이 정보는 해당 투자 건을 보여주는 대시보드로 옮겨진다. 각 대시보드의 정보를 전부 더하면 사모펀드 회사는 바람이 어느 쪽으로 불고 있는지, 심지어 어느 쪽으로 불지도 예측할 수 있다. 여기에는 투자 기업뿐만 아니라 경쟁사, 그리고 그 기업이 속한 산업계의 동향까지 포함된다. 실시간으로 업데이트되는 이미지를 통해 경제의 상당 부분을 보여주는 대형 스크린 앞에 앉아 있는 것과 비슷하다.

소비자 심리는 어떠한가? 이 분야 혹은 틈새시장의 투자 환경은 어떠한가? 경영진이 가장 두려워하는 리스크 요인은 무엇인가? 회사는 각 포트폴리오 기업의 현 경영자와 이전 경영자에게 이런 거시적 문제에 관한 설문조사를 한다. 이들의 답은 앞으로 가야 할 길을 밝히는 데 도움을 준다. 내가 사모펀드 회사의 '도서관'으로 명명한 이런 유형의 데이터 지능data intelligence은 놀라울 정도로 강력한 무기다. 데이터 지능은 자동화 시스템으로 발전하기 시작했다. 이 시스템은 분기별로 수요와 공급의 예상 물량을 알려주기도 하고, 포트폴리오 기업의 경영 성과를 주기적으로 업데이트하기도 하고, 해당 분야의 주요 트렌드를 알려주기도 한다. 사모펀드 회사가 클수록 포트폴리오 기업이 많고, 따라서 데이터는 더 방대하고 통찰력은 더 깊어진다. 더 나은 투자를 할 수 있는 우위가 강화되는 것이다.

사모펀드 투자가들은 신중하고 균형 잡힌 시각으로 투자 아이디어에 베팅해야 하므로 투자 업무를 뒷받침하는 분석은 정밀해야 한다. 무엇을 물어봐야 할지 아는 것은 중요하다. 리스크 대비 수익 분석의 기반이 되는 재무 모델은 투자팀원과 변호사, 회계사 등 외부 전문가가 기업 실사를 해서 얻은 정보를 이용해 만들어진다. 일반적으로 매물이 하나 나오면 복수의 경쟁자가 달라붙는다. 이때 각 입찰자의 작업을 차별화하는 주요 요소가 바로 표적 기업과 경쟁사를 비롯해 해당 분야에 관해 가지고 있는 정보의 질이다. 입찰자가 실제 상황에 가장 근접한 수치를 도출할수록 낙찰에 성공할 가능성은 커진다. 표적 기업의 내막을 속속들이 알려면 그 기업과 지나칠 정도로 가까워져야 한다. 계약서에 서명하기도 전에 표적 기업의 내부자가 된 것처럼 아는 것이 많을 만큼 가까워져야 한다. 단, 당신은 이해관계자다. 조심하지 않으면 이해의 충돌이 생길 수도 있으니 잘 관리해야 한다.

달리 표현하자면, 입찰자를 차별화하는 것은 표적 기업에 관한 정보다. 이 정보가 입찰자가 확신하는 사업 계획, 즉 입찰자가 표적 기업의 경영을 맡기기 위해 선임하는 경영진이 실천하면 성과를 낼 것으로 믿는 사업 계획의 기반이기 때문이다. 따라서 최고의 장서를 갖춘 '도서관'이 있는 사모펀드 회사가 낙찰 가능성이 가장 클 것이다. 이런 회사는 오랫동안 표적 기업을 주시하면서 여러 포트폴리오 기업과 투자 활동을 통해 데이터를 모아온 회사다. 항상 '녹화' 준비가 된 카메라를 들고 있는 회사다. 사모펀드의 거의 모든 것이 그렇듯이, 정보를 입수하고 처리하는 이 과정도 시스템을 살아 움직이게 하는 사람에게서 시작되고 사람을 중심으로 돌아간다. 데이터를 정교화하고 데이터에서 얻은 정보가 투자 업무에 도움이 될지 말지 판단하는 것은 사람이다.

"낯익은 얼굴들을 다시 뵙게 되어 반갑습니다. 처음 보는 분들도 모두 환영합니다."

설립자는 **회사**의 연례 투자자 회의에 참석해 개회사 인사말을 했다. 2021년이었다. 맨해튼 5번가에 있는 5성급 호텔 포시즌스의 대회의실은 만원이었다. 2박 3일의 행사 기간 동안 호텔의 전 객실은 매진되었다. 이 회의에는 **회사**의 파트너와 투자 전문가뿐만 아니라 **회사**의 돈이 투자된 포트폴리오 기업의 CEO와 회장도 참석했다. 포트폴리오 기업은 대부분 사모펀드 그룹이 투자한 기업이었지만 개중에는 신용펀드, 인프라펀드, 부동산펀드 그룹이 투자한 기업도 있었다. 대부분의 참석자는 오로지 이 행사에 참석하기 위해 전 세계에서 날아온 사람들이었다. **회사**의 40

년 역사상 처음으로 기업 경영자가 투자가보다 다섯 배 이상 많았다. **회사**의 손길이 뻗친 범위와 **회사**의 끊임없는 성장을 보여주는 비율이었다. 펀드 규모도 커졌고, 투자 건수와 포트폴리오 기업, 전문가, 정보도 모두 늘었다.

이들은 앞으로 50시간에 걸쳐 진행될 회의와 식사를 겸한 비즈니스 미팅 시간을 이용해 거시적 투자 환경을 검토하고, 경쟁사와 비교한 **회사**의 강점에 대해 평가하고, 대형 포트폴리오 기업의 성과를 비롯한 펀드의 투자 성과를 분석할 예정이다. 각 그룹의 책임자가 발표를 하고 질문을 받는 동안 마케팅팀은 웹사이트와 소셜 미디어에 올릴 짧은 동영상을 찍었다. 고위 은행가도 눈에 띄었다. 이들은 시장이 불안정할 때 필요한 부채를 확실하게 주선해주는 등 투자가들을 잘 도와준 보답으로 초청되었다. 우호적인 기자도 몇 명 참석했다. 하지만 전반적으로 초청받은 사람만 모이는 비공개 포럼이었다. 보안은 삼엄했다. 호텔 이곳저곳에 검은 양복을 입은 근엄한 표정의 보안요원이 리시버를 귀에 꽂은 채 서 있었다.

연례 투자자 회의를 준비하고 실행하는 데는 수백만 달러가 들었다. 해외 사무소의 투자 전문가들은 **회사**의 고위급 인사를 일대일로 만날 수 있다는 생각에 들떠 있었다. 이들에게 들어가는 돈은 여러 기업의 고위 경영자들을 한자리에 모으는 데 소요되는 비용에 비하면 미미한 금액이었다. 고위 경영자들은 민간 항공사의 일등석이나 자가용 제트기에 5성급 호텔이 일반적이었다. **회사**가 비용의 일부를 부담했는데, 일부는 결국 투자자들에게 청구될 터였다. 비용이 얼마가 들건, 소그룹으로 나눠 진행하는 브레인스토밍 시간에 도출되는 아이디어나 참석자들 사이에 형성되는 인맥은 새로운 투자 건을 발굴한다든가 기존 포트폴리오 기업을 경영하는 데 매우 유용했다.

모든 경영자가 그전부터 알고 지내던 사이는 아니었다. 새로 편입된 포트폴리오 기업도 있었고, 엑시트가 가까워져 오는 포트폴리오 기업도 있었다. 투자자들은 각 분야에서 최고의 자리에 앉아 있는 사람들과 어울려 숫자 뒤에서 실제로 어떤 일이 일어나고 있는지 들으며 기뻐했다. 이들은 이야기를 들으며 그 이야기가 **회사**의 펀드에 투자한 돈이나 다른 사모펀드 회사에 투자한 돈에 미칠 영향을 생각했다. 며칠 동안 이들은 그 어느 때보다도 투자가 이루어지는 현장 가까이 있게 될 터였다.

이런 점에서 연례 투자자 회의는 거대한 네트워킹 형성 장소일 뿐만 아니라 새로운 펀드를 모집하는 마케팅 공간이다. 설립자, 전 세계의 대형 연금펀드 대표자와 기타 주요 투자자, 세계적인 경영자 등이 어울려 특별한 케미스트리를 만들어낸다. 이들은 모두 **회사**와 제휴한 사람들이고, 어떤 면에서는 내부자들이며, **회사**의 투자 성과에 의존하거나 기여하는 사람들이다. 모임에서 눈에 띄는 것은 참석자들의 열의뿐만 아니라 이들이 서로 교환하는 정보의 힘과 이들이 통제하는 데이터망이었다. **회사**는 이 인맥이 가진 정보망을 이용해 어떤 분야, 어떤 기업, 어떤 경쟁사, 어떤 거래 상대방에 관한 것이든 투자(기존의 투자든, 계획하고 있는 투자든)와 관련한 정보를 얻을 수 있었다.

설립자는 중간중간 재무부가 발표한 인플레이션, 실업률, 성장률 등의 속보치에 관한 자신의 견해를 뒷받침하는 데이터를 보여주며 이야기를 풀어나갔다. 그는 지정학적 이슈를 배경으로 각 수치를 설명했고, 그런 경제적 결과에 대한 자신의 의견을 밝혔다. 지금은 추이를 살피며 관망할 때가 아니라는 것이 그의 생각이었다. 그의 의견은 명확했고, 숙고한 흔적이 보였으며, 결단을 재촉하는 미묘한 느낌을 풍겼다. 설립자의 말이 끝난 뒤에도 프레젠테이션은 계속 이어졌다. 이런 발표는 모두 몇 주 내에 다른 곳에서 이어질 투자자와의 후속 회의를 위한 사전 작업이었다.

금년에 유달리 흥미를 끌었던 세션은 투자팀 한 곳이 준비한 프레젠테이션이었다. 이 투자팀은 대학생들이 쓰는 교과서와 연구 논문을 내는 출판사에서 분사되어 나오는 과학 서적 출판 부문을 인수하는 20억 달러짜리 프로젝트를 담당하고 있었다. 표적 기업은 핵물리학에서 기후변화, 팬데믹 연구에 이르기까지 다양한 분야의 학술지와 과학 교육과정의 교과서, 참고용 학습 서적, 연습 시험 문제집 등을 출판했다. 표적 시장은 북미와 유럽이었다. 표적 기업을 100% 소유하고 있는 모기업은 성장하고 있는 아시아 시장으로 확장할 자금이 필요했다. 과학 서적 출판 부문은 현금 창출 능력이 뛰어났지만, 성장이 더뎠을 뿐만 아니라 추가 성장 가능성도 밝지 않았다. 모기업은 시장에 상장되어 있었다. 월스트리트 은행가들은 과학 서적 출판이 수익을 많이 내기는 하지만 모기업의 가치 평가 지표의 개선을 방해하고 있다고 주장해왔다. 이들은 과학 서적 출판 부문을 매각한다면 모기업은 신흥국 시장 고등교육 산업에 자리잡아 훨씬 높은 기업 가치를 인정받을 것이라고 했다.

문제는 정보 공개였다. 기업 정보 공개 지침에 의하면 모기업은 과학 서적 출판 부문의 수익성이나 비용 구조를 밝힐 필요가 없었다. 월스트리트 은행가들은 과학 서적 출판 부문의 단위 수입당 이익률을 정확하게 추정하지 못했다. 하지만 학술 서적이나 대학 교재의 믿을 만한 현금흐름 추정치를 정확하게 알아내는 일은 너무나 어려웠다. 데이터가 없으면 과학 서적 출판 부문에 가격을 매기기란 사실상 불가능했다. 다행히도 **회사**의 사모펀드 사람들은 이전과 현재의 포트폴리오 기업에서 상황을 타개하고 프로젝트를 가동할 수 있게 해줄 고위 경영자들을 모을 수 있었다.

3년 전 **회사**의 사모펀드는 법과 금융을 가르치는 대학의 영리 그룹을 인수했다. 이 그룹은 온라인 교육기관으로의 변신에 성공해 종이와 출판 비용을 엄청나게 절감했고, 전문 자격을 얻으려는 학생들에게 선택의 폭을 넓혀주었다. 이 그룹은 2년 안에 인수가격의 두 배 이상의 이익을 남기고 매각될 예정이었다. 6년 전 **회사**의 신용펀드는 의학 교과서와 의학 학술지 전문 출판사의 부채에 투자하여 큰 이익을 남기고 엑시트하며 또 한 번의 성공을 거둔 적이 있었다. 투자가 이루어질 당시 이 출판사는 회계 스캔들로 일시적인 어려움을 겪고 있었다. 설립자는 개인 자격으로 세계인의 필독서로 알려진 비즈니스 및 경제 잡지사를 소유하고 있었다. **회사**의 연례 투자자 회의에 참석한 온라인 교육기관, 의학 전문 출판사, 전문 잡지사에서 온 경영자 일곱 명이 별도로 마련된 소회의실에 모여 과학 서적 출판 부문의 가치평가를 돕기 위한 모임을 결성했다.

경영자들은 **회사**의 투자팀원과 함께 투자 워킹 그룹을 만들었다. 투자팀은 인수 대상 기업의 프레젠테이션 자료를 통해 모기업의 상황을 설명하고, 각종 수치와 의문 사항, 해결해야 할 문제점 등을 짚었다. 투자팀은 과학 서적 출판 부문에 소속된 사업부서의 매출액과 이 부문이 모기업의 누적 현금흐름에 얼마나 기여하는지를 보여주는 전체적인 영업이익은 알고 있었다. 하지만 이 부문만의 단독 손익계산서와 현금흐름표,

대차대조표의 각 항목과 상세한 운전 자본 내역을 추정해야 했다. 그래야 차입 매수를 위해 일으키려고 하는 높은 이자율의 인수 부채를 갚을 만큼 현금 창출 능력이 있는지 추정할 수 있었다. 투자팀은 이익을 확보하려면 가격 전략을 어느 정도까지 밀어붙일 수 있을지, 또 어디에서 비용을 절감할 수 있을지 추정해야 했다.

회의실에 모인 경영자 일곱 명의 출판업계 경력을 다 합하면 200년이 넘었다. 물론 **회사**도 이들이 재직했거나 재직하고 있는 포트폴리오 기업의 데이터가 있었다. 이들은 이 데이터를 정보로 바꿔주었다. 이들은 **회사**의 당면 과제를 해결하기 위해 궤도를 그리며 **회사**의 주위를 도는 별로서 그 자리에 있었다. 이들에게는 주인의식이 있었다. 이들은 투자가의 마음가짐으로 자신의 가치를 보여줄 기회를 즐겼다. 이들은 애매한 의견을 제시하는 식의 어정쩡한 태도를 보이지 않았다. 적극적으로 덤벼들었다. 이들은 경험에서 우러나는 첫 느낌으로 상황을 파악하고, 과학 서적 출판업계의 아는 사람들에게 전화를 몇 통 걸어본 뒤 알고 있는 사실과 규명이 필요한 모르는 내용을 구분해 정리한 예비 검토안을 전달했다. 검토안은 잘못될 수 있는 것이 무엇인지, 이익률을 높일 수 있는 것이 무엇인지, 디지털 전환을 통해 이익을 볼 수 있는 가장 좋은 방안은 무엇인지, 팬데믹 기간에 최고 실적을 낸 분야는 어디인지에 초점을 맞춰 작성되었다. 투자팀은 이들의 협조를 받아 업무 계획을 수립했다. 업무 계획에는 다음 단계에서 이들이 할 역할과 회계사, 세무사, 컨설턴트 등에게 의뢰할 기업실사 보고서의 대략적인 틀이 들어 있었다. 이 경영자들은 살 수도 없고 고용할 수도 없는, 그러면서도 아무 때나 쉽게 이용할 수 있는 정보의 보고였다.

이들은 **회사**의 인간 도서관 역할을 톡톡히 했다. 다른 경쟁사는 모방할 수 없는 일이었다. 이들은 인맥을 활용하거나 예전에 재직했거나 재직하고 있는 기업에서 가용 데이터를 샅샅이 끌어와 향후 몇 년간의 예상 수익과 예상 현금흐름을 포함한 표적 기업의 현실성 있는 재무 성과 예측치를 도출하는 데 도움을 줬다. 그로 인해 사모펀드가 과학 서적 출판 부문을 인수했을 경우의 현실적인 재무 상태를 예측할 수 있었다. 비록 근사치였지만 모기업으로부터 아무런 정보도 받지 않은 상태에서의 예측이었다. 이렇게 되면 투자팀은 선제적으로 대책을 강구할 수 있다. 이 정도 규모의 입찰이라면 경쟁사가 있기 마련이다. 하지만 이런 식으로 접근한다면 **회사**는 압도적 우위를 차지할 수 있다. 또한 표적 기업이 모기업이 요구하는 최저 입찰가격의 가치가 있는지를 가장 먼저 판단할 수 있을 터였다. 최종 투찰가 산정을 뒷받침할 핵심 정보(사업 계획, 인수 부채 조달, 표적 기업의 경영진 구성, 경영진과 이사진에 신규 인력 영입 필요성 등)에 관한 작업을 다시 할 시간적 여유도 있었다. 만약 **회사**가 입찰에 참여하지 않는다면 시장은 뭔가 큰 문제가 있다는 신호로 받아들일 것이었다.

전문가들로 진용을 꾸리니 신뢰성도 높아졌다. 사모펀드에 기업을 매각하는 것은 교육 분야처럼 사회적으로 민감한 영역에서는 최악의 선택이 될 수도 있는 일이었다. 일반적으로 금융업자에게 과학적 안목이 있다고 생각하지는 않는다. 그러나 사모펀드 사람들이 표적 기업의 업계에서 가장 뛰어나고 유명한 사람들과 일한다는 사실이 알려지면 논란도 수그러들 것이다. 기업을 분리 매각하려는 매도인은 매수인을 돕는 사람들의 면면을 보고 안심할 수 있을 터였다.

이런 후광 효과는 매도인을 넘어 노동조합, 대학이나 정부 부처 같은 이해관계자, 학생들에게까지 미친다. 사모펀드가 기업을 인수한 뒤 교과서나 연구 논문의 가격이 오르면 이 민감한 생태계는 당연히 가격 인상 요인이 무엇인지 궁금해할 것이다. 이윤 추구 때문일까, 아니면 제품 개발 투자 때문일까? 집필자의 인건비 인상 때문일까, 아니면 사모펀드의 수익에 의존하는 연금펀드에 이익배당을 많이 해서일까? 아니면 이 모든 것이 조금씩 영향을 미쳤을까? 업계의 존경을 받는 사람들이 자신의 시간과 전문성과 이름을 빌려주면 사모펀드 회사는 의혹의 눈초리에 대처할 준비를 잘 할 수 있을 것이다.

인맥 외에도 자신의 견해를 뒷받침할 풍부한 데이터 도서관도 있었다. 경영자 중 몇몇은 여러 건의 차입 매수와 분리 매각에 관여한 적이 있었다. 이들은 신규 투자의 성패를 좌우할 원칙과 핵심 정보를 잘 알고 있었다. 참석자들은 모두 지금까지 교육이나 출판 부문에서 이루어진 여러 건의 투자 프로젝트를 통해 수십 곳의 가상 자료실이나 실제 자료실을 거쳐온 사람들이었다. 지금 이들이 하는 일은 기업실사를 거쳐 드러날 재무 상태 예측치를 도출한다는 측면에서 **회사**가 할 투자의 틀을 짜는 것이었다.

콘퍼런스가 끝나고 4주가 지났다. 워킹 그룹이 제공한 정보 우위 덕에 **회사**는 계약을 체결할 배타적 기간exclusivity period(매도인이 LOIletter of intent를 체결한 원매자 외의 다른 원매자와 기업 매각과 관련한 일체의 활동을 할 수 없는 기간을 말한다. 통상 30~60일이다−옮긴이)을 갖게 되었다. 매도인은 **회사** 조력자들의 면면에 깊은 인상을 받았으며, 투자팀의 정확도와 속도에 놀랐다. 이들은 마치 오랫동안 표적 자산을 지켜보고 있던 사람들 같았다. 투자팀 파트너가 제출한 예비 IOIindication of interest에 기재되어 있는 과학 서적 출판 부문의 예상 재무 성과는 현실적으로 실현할 수 있는 범위였으며, 제안한 인수가는 새로운 소유주 밑에서 가치를 창출할 여지가 있는 금액이었다. 다른 경쟁자도 있었지만 스위트 스폿 가까이 온 사람은 아무도 없었다. 매도인이 원하는 사람은 사회적으로 민감한 영역에 속하는 중요 자산의 새로운 관리인으로서 신뢰성이 있어야 했고 동시에 매력적인 가격을 제시해야 했다. **회사**는 독보적인 실력을 인정받아 낙찰자가 되었다.

과학 서적 출판 부문은 독립 법인이 아니었다. 그래서 양 당사자는 안전하고 포괄적으로 기능을 분리해 내실 있는 독립 법인으로 바꾸기 위해 계약을 마무리할 때까지 충분한 시간을 갖기로 했다. 계약이 발표되고 폭발적인 언론의 주목이 사그라들자 거래의 진행이 지루한 소강상태에 들어간 것 같았다. 하지만 사람과 숫자로 이루어진 도서관이 가장 열심히 일할 때가 바로 이 시기다. 이 기간에 도서관은 투자팀에 추가 우위를 제공함으로써 **회사**와 투자자가 최대한 많은 돈을 벌 수 있도록 지원한다.

계약서 서명부터 마무리까지의 협상 기간이 사모펀드가 일방적으로 유리한 조건을 밀어붙이기에 딱 좋은 시간이라는 점을 매도인은 알지 못했다. 계약서 서명이 끝나자 매도인 측 고위 경영자는 뒤로 물러났다. 그리고 표적 자산을 모기업에서 분리하는 정확한 거래 범위를 확정하고, 독립 법인으로 바꾸는 데 필요한 기간을 합의하고, 과학 서적 출판 부문이 의존하고 있는 서비스 비용을 산출하는 등 후속 작업은 거래 담당 부서장에게 맡겼다. IT 시스템, 회계와 세무, 고객 데이터, 공급업체 정보, 자본적 지출, 규제기관 대응 업무 등을 생각해보라. 이 모두가 독립 법인을 운영하려면 필수적인 기능이다. **회사**의 워킹 그룹은 이런 기능을 적극적으로 공략했다. 이들은 계약 마무리 시점에 운전 자본과 현금을 얼마나 할당해줄 것인가를 비롯해 표적 자산의 모든 면을 꼼꼼하게 분석했다. 법인으로의 이행 방식과 분리 계약의 세부 사항도 모두 협상했다. 워킹 그룹은 여기서 진짜 거래 가격이 정해진다는 사실을 알고 있었다. 매도인에게 유리한 명목 가격과 실제 지불하는 가격 사이의 괴리를 크게 만들 수 있는 곳이다. 이 거래에서는 가격을 10% 할인하는 것으로 마무리되었다. 당초 합리적이라고 판단했던 가격을 **회사**가 싸게 샀다고 판단하는 선까지 낮춘 것이다.

도서관은 눈에 띄지 않는 사모펀드의 제2의 피부 역할을 했다. 도서관은 **회사**에 경쟁사를 물리칠 수 있는 정보와 매도인을 앞설 수 있는 지력을 제공했다. 도서관, 투자팀, 경영자들은 힘을 모아 과학 서적 출판 부문에서 가치를 뽑아내고, 가격 인상이 가능한 곳에서 가격을 인상하고, 이익률을 높이고, 상품의 종류를 늘리고, 비용을 절감하고, 수익률 높은 투자가 되도록 만들어 사모펀드가 홈런을 칠 수 있게 했다. 도서관은 없어서는 안 될 필수적 존재였다.

이것이 유일한 사례가 아니다. 사모펀드 회사가 성장함에 따라 경제의 거의 모든 분야에서 이루어지는 차입 매수, 분리 매수, 부채 투자 등을 통해 들어오는 데이터로 도서관이 보유한 정보도 넓어지고 깊어진다. 갈수록 사모펀드가 커지면서 투자 전문가들이 수집하는 정보가 자사에 유리한 방향으로 상황을 조성하는 데 큰 역할을 한다는 뜻이다.

이 장에서 우리는 사모펀드 모델이 거시적 차원에서 어떻게 작동하는지 살펴봤다. 이 모델은 정보에서 계약을 거쳐 더 큰 펀드, 더 많은 투자, 다시 정보로 이어지는 선순환을 이룬다. 도서관은 이런 선순환을 이루는 중요한 구성 요소다. 다른 산업에서도 전문가들이 참여해 특정 프로젝트를 지원하는 경우가 많다. 하지만 사모펀드는 그 활동의 규모와 성격에서 차이가 난다. 이례적일 정도로 많은 정보로 무장한 채 몇 개월 만에 수십억 달러짜리 투자 건을 분석하고 계약한다. 이것은 사모펀드 투자자들에게는 좋은 일이다. 이런 식으로 생각해볼 수도 있다. 돈을 벌기 위해서는 어떤 식으로든 투자에서 엑시트(매도)해야만 한다. 이런 예정된 결말이 있기에 투자가 이루어질 때 필요한 정보의 양과 질에 큰 압력으로 작용한다. 모든 투자는 이전의 거래에서 학습한 것을 기반으로 이루어진다. 그들은 오랫동안 이 일을 했고 앞으로도 할 것이다. 따라서 도서관은 계속 장서가 늘어난다.

다음 장에서는 사모펀드 투자위원회로 돌아간다. 투자위원들이 복잡한 투자 건을 두고 사모펀드에 유리하게 판을 짜 성공에 유리한 여건을 만들기 위해 벌이는 논의를 살펴볼 것이다. 물론 이들은 도서관의 도움도 받을 것이다. 우리는 게임의 정상에 있는 사모펀드 대가들이 승리의 가능성을 끌어올리도록 체계적으로 구성된 투자 프로세스에 참여하는 모습을 보게 될 것이다.

처음부터 유리한
판을 짜라

12

PRIVATE
EQUITY
FUND

"나는 정정당당한 싸움에는 관심이 없소."

투자위원회가 시작되자 설립자는 이런 말로 회의 분위기를 다잡았다. 그의 말은 평이하고 직설적이었지만 모르는 사람 귀에는 뭔가 숨겨진 뜻이 있는 것처럼 들렸을 것이다. 그의 말은 남을 속이라는 뜻이 아니었다. **회사**의 투자 프로세스, 다시 말해 **회사**가 투자 대상 자산을 분석하는 방법에 대한 것이었다. 즉, 투자위원회에서 승인하는 투자 건은 **회사**가 이길 가능성이 커야 한다는 뜻이었다. 투자 아이디어가 투자위원회에 상정될 때쯤이면 이미 충분한 검토를 마쳤어야 했고, 그래서 승인을 받으면 그 계획대로 이루어질 가능성이 매우 커야 한다는 뜻이었다. 투자팀은 모든 중대한 리스크 요인과 기회를 냉정하고 두려움 없이 샅샅이 훑어봐야 했다. 구멍이 있으면 안 되었다. 만약 프로젝트의 초기 구조에 뭔가 빠졌다면 투자팀은 그것을 보완하기 위해 거래 내용을 변경하려고 노력해야 했다. 설립자는 투자위원회에 올라올 때쯤이면 이미 판이 **회사**에 유리하게 짜여 있어야 한다고 생각했다. 도서관도 충분히 활용해야 했다. 그는 운에 맡긴 공개 입찰을 견디지 못했다.

투자 전문가들이 각자 맡은 일을 제대로 한다면 투자위원회에 상정되고도 실현되지 못하는 투자 건수는 줄어들 것이다. 준비가 잘 되었을 것이기 때문이다. 그러면 입찰에서 떨어지는 건수와 실패한 투자에 들어가는 비용이 최소화될 것이다. 따라서 **회사**는 돈을 벌 수 있는 투자에 집중할 수 있다.

물론 설립자의 요구는 맞는 말이다. 투자팀은 투자안을 검토해 계약을 성사시키고 프로젝트를 잘 수행하라고 보수를 받는 것이다. **회사**는 지난 40년간 100건의 투자를 해 90건에서 좋은 성과를 냈다. 90건 중 일부는 이미 수익을 올리고 엑시트했고, 일부는 몇 년 안에 수지맞는 엑시트를 할 준비가 되어 있었다. 나머지 10건은 판단을 잘못해 투자자에게 수익을 한 푼도 돌려주지 못했거나 앞날이 힘들어 보이기는 하지만 결과를 예단하기에는 이른 투자였다.

적어도 90%는 되는 이 승률은 대략 스위트 스폿 안에 드는 승률이었다. 투자한 시기에 따라 승률이 더 높은 해도 있었다. 2+20이라는, 사모펀드가 떼어가는 높은 보수를 생각하면 90%의 승률은 그에 어울리는 적절한 수준으로 볼 수 있다. 당신이 올릴 수 있는 최고의 승률이 50%라면 이 업계의 엘리트 반열에는 들 수 없을 것이다. 당신이 제안한 투자가 성사되지 못했다면 그것은 매도인이 발을 뺐거나(이 경우에는 기회가 다시 올 수도 있다) 아니면 다른 입찰자가 당신의 분석으로는 나올 수 없는 가격을 제시했기 때문이어야 했다. 이런 예외적인 경우를 제외하면 당신의 제안에는 이길 만한 모든 매력적인 속성(가치평가, 속도, 경험, 네트워크 면에서)이 들어있어야 했다.

이런 결과를 내게 하는 **회사**의 투자 프로세스는 잔인할 정도로 거칠었다. 투자 전문가들은 투자 건마다 리스크와 수익의 예상치를 도출했다. 모든 프로젝트의 핵심 내용은 정제되어 단위 리스크당 수익률을 최대화하기 위해 해야 할 일로 압축되었다. 이 말은 곤란한 질문을 던져야 하고, 프로젝트를 조각조각 분해해야 한다는 뜻이었다. 이들이 아이디어를 해체해 일련의 중요한 추정으로 바꾸는 포렌식 조사관으로 활동해야 한다는 뜻이었다. 이 추정은 데이터로 뒷받침되어야 하고, 조치 항목을 이행할 실행 계획이 있어야 했다. 투자팀은 투자 논거의 약점을 밝히며 기업실사를 통해 확인해야 할 것이 무엇이고, 계약 조건 협상에서 다

세상을 움직이는 사모펀드 이야기

루어야 할 것이 무엇인지 정했다. 약점 중에는 기업의 지배권*을 강화하면 치유될 것도 있을 것이고, 투자 구조를 일부 바꾸어야 치유될 것도 있을 것이었다. 투자 구조를 바꾼다는 말은, 예컨대 인수할 자산이나 담보물로 제공할 자산의 범위를 바꾸는 것이다.

오늘 투자위원회는 대조되는 두 건의 투자안을 검토할 예정이다. 두 안건은 분야도 달랐고, 지역도 달랐고, 리스크 대비 수익도 달랐다. 하지만 **회사**가 접근하는 방식은 비슷했다. 위원회는 가장 본질적인 정수가 나올 때까지 각 투자안의 껍질을 하나하나 벗기면서 세 시간에 걸쳐 혹독한 질문을 했다. 역동적인 논의였다. 이제 수십억 달러를 움직이는 현장을 보기 위해 회의실로 들어가 보자.

"그를 구하려는 것이 아닙니다. 우리가 주도권을 잡으려는 것입니다."

루빅Rubik 프로젝트로 알려진, 난맥상을 보이는 복잡한 프로젝트를 담당하는 투자팀 파트너는 투자위원회의 논의가 시작되자 먼저 부정적인 견해가 있을 수 있음을 인정했다. 그는 내부적으로나 시장에서나 이 투자안이 어떻게 보여야 할지에 대한 자신의 생각을 분명하게 밝히려고 애썼다. 까다로운 상황이었다. 매도인은 논란이 많고 무너져가는 제국이었다. 이 제국은 스캔들에 시달리는 아시아의 기업가 집안이 소유하고

◆　지배권Governance rights 투자가 이루어진 기업에 대해 사모펀드가 가지는 권리를 말한다. 이 권리는 기업의 의사 결정 방법에서부터 사모펀드가 접근할 수 있는 정보의 유형에 이르기까지 몇 가지 부류로 나뉜다. 예컨대 사모펀드가 차입 매수한 기업의 경우 펀드는 이사장을 포함한 이사진 전부 또는 일부를 선임할 권리를 갖는다. CEO 선임 권리를 가질 수도 있다. 또, 투자 성과와 투자 기업의 가치를 평가하기 위해 기업으로부터 재무 정보와 경영 정보를 입수할 권리도 갖는다. 일반적으로 투자자가 갖는 지배권의 정도는 투자의 규모 및 중요성에 비례한다.

있었다. 하지만 거래 자체는 단순히 건실하고 탐나는 자산을 매수하는 것이었다. 이 일에 성공하면 **회사**는 난맥상을 정리할 능력이 있는 세계에서 몇 안 되는 매수인으로 우뚝 설 가능성이 있었다.

매도인은 아시아에 본사를 둔 비공개 대기업 랩터 인더스트리Raptor Industries Limited였다. 랩터는 최근까지 이동통신, 석유 채굴 및 정제, 기업 뱅킹 사업을 하는 다국적기업이었다. 세 부문 중 두 부문은 이제 사라지고 없었다. 이동통신 부문은 상당한 이익을 남기고 미국의 경쟁사에 매각되었고, 금융 서비스 부문은 세금 및 회계 스캔들로 규제기관의 조사를 받는 중이라 영업이 잠정 중단된 상태였다. 창업자 가문은 이동통신 부문을 매각하고 받은 40억 달러를 인프라에서 민간 항공사에 이르기까지 다양한 분야에 투자했다가 실패를 거듭했다. 이런 실수와 그에 수반된 채무가 그룹에 어두운 그림자를 드리우기 시작했다. 이 그룹은 이자 비용이나 직원 급여, 협력업체 미지급금 등에 사용할 현금이 고갈되었다. 한때 막강했던 랩터 인더스트리에는 이제 아직 수익성이 있는 에너지 부문과 투자에 실패한 일련의 자산밖에 남지 않았다. 불운과 판단력 부족이 결합해 빚어낸 상황이었다. 사모펀드의 눈길을 끌기에 딱 맞는 조건이었다.

회사가 어려움에 처하면서 창업자 가문의 순자산은 전성기 시절의 5분의 1로 줄어들었다. 그룹은 빌릴 수 있는 돈은 모두 빌려 현금을 확보했고, 대부분의 자산을 담보로 설정했다. 일반인이 대출을 받을 때 흔히 그러하듯 개인 보증까지 섰다. 대출 은행 대주단은 그룹의 부채를 줄이기 위해 가문의 트로피 자산 매각까지 요구했다. 어퍼이스트사이드에 있는 5층짜리 타운하우스, 자가용 제트기, 프랑스 남부 해안에 계류되어 있던 100피트급 요트가 매각되었다. 하지만 이런 조치에도 불구하고 대부분의 부채가 남아 있었다. 대출 은행 대주단은 월스트리트의 컨설팅 회사를 고용해 담보로 잡은 흔들리는 제국의 에너지 부문을 처리할 방안을 모색해달라고 요청했다. 에너지 부문의 주요 자산은 심해 유전, 석유 저장 탱크와 파이프라인, 무연 가솔린과 바이오에탄올 생산에 특화된 정유 시설이었다. 분명히 조만간 만기가 돌아올 부채를 상환하기에 충분한 현금을 짜낼 수 있을 터였다.

랩터의 에너지 자산은 대형 구매자가 아니면 매수할 수 없을 정도로 규모가 컸지만, 한편 탈탄소로 향하는 세상에서 살아남기에는 규모가 너무 작았다. 석유 메이저들은 반독점 기관의 주목을 받을 수도 있는 위험한 매수를 하기보다는 이 에너지 부문이 창업자 가문의 손에서 죽는 것이 낫다고 생각했다. 이들은 월스트리트 은행 대주단의 요청에 별다른 관심을 보이지 않으면서 만약 다른 입찰자가 인수에 실패하면 그때 가서 요구 조건을 제시하겠다고 했다.

아이러니한 것은 이 가문의 모든 사업 중 에너지 부문이 가장 건실하고 잘 돌아간다는 점이었다. 에너지 부문은 가문이 20년 동안 재계에서 누려온 명성의 원천이었다. 따라서 치열한 싸움을 해보지도 않고 포기할 생각은 없었다. 이들은 처음에 에너지 부문을 사모펀드에 매각하자는 대출 은행 대주단의 말을 듣고 주저했다. 그러다 대출 은행 대주단이 고용한 월스트리트 컨설팅 회사가 이미 대형 사모펀드 회사를 불러 차입 매수 방안을 검토하고 있다는 사실을 알고는 화를 냈다.

하지만 관련 당사자가 모두 머뭇거리며 일이 교착상태에 빠지자 가문의 연장자 한 사람이 **회사**의 투자팀 파트너에게 연락을 취해 왔다. 맨해튼에 있는 가문 소유의 타운하우스를 매수한 뒤 500㎡의 이 최고급 부동산을 엄청나게 좋은 조건에 사들였다는 사실을 언론에 공개하지 않겠다는 약속을 지킨 바로 그 파트너였다.

투자팀은 월스트리트 사람들의 눈을 벗어난 곳에서 우위를 확보했다. 이들은 미드타운에서 멀리 떨어진 곳에 자리 잡은 사무실에서 3주 동안 은밀하게 창업자 가문으로부터 랩터의 재무 상황에 대해 속속들이 설명을 들었다. 사람들 눈에 잘 띄지 않는 이런 사무실을 사모펀드 사람들은 집이라고 부른다. 창업자 가문은 **회사**가 공개 입찰에는 관심이 없으리라는 사실을 알고 있었고, **회사**는 창업자 가문이 시장가보다 낮은 가격에 계약을 체결할 자유가 없다는(혹은, 그런 가격에 계약을 체결하려고 하지 않으리라는) 사실을 알고 있었다. 투자팀이 프로젝트 성공에 대한 희망을 가지려면 창의적이어야 했다. 그리고 그룹에 대한 대주단의 정당한 요구 사항도 만족시켜야 했다.

투자팀과 창업자 가문이 함께한 브레인스토밍 회의를 통해 아이디어가 하나 도출되었다. 프로젝트를 맡은 파트너가 투자위원회에 보고하려고 하는 바로 그 아이디어였다. 에너지 부문은 여러 소규모 자산을 인수해, 엑시트 시점이 다가오면 석유 메이저들이 관심을 가질 만큼 또는 IPO를 할 만큼 규모를 키우기 위한 성장자본이 필요했다. 당분간은 그룹 차원의 채무 위기로 인한 잡음에 시달리지 않고 온전한 상태로 성장할 수 있어야 했다. 파트너는 경영진과의 합의를 거쳐 사업 계획의 일환으로 성장에 필요한 추가 투자금을 별도로 배정해 놓고 에너지 부문을 인수하자고 제안했다. 그가 제안한 금액은 표적 자산 인수에 20억 달러, 추가 자산 인수와 신규 저장 시설 같은 자생적 성장 계획에 들어갈 돈 5억 달러였다. 5억 달러는 새로운 기회를 발굴하고, 수익성을 높이기 위해 정유 공장의 시설을 최적화하는 데 들어갈 예산이었다. 인수가격은 높지도 낮지도 않은 적절한 수준이었다. 간단히 말해 경쟁 입찰 시의 웃돈이 붙지 않은 적정 가격이었다.

여기서 투자팀이 **회사**에 유리하게 판을 짠 것은 신용 분야의 솔루션이었다. 파트너는 은행이 회수에 어려움을 겪고 있는 대출금을 회수할 수 있도록 **회사**의 신용펀드가 대출 은행 대주단에 액면가의 10%를 할인한 금액으로 대출 패키지를 제공할 것을 제안했다. 신용펀드가 은행 시장을 완전히 우회해 유니트랜치unitranche(선·후순위 혼합채권대출-옮긴이)로 알려진 포괄적 단일 채무 공여 수단으로 그룹에 직접 돈을 빌려주는 것이었다. 이 새로운 채무 공여 수단은 25억 달러의 선순위 채무와 후순위 채무를 하나의 대출 형태로 합치는 방법이었다. 은행이 할 일은 약간의 고통을 받아들이고 상환받을 돈 10%를 상각하는 것뿐이었다. 그러면 몇 주 안에 대출금을 모두 회수할 수 있을 터였다. 또 대주단은 에너지 부문을 **회사**의 사모펀드에 매각한 대금 전액도 챙길 수 있을 터였다. 달리 말하면 사모펀드는 창업자 가문을 구하려 한다기보다 어떤 면에서는 은행을 구하려는 것이었다. 이 정도 규모의 채권을 회수하려면 돈이 많이 드는 장기간의 소송이 따르기 마련이었고, 관계가 파탄 날 수도 있었다. **회사**는 주도권을 쥐고 난맥상을 정리함으로써 트로피 자산을 인수할 수 있었다. 덕분에 은행은 신속하게 엑시트하여 원금뿐만 아니라 그동안 불어난 이자까지 채권을 거의 모두 회수할 수 있었다. 회사는 유니트랜치를 통해 채권자로 활동할 것이었다. 전문성을 갖추었을 뿐만 아니라 만약의 상황이 발생하면(예컨대, 그룹이 부채를 상환하지 못하거나 신용펀드와 합의한 데트 커버넌트를 지키지 못하면) 채무자인 기업을 인수하는 것도 서슴지 않을 채권자였다. 그리고 누구나 예상할 수 있듯이 이 데트 커버넌트는 엄격했다.

대담하고 포괄적인 계획이었다. 이런 과감한 제안을 하리라 예상치 못한 대출 은행 대주단 입장에서는 거절할 수 없는 안이었다. 랩터에 다층적 해결책을 제시하는 구매자가 나타난 것이다. 대주단에 속한 여러 은행의 주요 고객이기도 하며, 투자에 쓸 충분한 화력을 갖추고 지금까지 신속한 실행력을 보여온 구매자였다. 창업자 가문의 지원을 확보한 것도 이 패키지의 일부였다. 은행 대주단은 월스트리트의 중개 기관을 배제하고 직접 계약함으로써 재융자 비용과 자문료로 들어갈 돈 1억 달러 정도를 절감할 수 있었다. 계약을 준비한 대가로 **회사**가 수취할 1천만 달러의 일회성 수수료는 반올림 오차에 지나지 않을 정도였다. 은행 대주단이 확보한 담보와 개인 보증을 해지하는 것은 간단해 보였다. 대주단 입장에서는 제안을 받아들이고 실행하는 것이 당연했다.

창업자 가문의 입장에서 여러 사업의 경영을 호전시킬 여지를 주는 거래였다. 그렇지 않으면 모두 잃게 될 뿐이었다. 어쨌든 에너지 부문은 매각할 수밖에 없었다. 그렇다면 다시는 볼 일이 없을 구매자에게 매각하느니 새로운 채권자와 같은 회사 소속인 사모펀드에 매각하는 편이 더 나을 것 같았다. 게다가 계약을 위한 일종의 뇌물로, 5년 동안 에너지 부문 경영과 관련해 **회사**의 자문에 응한다는 계약을 체결하고 에너지 부문의 지분 5%를 받기로 했다. 에너지 부문 이사회의 일원이 되는 것이었다. 이제 이들은 사람과 데이터로 이루어진 **회사** 도서관의 일부가 되었다.

물론 프로젝트명 루빅(루빅스 큐브를 의미함. 루빅스 큐브는 이리저리 돌려가며 색깔을 맞추는 게임을 하는 3x3x3의 정육면체이다–옮긴이)과 같이, 승리를 달성하기 위한 **회사**의 투자 전략은 이것 하나가 아니었다. 투자위원회도 파트너의 제안이 시작에 불과하다는 사실을 알고 있었다. 계약이 체결되면 취할 수 있는 여러 조치, 즉 가치를 창출하는 여러 경로가 준비되어 있었다.

에너지 부문의 경우 몇 년간 경영 개선 작업을 거친 뒤 자산을 분할해 각각 다른 유형의 투자자에게 매각할 수 있다. 산유 부문은 위험을 무릅쓰고 새로운 유전을 탐사하고 기존 유전을 개발하는 데 자본을 투자하려는 투자자에게 매각하고, 저유 시설과 송유관은 장기 계약수익, 안정적인 선주문, 예측 가능한 자본적 지출 등의 특성을 가진 경질 유형자산을 찾는 인프라 투자자에게 매각하고, 정유 시설은 경기에 따라 달라지는 정제 수익과 운전 자본에 익숙한 에너지 전문 투자자에게 매각하는 것이다.

회사의 다른 부문이 투자자가 될 수도 있다. 예컨대 **회사**의 인프라 펀드가 저유 시설과 송유관을 인수할 수도 있다. 이미 선례가 있으므로 이상할 것이 없었다. 이런 복잡한 거래의 경우 사모펀드 회사에 소속된 여러 펀드 사이에 자산 거래가 이루어지는 것이 '뉴노멀'이 될 수도 있다. 물론 투자자의 감시는 당연히 따라야 할 것이다.

투자팀 파트너는 이상의 내용을 투자위원들에게 설명했다. 그런 다음 재무 수익, 기업실사 리스크와 해소 방안, 표적 자산의 경영진, 이사 후보군 등 나머지 자세한 프로젝트 내용을 보고했다. 프레젠테이션 말미에 투자팀 파트너는 **회사**가 채택해야 할 총체적 접근방법을 요약 설명한 뒤 농담조로 덧붙였다.

"저를 믿어 보세요. 돈 될만한 것은 하나도 **빠트리지** 않겠습니다."

동료 파트너들은 알고 있다는 듯한 미소를 띠며 교차 검증을 시작했다. 이들은 이미 자료를 검토하고 왔기 때문에 해당 분야, 비즈니스, 경영, 재무, 거래 상대방, 수익을 남기고 엑시트하는 방법 등에 관해 날카로운 질문을 할 준비가 되어 있었다.

이 자산의 존재 이유는 무엇인가? 수요와 공급과 경쟁을 좌우하는 것은 무엇인가? 투자의 논거로 삼은 유가 예측치는 얼마인가? 예상 투자수익은 얼마인가? 정제 수익이 늘 것으로 예측한 이유는 무엇인가? 저유시설의 수익 구조는 어떻게 되는가? 2차 연도에 현금흐름이 급증할 것으로 예측한 이유는 무엇인가? 이 CEO를 계속 미는 이유는 무엇인가? 운전자본을 보다 효율적으로 조달하는 방안은 무엇인가? 정유 시설을 어떻게 바꾸어야 매출총이익이 늘어날 것인가? 원가 기반은 어떻게 바꿀 것인가? 재무 모델로 예측한 수익의 최고점과 최저점을 어떻게 믿을 수 있나? 경영진 중에 바꿔야 할 사람은 누구이고, 그 이유는 무엇인가? 심각한 손실을 초래할 파업의 가능성은 얼마나 되는가? 누가 이 자산을 인수할 것 같은가, 그리고 인수가는 얼마로 예상하는가? 예상보다 오래 이 자산에 발목을 잡히는 일이 생길 경우 플랜 B는 무엇인가? 현금 배당을 받을 수 있는가? 부채 매각 전략은 무엇인가? 경기 침체나 팬데믹에 대비한 시나리오는 있는가?

예상 질문에 대한 답을 정리한 자료를 검토하고, 예상하지 못한 문제를 두고 논의하는 데 두 시간이 걸렸다. 대부분의 질문에 대한 답을 뒷받침하는 분석 자료가 들어 있는 엑셀 출력물 뭉치가 회의실 테이블에 쌓여 있었다. 출력물은 상단 양쪽이 스테이플러로 찍혀 있었고 중요한 내용이 든 페이지에는 접착식 메모지가 붙어 있었다. 투자팀은 모든 출

세상을 움직이는 사모펀드 이야기

력물을 다 이용해가며 질문에 답했다. 논의에 임하지 않는 사람은 아무도 없었다. 모든 질문은 투자팀이 올바른 판단을 하였는지 확인하기 위한 것이었다. 투자위원회는 정부의 지원이 없다는 점, 노조가 있다는 사실, 규제기관의 개입 가능성, 사모펀드의 투자에 대한 경쟁사의 반발 등을 언급했다. 월스트리트 은행이나 경영 컨설턴트, 해당 산업의 전문가 등이 제시한 의견도 개진되었다. 투자 논거나 사업 계획에 허점이 보이면 이런 논의 과정에 드러날 가능성이 컸다. 그리고 허점이 있다면 가장 먼저 인정할 사람이 투자팀원들이었다. 투자팀은 근소한 차이가 아닌 압도적인 동의를 바랐다.

마침내 투자위원들 사이에 합의가 이루어졌다. 일부 조건을 변경하고, 전술을 조금 더 가다듬고, 루빅스 큐브 맞추는 여러 가지 방법(다양한 전략을 의미-옮긴이)을 평가한 뒤 투자위원회와 설립자는 프로젝트를 계속 진행해도 된다는 청신호를 보냈다. 언제나 그렇듯 피 말리지만 짜릿한 결과였다. 최소 5년은 걸릴 작업의 시작이었다.

이 프로젝트는 **회사**가 가진 여러 펀드의 힘을 보여주었다. 물론 계획이 일부 변경되기도 할 것이고, 어쩌면 중요한 내용이 바뀔 수도 있을 것이다. 하지만 전반적으로 설립자가 오랫동안 마음속에 그려오던 대형 프로젝트였다. 요구 사항은 다르지만 목표가 같은 여러 펀드가, **회사**가 가진 업계의 지식, 펀드 규모, 치밀한 분석력, 관계망 등이 차이를 만들어낼 아주 멋진 대규모 투자 기회를 발굴하는 것이 그의 꿈이었다. 사모펀드와 신용펀드를 합해 **회사**는 50억 달러를 투자하기로 했다. 이 정도 규모의 투자를 할 수 있는 사모펀드 회사는 전 세계를 통틀어 열 개가 채 되지 않을 것이다.

설립자는 잠시 쉴 겸 주제를 좀 바꾸자는 신호를 보낸 뒤 인적자원 관리실에 다양성, 기후변화, 소셜 임팩트 등과 관련한 그동안의 성과를 보고하라고 했다. **회사**는 지난 6개월 사이에 이들 주제와 관련한 보도자료를 여섯 건이나 내놓았다. 전년의 두 배로 늘었고 5년 전에 비하면 여섯 배 늘었다.

회사는 진화하고 있었다. 다양한 투자 전략을 통해 수천억 달러를 운용하는 시가총액 수십억 달러의 상장회사가 되었다. **회사**는 지역 대학에 기부금 출연, 취업과 교육에서의 사회적 약자 우대 프로그램 지원, 직원들을 위한 재택근무 환경 구축, 포트폴리오 기업을 통한 참전용사 고용, 지역 공원 및 스포츠 시설 재단장, 젊은 신입 사원을 대상으로 '드래곤즈 덴Dragon's Den(BBC의 리얼리티 쇼 프로그램. 창업한 사람들이 자수성가한 다섯 명의 사업가(드래곤)에게 자신의 사업 아이디어를 소개하고 투자를 요청하는 내용이다—옮긴이)' 스타일의 창업 아이디어 경연대회 개최 등을 통해 사회에 많은 것을 환원하고 있었다. 이러한 것들은 모두 월스트리트에서 종종 들을 수 있는 사모펀드의 정형화된 이미지와 거리가 멀었다. 오히려 경제를 책임지는 하나의 기둥, 즉 산업 역군에 가까웠다.

파트너 한 명이 조인트 벤처 및 소규모 투자 프로젝트에 관한 내용을 보고했다. 블록체인 기술 스타트업, 핀테크, 사회 주택social housing, 풍력 발전용 터빈, 학자금 대출, 신약 개발 등 **회사**가 일반적으로 커버하지 않는 분야에서 이루어진 투자였다. **회사**의 펀드 진용은 막강해서 어떤 분야에서도 계약 체결이 가능했는데, 이 파트너가 발표하는 분야는 모두 **회사**가 새로 진입한 분야였다.

파트너는 계속해서 언론의 보도 실태를 보고했다. **회사**의 고위 파트너가 TV에 출연하는 횟수가 늘었다. 콘퍼런스에 참여해 대중 앞에서 발언하는 횟수도 늘었다. 이런 식의 언론 노출에 힘입어, 서서히 하지만 확실하게 **회사**가 경제의 주요 주체로서 공적 역할을 담당하고 있다는 인식이 퍼져나갔다. 이런 일은 경쟁사도 마찬가지였다. 설립자는 소셜 미디어를 비롯해 바뀐 접근방법을 수용했다. **회사**를 더 친밀하게 느끼게 만들기 위해서였다. 그러면 일반인들은 아무래도 많은 보수나 낮은 세율 등 민감한 주제보다는 **회사**의 투자 성공담이나 **회사**의 건전성 또는 성장성 같은 것에 관심을 더 많이 기울일 터였다. **회사**는 언론과의 관계를 강화함으로써 선제적으로 긍정적인 이야기를 퍼트리고 있었다. 언론을 피하던 일은 옛이야기가 됐다.

투자위원들은 두 번째 안건으로 넘어갔다. 이 프로젝트를 뒤로 돌린 이유는 사전에 배포된 자료를 읽어본 파트너들이 두 안건 중 이 건이 더 빨리 결론에 도달할 것으로 판단했기 때문이었다. 투자팀 파트너는 수익성과 리스크 요소를 비롯해 중요한 수치들을 나열하며 재빨리 상황 설명을 마친 뒤 참석자들에게 질문이 있으면 하라고 말했다. 그는 논의가 어떤 방향으로 흐를지 예상하고 있었으므로 승인을 요청하지 않았다. 대신 **회사**가 취해줬으면 하는 방침을 제안하며 동료들에게 검토를 요청했다.

설립자의 다음과 같은 수사적 질문으로 논의가 시작되었다. "펜대의 위험도 검토했겠지요?" 정부의 규정('펜대를 굴려' 작성되는)이 바뀌어 투자 범위가 완전히 달라질 가능성을 언급한 것이었다.

표적 자산은 서유럽에서 가장 큰 요양원 운영 기업 라이프트러스트 Lifetrust Corp. 였다. 집에서 노부모를 돌보는 전통이 급격하게 바뀌고 있다는 사실을 인지한 인도 출신의 이민자가 1980년에 창업한 라이프트러스트는 유럽에서 경제력이 가장 큰 5개국의 시장을 석권하고 있었을 뿐 아니라 남유럽과 동유럽 5개국에도 진출의 발판을 마련했다. 이용료는 비쌌지만 서비스 수준이 높았고 안전을 중요시했다. 라이프트러스트가 한 단계 더 성장하려면 3억 달러의 투자가 필요했다. 그래서 월스트리트 은행의 도움을 받아 아시아에서 가장 큰 사모펀드로부터 할증된 가격으로 지분 투자를 받기로 하는 계약을 체결했다. 중국에 본사를 둔 이 사모펀드는 스스로 확신하는 투자 건에는 많은 돈을 지불하는 것으로 알려져 있었지만, 간혹 가치를 초과해 과다 지급하는 경우가 있었다. 이 아시아 사모펀드의 투자는 코로나19 팬데믹이 시작되기 직전에 마무리되었다.

이 투자의 문제는 회사의 매출이 정부가 입소자 가족에게 지급하는 보조금에 크게 의존하고 있다는 점이었다. 회사의 요양 시설에서 오랫동안 돌봄 서비스를 받는 것이 대부분의 가정에는 부담이 되었다. 그래서 회사는 고객이 지급하는 이용료에 더해 각국 정부에서 주는 넉넉한 보조금을 받는 것에 익숙해졌다. 정부 입장에서 보면 노인과 보살핌이 필요한 사람들을 돌보는 공공시설을 지어서 운영하는 것보다 사설 시설에 보조금을 지급하는 것이 돈이 덜 들었다. 라이프트러스트는 지금까지 아무런 스캔들도 없었고 요양원은 잘 돌아갔으며 직원들은 입소자를 고객으로 생각하고 책임감을 가지고 진심으로 보살폈다. 보조금 지급이 계속되는 한 이 생태계는 안정적이었고, 가족과 정부와 회사 모두 원원하는 상황이었다.

하지만 아시아 사모펀드는 코로나19 팬데믹으로 인해 정부 보조금이 보살핌이 필요한 입소자를 돌보는 데 들어가는 치솟는 비용을 따라잡지 못하고 있고, 이 차이가 점점 벌어지고 있다는 사실을 깨달았다. 공공

부문의 지출 수요가 늘었기 때문이다. 그렇다고 정부 보조금이 줄어들지는 않겠지만 비용이 상승하면서 회사 수익을 좀먹고 있었다. 사모펀드가 일부 지분을 소유하고 있다는 사실이 문제가 될 수도 있었다. 사모펀드가 투자한 회사에 국고 지원을 늘릴 정치적 유인이 거의 없기 때문이다. 기존의 부담만으로도 가족들이 힘들어했기에 이용료를 올릴 수도 없었다. 코로나19로 인해 직원 구하기도 어려웠고, 서비스 질을 떨어뜨리지 않으면서 비용을 절감할 방도도 없었다. 예상 투자 수익이 공익사업만큼 낮은 수준으로 떨어질 것이 확실했다. 당초 기대 수익의 절반 정도로 예상되었다.

게다가 상황이 더 나빠질 가능성도 있었다. 정치권에서 이용료 상한선을 설정하자는 논의가 이루어지고 있었다. 적어도 의무적 시설 투자의 최저선을 높이는 것은 확실해 보였다. 공공정책의 방향은 이 산업에 대한 감독을 강화하는 쪽으로 흐르고 있었다. 수익 가이드라인을 설정하거나 직접 규제하자는 것이었다.

아시아 사모펀드가 자신이 가지고 있는 라이프트러스트의 지분 50%를 **회사**에 매각하겠다고 제안한 것은 이런 맥락에서였다. 코로나19 팬데믹이 발생하고 1년이 다 되어가는 시점이었다. 이들이 **회사**에 바라는 것은 의료 서비스 분야 투자 경험이 있는 유력 사모펀드에서 가치를 창출할 신선한 아이디어를 내놓을 수도 있다는 것과 정부와 규제기관의 인맥을 통해 실태를 설명하고 조금이라도 국가의 지원을 추가로 받을 수 있지 않을까 하는 것이었다. 라이프트러스트 장부에 계상된 인수 부채는 중국 은행 대주단의 대출금이었는데, 은행 대주단은 할인된 금액으로 이 부채를 매각하거나 재융자할 의사가 없었다. **회사**가 신용을 활용할 여지는 보이지 않았다. 요양원이 깔고 앉은 부동산도 마찬가지였다. 모든 땅을 임차해 쓰고 있었기 때문에 세일 앤드 리스백ᵃⁱᵉ ᵃⁿᵈ ˡᵉᵃˢᵉᵇᵃᶜᵏ(기업 소유의 고정자산(토지, 건물, 기계설비 등)을 리스 회사 등에 매각한 뒤 다시 빌려 쓰는 방법이다. 보유 자산을 활용해 현금을 확보하는 자산유동화 기법으로, 나중에 자산을 재취득할 권리도 포함되어 있다-옮긴이) 거래 등의 부동산을 활용할 여지가 없었다. 거래는 명료했다. 리스크 요인을 반영해 아시아 사모펀드의 지분 절반을 매수 가격보다 할인된 가격으로 매입하든지 그만두든지 둘 중 하나였다. 이사 자리도 절반, 라이프트러스트에 대한 영향력도 절반, 모든 것이 50대 50이었다. 회사가 참여하면 의료 서비스 분야에 투자한 다른 펀드의 경험을 살려 상황을 호전시킬 가능성도 있었다. 그러면 양쪽 회사에 모두 도움이 되는 더 나은 엑시트 결과를 가져올 수도 있겠지만, 아시아 사모펀드가 당초 예상했던 것보다 투자 기간이 더 길어질 수도 있었다.

설립자의 질문은 이 투자 안건의 정곡을 찌르는 것으로 가격보다 훨씬 중요한 문제였다. 가격은 아시아 사모펀드가 매수한 가격보다 낮았다. 하지만 아무리 다른 시나리오를 적용한 재무 모델을 만들 수 있다고 해도 결과를 추정하기 어려운 변화무쌍한 리스크 앞에 놓여 있었다. **회사**는 어떤 시나리오가 맞을까 하는 것을 두고 도박을 하지 않을 뿐 아니라 가능성 있는 여러 결과를 뒤섞어서 판단하지도 않았다. 한 마디로 도박에는 관심이 없었다. 물론 다른 사모펀드 회사의 견해는 다를 수도 있겠지만 이 상황은 불확실한 것이 너무 많았다.

투자팀 파트너는 숫자를 예의주시하며 발을 빼지 말고 계속 상황을 지켜보자고 제안했다. 현재로서는 이것이 프로젝트를 진행할 최선의 방법이라는 사실을 알고 하는 현명한 제안이었다. 상황을 지켜보며 이것저

세상을 움직이는 사모펀드 이야기

것 알아두었다가 라이프트러스트가 무너지면 그때 가서 다시 가능성을 모색해보는 것이 옳은 방법일 수 있었다. 아니면 앞으로 **회사**가 이 분야나 인접 분야에서 사업을 발굴할 때 도움이 되는 학습 경험으로 끝날 수도 있었다.

현재로서는 유리한 판을 짜서 승률을 높이고 우위를 만들 가능성이 없었다. 따라서 더 복잡하더라도 상황이 더 나은 투자 건에 집중하는 것이 정답이었다. 어떤 돈이든 기회비용이 있다. 불확실한 수익과 맞바꾸는 것은 너무 위험했다. 투자위원들은 라이프트러스트 건을 2주 뒤에 다시 검토하기로 했다.

회의를 마칠 시간이 다가오자 사모펀드를 담당하는 파트너 한 사람이 최근에 **회사**가 한 달에 한 건씩 투자를 진행하고 있는 것 같다며 자찬의 말을 했다. 규모가 크고 돈도 많은 인수 전문 공기업보다 더 많은 수준이었다. **회사**는 매년 수십억 달러를 모집하고 투자했다. 수백억 달러를 모집하는 해도 있었다. 투자자의 돈 1조 달러를 운용하겠다는 **회사**의 목표는 순조롭게 진행되고 있었다. 설립자는 파트너를 바라보고 빙긋이 웃으며 너무 흥분하지 말고 각자의 역할에 충실하라는 뜻으로 다음과 같이 말했다.

"1조 달러 달성에 대해서는 걱정하지 않소. 각자 맡은 일에 집중합시다. 그러면 성장과 규모는 자연히 따라올 거요. 내가 싫어하는 것은 노력하지 않는 욕심입니다."

다음 장에서는 사모펀드가 투자에 동원할 수 있는 요소를 총괄해서 살펴볼 것이다. 여기에서 끈질긴 승리의 욕구와 도서관을 비롯해 지금까지 살펴본 사모펀드의 여러 원칙과 다양한 면이 드러날 것이다. 대형 사모펀드 회사의 거대한 힘을 보여주기 위해 언제든 일어날 수 있는 상황을 가상으로 설정했다. 예시한 사례는 규모를 좀 키우기는 했지만 실제로 일어난 일을 기반으로 한 것이다. 이 사례에서 사모펀드 회사는 경쟁사에 분석 렌즈를 들이댄다. 다시 말해, 표적 자산이 기업이나 부채가 아니라 경쟁 사모펀드 회사였다.

우위를 넘어
진화하다

13

PRIVATE
EQUITY
FUND

"그 회사는 진화進化**에 실패했습니다."**

투자위원회에서 투자팀 파트너가 경쟁사를 두고 한 말은 폐부를 찌르는 기소장 같았다. 경쟁사이자 표적 자산이 된 매디슨 스톤Madison Stone은 설립자가 월스트리트의 세계적 투자은행을 그만두고 **회사**를 설립하던 해에 맨해튼 이스트 57번가에 있는 포시즌스호텔에서 몇 사람이 만나 설립한 회사다. 매디슨 스톤은 지난 30년간의 외형적인 성공에도 불구하고 여전히 옛날 모습 그대로였다. 차입 매수에만 투자했고, 해외 진출에 소극적이었으며, 광범위한 투자자를 찾기보다는 미국의 여러 연금펀드에만 출자 약정을 의존했다. 매디슨 스톤의 설립자들은 월스트리트를 배경으로 한 1990년대 영화에 나오는 사람들 같았다. 직원들의 다양성에 관심을 기울이고는 있었지만 파트너 중 백인이 아닌 비율은 10%에 지나지 않았다. 사무실은 조용했고 분위기는 딱딱했다. 엄청나게 돈이 많다는 느낌을 풍겼지만, 숨을 답답하게 하는 분위기 때문에 배고픈 젊은 구직자들은 기피하는 경향이 있었다.

매디슨 스톤의 파트너들은 금요일 오후가 되면 대개 헬리콥터를 타고 햄프턴으로 떠났다가 일요일 오후 늦게 돌아와 투자팀원들과 연락을 재개했다. 이들은 프로젝트와 관련해 긴급한 주말 논의가 필요하면 휴식을 방해받지 않기 위해 전화 약속을 토요일 오전 9시 이전으로 잡았다. 투자 보고서와 엑셀로 작성한 재무 모델 출력물은 월요일 아침 투자위원회가 개최되기 전에 페덱스로 배송되었다. 회사는 직원들에게 체육 활동을 장려했으며 피트니스 클럽 회비도 넉넉하게 지원했다. 1년에 두 번 팀빌딩을 위한 2박 3일간의 행사도 개최했는데, 한 번은 아스펜에 가서 스키를 탔고 한 번은 카리브 해변으로 가서 물놀이를 즐겼다. 명절 선물이나 생일 케이크도 빠트리는 법이 없었다. 매디슨 스톤은 일하기 좋은 직장이었고, 직원들은 우아하게 지냈다.

하지만 충실한 산업 역군으로(아마 업계에서 가장 안정적이고 인정받는 브랜드였을 것이다) 수십 년을 보낸 매디슨 스톤은 상상도 할 수 없었던 도전에 직면했다. 대형 투자자들이 모여 만든 특별 위원회가 매디슨 스톤에게 펀드 운용을 제삼자에게 맡기라고 요구한 것이다. 수동적이던 투자자들이 권력 교체를 요구하고 나선 것이었다. 연금펀드들은 예기치 못했던 매디슨 스톤 지도부의 내분에 놀랐고, 펀드의 투자 성과가 갑자기 급락해 더 큰 충격을 받았다. 펀드가 투자한 가장 크고 잘 알려진 차입 매수 기업이 파산한 것이다. 당연히 연금펀드들은 감독을 더 잘했다면 이런 결과를 피할 수 있었으리라고 생각했다.

전환점은 매디슨 스톤을 설립한 세 사람의 파트너 사이의 호흡이 깨지기 시작하던 6개월 전에 찾아왔다. 세 사람은 모두 60대였고, 사촌 간이었다. 집은 모두 어퍼 이스트 사이드와 미드타운, 센트럴파크 가운데 있는 좁은 삼각형 구역 내에 있었다. 이들은 악명 높을 만큼 힘든 이 업계에서 바위같이 탄탄한 직업적 유대를 유지해온 모델로서 추앙받았다.

그런데 이 모든 것이 승계를 둘러싼 문제로 붕괴되어버렸다. 세 사람 가운데 한 사람이 투자자와 체결하는 펀드 계약서상의 '핵심 종업원' 조항 변경을 거부했던 것이다. 이 조항은 회사에서 가장 중요한 사람, 즉 그 사람이 없으면 업무가 제대로 돌아가지 않을 사람을 명시하고 있다. 이 조항은 아무리 크고 오래된 회사라도 투자자들이 소수의 개인에게 의존하고 있다는 사실을 인정하고 있는데, 매디슨 스톤은 설립자 세 사람 외에 몇 사람의 이름을 새로 추가하기로 했다. 3년 안에 회사를 넘겨받을 고위 파트너를 고려한 방안이었다. 그런데 설립자 중 한 사람이 아직은 은퇴할 생각이 없다며 반대하고 나섰던 것이다.

두 사람은 그의 고집에 아연실색했다. 그로부터 12주가 채 지나지 않아 매디슨 스톤의 뛰어난 인재들이 모두 회사를 그만두고 경쟁사로 가거나 자기 회사를 차렸다. 파트너들은 모두 1억 달러 이상의 가치가 있었다. 그런데도 유리 천장에 분개해 회사를 그만둔 것이다.

인재 부족은 심화되었다. 경쟁사의 고위 투자 전문가들은 매디슨 스톤으로의 이직을 고려해보라는 헤드헌터의 권유를 거부했다. 당연히 펀드의 투자 성과도 눈에 띄게 떨어졌다. 전망이 어두워지자 펀드 투자자들은 매디슨 스톤이 자금 운용을 효과적으로 하지 못한다며 펀드 계약서의 비상사태 관련 조항에 따라 운용사를 바꾸자는 안을 표결에 부쳤다. 협의회 감독하에 소집된 비상 회의에서 투자자들은 회사 펀드가 인수한 자산을 관리할(그리고 궁극적으로는 이익을 남기고 매각할) 적절한 자산운용사를 찾는 대로 운용사를 바꾸기로 했다. 포트폴리오 자산 '런오프run off(투자 자산의 잔존 계약을 다른 사모펀드 회사로 이전하는 거래-옮긴이)'로 알려진 방법이다. 수십 년 동안 뛰어난 투자 수익을 창출했던 매디슨 스톤 지도부의 끈끈한 역학 관계가 이제는 회사의 실질적 소멸로 이어질 수도 있을 만큼 부정적으로 바뀌었다.

매디슨 스톤 설립자들은 업계의 동료가 펀드를 인수하면 안 된다고 단호하게 주장했지만, 결정은 그들의 몫이 아니었다. 이들은 그저 지켜볼 수밖에 없었다.

투자자들이 모여 만든 특별 위원회의 대표가 **회사**의 투자팀 파트너에게 펀드 인수전에 참여해달라고 요청한 것은 이 시점이었다. 요청을 받은 파트너는 웃을 수밖에 없었다. 특별 위원회 대표가 매디슨 스톤에 대해 하는 말을 듣고 나니 헛웃음까지 나왔다. 특별 위원회는 런오프 거래를 통해 매디슨 스톤 펀드를 넘겨받을 수 있는 몇 안 되는 후보의 하나로 **회사**를 고려했다. 파트너는 투자위원회의 검토를 거친 뒤 다시 연락하겠다고 했다. **회사**는 인수전에 뛰어들기로 했다.

열흘 뒤 투자팀 파트너는 특별 위원회에 참석해 지난 30년간 **회사**가 거쳐온 궤적과 매디슨 스톤의 궤적을 비교한 자료를 놓고 프레젠테이션했다. 두 회사가 같은 해 설립되었지만 **회사**가 몇 광년이나 앞선 모습이 투자자들 눈에 확연히 보였다. **회사**가 다양한 사모자본 투자 전략을 통해 운용하고 있는 순자산총액은 매디슨 스톤의 세 배가 넘었다. **회사**는 데이터 과학, 정보 기술, 재무 보고, 리스크 관리, 환경 영향(현대 사모펀드 회사가 갖춰야 할 핵심 인프라다) 등의 분야에 최고의 도구와 사람을 보유하고 있었다. **회사**는 이미 **회사**의 도서관을 이용해 매디슨 스톤의 포트폴리오 기업에 대한 고객, 공급업체, 수요와 공급 등의 거시적 그림과 미시적 추세를 어느 정도 파악하고 있었다. **회사**는 데이터를 제공할 수 있는 경영자들의 협력을 언제든 얻을 수 있었다. 이들은 회사에 매디슨 스톤 각 포트폴리오 기업의 수입, 비용, 자본적 지출, 현금흐름 등의 기준이 될 숫자를 제공해주었다. 이들은 매디슨 스톤 포트폴리오 기업들의 생태계에 속한 자산에 **회사**가 투자한 부채, 인프라, 부동산, 상품 분야의 경영자들이었다. 그러다 보니 **회사**는 마치 육감六感을 가진 듯 매디슨 스톤보다 한 차원 높은 통찰력을 보여주었다.

한 마디로 **회사**는 매디슨 스톤과 규모가 달랐다. 조직의 측면에서도 몇 발짝 앞서 있었다. 다음 단계의 관리자층을 준비해 놓는 등 미래를 위한 승계 계획이 마련되어 있었다. '핵심 종업원' 조항은 이미 내분 없이 개정된 바 있다. 매디슨 스톤이 실패한 것을 **회사**는 성공했다. **회사** 내부의 결속력과 지도력이 탄탄하다는 의미였다.

파트너가 프레젠테이션을 끝마쳤다. **회사**가 다양한 투자 전략을 구사하는 거대 투자 회사로 발전한 것이 분명해 보였다. **회사**는 뉴욕증권거래소에 상장되어 있어 투명성 강화를 요구받았고, 여러 층의 규제와 감독하에 놓여 있었다. 여전히 합작 개인기업인 매디슨 스톤과는 달랐다. 특별 위원회는 프레젠테이션에 깊은 인상을 받았다며 2주 안에 **회사**로 연락하겠다고 했다.

특별 위원회로부터 **회사**가 매디슨 스톤을 대신할 조건을 협상하자는 전화를 받은 파트너는 합의를 마무리 짓기 위해 투자위원회에 승인을 요청했다. 그는 일을 빨리 마무리할 수 있도록 정해진 범위 내에서 최종 조건을 협상할 재량권을 요구했다.

런오프 아이디어에 고무된 설립자는 **회사**의 투자 전문가들이 매디슨 스톤의 포트폴리오 기업에서 큰 가치를 창출할 수 있으리라 확신했다. 수치도 그의 낙관적인 생각을 뒷받침했다. 투자 기간이 예상보다 길어지는 부정적인 시나리오에서도 감수한 리스크보다 더 많은 투자 수익을 투자자에게 돌려줄 수 있었다. 자신의 아이디어가 폭넓은 지지를 받자 파트너는 매디슨 스톤의 포트폴리오 기업 중 규모가 큰 기업 두 개를 예로 들며 가까운 시일 내에 이들 기업의 경영 성과를 개선할 방법을 소개했다.

첫 번째 기업은 미국과 유럽의 여러 대도시에 매장이 있는 대형 디스카운트 소매기업이었다. 각 매장에서 파는 상품은 모두 1달러나 1유로 이하였다. 매디슨 스톤의 사모펀드는 이 소매기업의 창업자 가문으로부터 지배적 지분을 사들였다. 창업자 가문은 벤처캐피털 회사에서 몇 차례 펀딩을 받다가 출점 지역을 넓히고 취급 상품의 범위를 늘리기 위해 추가 자본을 투자할 사모펀드를 찾게 되었다. 매디슨 스톤은 월스트리트 은행이 주관한 입찰에서 최고가를 적어내 지배권을 확보한 뒤 매장 후보지를 물색하거나 성장 계획을 수립하는 등 경영진을 지원하기 시작했다.

첫 24개월은 모든 일이 순조롭게 진행되었다. 하지만 매디슨 스톤의 내부 분란으로 투자팀이 한눈을 파는 사이에 실수가 계속 이어졌다. 몇몇 주요 시장의 정부가 세수 확보를 위해 판매세율을 올리는 바람에 가격 정책과 이익률이 타격을 받았다. 소매기업은 가격을 새로 책정하고, 비용을 절감하고, 규제기관과 긴밀한 관계를 형성하기 위해 긴급하게 매디슨 스톤의 도움을 요청했다. 그러나 매디슨 스톤은 워킹 그룹 회의에 네 번에 한 번꼴로 참석했다. 이때도 경험 많은 전문가 대신 1년 차 신입 사원을 주로 보냈다. 투자팀 파트너는 이사회 회의에만 참석해 이미 한 일을 검토하기만 했다.

경영진이 내린 결정은 실행이 지체되었고, 리브랜딩 마케팅rebranding marketing(소비자의 기호, 취향, 환경 변화 등을 고려해 기존 제품이나 브랜드의 이미지를 새롭게 창출하고, 이를 소비자에게 인식시키는 활동-옮긴이)을 위한 투자나 공급업체와의 관계 개선 활동은 정지되었으며, 유럽 영업소 방문은 사라졌다. 1년이 지나지 않아 재무 성과는 일시적 침체를 넘어 암울하기까지 했다. 투자자들이 가장 걱정하는 것은 매디슨 스톤이 이 기업을 계속 관리하는 한 이 혼란에서 벗어날 길이 보이지 않는다는 점이었다. 이 기업은 사모펀드 본연의 자세로 업무에 몰입해 기업을 압박하고 지원할 투자 **회사가**

필요했다. 회사가 잘할 수 있는 바로 그런 일이었다.

그렇다면 **회사**가 가진 우위는 무엇이었을까? **회사**의 펀드가 디스카운트 소매기업을 소유한 적은 없었다. 하지만 **회사**의 펀드는 저가 식료품 소매점 체인, 주방용품 공급 회사, 키오스크 및 편의점 운영 회사에 투자하고 있었다. **회사**의 투자팀은 이들 기업의 경영진과 협업해 점포 부지를 물색했고, 운송 계약이나 공급 계약을 협상했으며, 판매세의 영향을 분석했다. 소매업계에서 **회사**의 네트워크는 깊고 넓었다. 또 경영진이나 이사진으로 영입할 수 있는 쟁쟁한 후보를 확보하고 있었다. **회사**의 또 다른 돈주머니인 부동산펀드는 저가 식료품 소매점 체인이 점포 부지로 임차하는 유형의 상업용지에 투자하고 있었다. 물론 부동산펀드와 사모펀드 사이에 정보 교환은 원활하게 이루어지고 있었다. 게다가 시장의 순환 주기나 부동산 임차료, 소매업계의 어려움과 기회 등 이 분야에 대한 **회사** 투자 전문가들의 전반적인 지식은 상당한 수준이었다. 즉, **회사**는 표적 기업과 같은 분야에 투자하고 있지는 않았지만 인접 생태계에는 관여하고 있었다.

매디슨 스톤의 포트폴리오에 있는 두 번째 기업은 유럽에서 가장 큰 주차장 운영 회사였다. 제2차 세계대전 후 쓰이지 않게 된 공습 대피소와 창고를 사들여 설립한 이 회사는 주요 도시 중심지에 있는 알짜배기 땅을 소유하고 있었고, 고객은 편의성과 안전성 때문에 주차료가 높아도 지불했다. 이 회사는 매디슨 스톤이 인수하기 전에도 사모펀드의 손을 두 번이나 거쳤지만 경영진은 여전히 사업을 한 단계 더 도약시키기 위한 열의로 가득 차 있었다. 이들은 자동차 보유율이 높아지리라는 전망과 고가 차량에 대한 욕구가 점점 커지는 것을 고려해 신흥시장으로 사업을 확장하려 했다. 고급 자동차 시장이 커지면 안전하고 넓은 공간에 주차하려고 하는 사람도 늘어날 것이었다. 신흥시장에 투자한 자본적 지출은 좋은 결과를 냈다. 하지만 사업의 핵심인 선진국 시장에서의 수요가 갑자기 꺾이며 매디슨 스톤의 발목을 잡았다.

우버를 비롯한 유사한 서비스의 부상, 기름값·보험료 등 자동차 소유 비용 증가, 임차한 주차장 부지의 임차료 상승 등이 해외 시장의 사업 확대로 투자할 돈이 필요한 시점에 현금흐름을 약화시켰다. 그러나 매디슨 스톤의 관심은 딴 데 가 있었다. 기회를 박탈당해 좌절한 고위 파트너 중 한 사람이었던 투자팀 파트너는 치열한 사내 정치에 염증을 느끼고 회사를 그만뒀다.

디스카운트 소매기업과 마찬가지로 주차장 운영 회사 역시 소유주인 사모펀드의 도움과 사모펀드와 경영진 사이의 긴밀한 협력이 필요했으나 얻지 못했다. **회사**가 개입한다고 바로 문제가 해결되는 것은 아니겠지만 자산을 수지맞는 엑시트로 이끌어갈 효과적인 해결책은 될 수 있었다. 좋은 사업성, 힘든 상황, 악화하는 현금흐름과 대차대조표를 감안하면 엄청난 기회가 될 듯했다.

회사가 가진 우위는 무엇이었을까? **회사**의 투자팀 파트너는 이 주차장 운영 회사를 인수하기 위해 경쟁 입찰에 참여했지만 매디슨 스톤에 패한 바 있었다. 그는 당시의 자료를 다시 꺼냈다. 물론 이 분야와 이 기업 전반에 대한 지식은 머릿속에 남아 있었다. 처음에는 패배자로 끝나고 말았지만 두 번째 기회가 오자 그만큼 믿음직스러워졌다. **회사**는 사모 신용 공여를 통해 전기 자동차 충전소 사업에 자금을 투자해 이 떠오르는 분야에서 성공한 스타트업이 탄생하는 데 일조한 바 있다. 그래서 전기 충전소의 소유와 이용 동향에 대해서 잘 알고 있었다. 주차장 구역 일부를 전기 자동차 충전소로 쓸 수도 있었다. 이런 모든 경험으로 인해 **회사**의 투자팀 파트너는 어떤 경쟁 후보보다 뛰어난 정보를 가지고 있었다.

투자위원들은 매디슨 스톤의 보유 자산을 분석하다가 **회사**가 매디슨 스톤 포트폴리오 기업의 운명을 바꾸려 하는 첫 번째 외부 펀드 운용사가 아니라는 사실을 알게 되었다. 특별 위원회가 매디슨 스톤을 축출하기 전에도, 매디슨 스톤의 가장 큰 단일 부채 투자자가 이들 기업의 분기별 실적과 향후 전망이 악화하고 있다는 사실을 걱정하고 있었다. 이 부채 투자자(대형 신용 투자회사에 속한 신용펀드)는 매디슨 스톤이 궤도를 수정하지 않으면 많은 포트폴리오 자산이 데트 커버넌트를 위반하게 될 것으로 판단했다. 이들은 관심을 기울여야 할 기업을 대상으로 자사의 구조조정 전문가가 경제성 분석을 해줄 수 있다며 선제적으로 도움을 제안했다. 자사의 보유 자원이 빈약하다는 사실을 알고 있던 매디슨 스톤은 마지못해 제안을 받아들였다.

부채 투자자의 도움으로 바뀐 것은 아무것도 없었다. 물론 부채 투자자가 투입한 자원 덕분에 분석 자료가 늘기는 했다. 하지만 포트폴리오 기업에 필요한 것은 분석이 아니라 투자 경험이었다. 매디슨 스톤에는 경영진과의 협업에 익숙한 사모펀드 간부가 가진 경영과 재무의 노하우가 필요했다.

회사의 파트너들은 투자팀 파트너가 지나치게 낙관적인 것은 아닌지, 매디슨 스톤의 포트폴리오 기업이 파산한 뒤 들어가 남은 자산을 건지는 것이 더 나은 방법이 아닌지를 두고 논의를 벌였다. 그러다 지금 자산의 운영권을 넘겨받는 것이 더 나으리라는 데 의견이 일치했다. 펀드 투자자들에게도 더 낫고, 성공적으로 엑시트하면 받게 될 2+20의 운용 보수와 수익 분배 면에서 **회사**에도 더 나았다.

투자위원회는 실사를 통해서도 확인할 수 없는 리스크의 보상 차원에서 계약의 경제성을 조금 더 높이기로 했다. 예컨대 데이터로 확인할 수 있는 것보다 부실이 더 심한 기업이 있을 수도 있었고, 기대하는 수준보다 종업원이 비협조적인 기업이 있을 수도 있었다. 이런 문제에 대한 최선의 보호장치는 계약 조건을 **회사**에 유리하게 가져가는 것이었다.

회사는 특별 위원회에 '백기사'로 자리매김했고, 3개월 안에 매디슨 스톤을 대체할 예정이었다. 이 프로젝트는 투자팀 파트너에게 직업적 관심의 대상이었음은 물론이고 개인적인 즐거움의 대상이기도 했다. 20년 전 그는 메릴린치에서 2년간 재무분석가로 근무한 뒤 매디슨 스톤에 입사하기 위해 면접을 본 적이 있었다. 당시 매디슨 스톤은 그가 꼽은 최고의 사모펀드 회사였다. 그는 열두 번에 걸친 면접 끝에 퇴짜를 맞았다. 매디슨 스톤 인적자원관리실은 그에게 창의력이 부족하다는 내용의 통보를 보내왔다.

투자팀은 특별 위원회로부터 받은 새로운 계약 조건에 따라 프로젝트를 착수하기 위한 논의를 하려고 파트너 사무실에 모였다. 파트너는 20년 사이에 그와 **회사**에 있는 동료들이 매디슨 스톤보다 훨씬 창의적으로 바뀌었다는 생각이 들었다. 그는 팀원들이 들을 수 있을 만큼 큰 소리로 혼잣말을 했다.

"그 회사는 그냥 사모펀드 회사고, 우리는 세계 8대 불가사의야."

밖에서 보면 사모펀드 회사는 거의 똑같다고 생각하기 쉽다. 얼핏 보면 투자자를 위해 돈을 버는 방법이 비슷해 보이기 때문이다. 하지만 이 업계의 현실은 이런 생각과는 거리가 멀다. 최고의 사모펀드 회사는 이미 우위를 갖추고 있을 뿐만 아니라 한층 더 진화까지 한다. 대형 사모펀드 회사들은 한 가지 일만 해서는(아무리 규모를 키우더라도) 투자에서 계속 승리할 수도 없고, 순자산총액을 늘릴 수도 없으며, 투자자와의 관계를 공고히 할 수도 없다는 사실을 알게 되었다. 한동안은 통할 수 있을지 모른다. 하지만 업계의 경쟁 압력이 워낙 강해 승리하려면 게임의 종류를 늘려야 한다. 잘하는 일이 한 가지밖에 없는 회사는 상장에 필요할 만큼 혹은 이미 상장된 회사라면 주가를 더 끌어올리고 주주 기반을 넓혀 주요 지수에 편입될 만큼 브랜드 가치를 올리거나 규모를 키울 수 없을 것이다.

그래서 최고의 사모펀드 회사는 처음에 무엇으로 시작했든지 간에 (예컨대 차입 매수 회사, 부실채권 회사, 기술이나 천연자원에 특화된 회사 등) 어마어마한 규모의 운용 자산에 비해 단출한 인력을 유지하면서 다양한 범위의 새로운 투자 아이디어를 다룰 수 있게끔 진화했다. 이들은 위에서 예시한 프로젝트부터 앞 장에서 예시한 여러 프로젝트에 이르기까지 그 어떤 프로젝트라도 리스크와 수익의 상관관계에 대한 객관적인 분석과 이성적인 토론을 하며 다룰 수 있다. 이들은 거의 모든 문제에서 답을 찾을 수 있다.

이들은 놀랍게도 고유한 문화와 업무 관행, 그리고 앞에서 살펴본 성공의 특성을 희석시키지 않고 이런 진화를 이뤄냈다. 수평 채용으로 파트너나 고위 관리층을 채워 넣었고, 최고의 인재를 영입해 CFO 직에서부터 인적 자본, 데이터 과학에 이르기까지 회사 인프라에 속하는 핵심 부서의 운영을 맡겼다. 신규 사업을 새로 시작하는 것보다 다른 회사 지분을 인수하는 것이 더 낫다고 판단되면 그렇게 했다. 이렇게 해서 이들은 해마다 두 자릿수의 성장률을 기록했다.

예전의 사모펀드 회사(아직도 많은 사람의 인식은 여기에 머물러 있다)와 지금의 사모펀드 회사를 비교하는 것은 1990년대의 모토로라 핸드폰과 최신 아이폰을 비교하는 것과 같다. 이 둘은 비슷하지조차 않은 완전히 다른 세상이다.

오늘날의 사모펀드 회사는 연금펀드나 여타의 사모펀드 투자자들에게 그들만의 힘으로는 찾거나 실행할 수 없는 투자 기회를 제공한다. 거기다 이 투자 기회를 통해 나오는 투자 수익도 꾸준히 가져다준다. 투자 기회는 차입 매수가 될 수도 있고, 신용 투자나 인프라 자산, 필수 공익사업, 부동산 거래, 기술 계약, 천연자원 프로젝트, 은행, 보험회사, 생명과학 분야가 될 수도 있다. 사모펀드 회사는 기업을 매수하기도 하고, 사업 부문을 분사시키기도 하고, 인수와 자생적 성장을 통해 기업을 키우기도 하고, 기업을 분할하기도 하고, 상장된 회사를 인수해 비상장 기업으로 만들기도 하고, 자신이 운용하는 다른 펀드로부터 기업을 매수하기도 하고, 배당금을 지급하기 위해 증권 담보 대출을 일으키기도 하고, 프리엑시트pre-exit(기업의 매도인이 기업의 지분 일부를 소유하는 거래를 말하는데, 통상 매도인과 매수인이 제3의 기업을 설립하는 방법을 이용한다. 매수인은 자금 조달 부담을 줄일 수 있고, 매도인은 갑작스러운 매각에 따른 충격(기업이나 종업원 등이 받을 충격)을 감소시키고 미래의 기업 가치 상승분을 나눠 가질 수 있다는 이점이 있다. 기업의 소유권을 완전히 넘길 때까지 통상 4~8년이 걸린다-옮긴이)를 통해 설립한 기업의 자본 구조를 개선하기 위해 재융자를 받기도 한다. 그 밖에도 일일이 나열하지 못할 만큼 많은 일을 한다.

이들이 갖게 된 새로운 우위는 융통성이다. 그리고 융통성과 함께하는 것이 규모다. 사모펀드의 일상 업무에서 한 발짝 벗어나 사모펀드의 큰 그림을 보면 이 융통성의 우위가 분명하게 보일 것이다. 그러면 아직도 이 투자 회사를 '대체' 자산운용사로 불러야 할지 의문이 생길 것이다.

사모펀드를 포함한 사모자본의 규모가 패시브 자산운용업계보다 작은 것은 사실이다. 그렇다고 이들 회사에 여전히 '대체'라는 딱지를 붙이는 것은 시대에 뒤떨어진 느낌이 든다. 참고로, 패시브 자산운용사는 수수료가 훨씬 싸고(예컨대 ETF의 경우 10bp(0.1%)다. 2+20과 비교해보라), 일반적으로 주요 시장지수를 추종한다.

이런 식으로 생각해보자. 상장된 대형 사모펀드 회사의 시가총액을 모두 합하면 2천5백억 달러가 넘고, 이들이 운용하는 자산은 2조5천억 달러가 넘는다. 이들을 선봉으로 그 뒤에 수많은 사모펀드 회사가 줄지어 있다. 이들이 운용하는 자산도 수조 달러를 넘는다. 결코 틈새 산업의 규모라 할 수 없다.

사모펀드는 진화를 거듭해 이제는 업계의 주류가 되었다. 주요 사모펀드 회사는 다양한 투자 전략으로 자본(대부분이 은퇴자의 돈이다)을 운용하는 거대한 주류 액티브 자산운용사다. 이제는 이것을 줄여 MAAMMainstream Active Asset Managers(주류 액티브 자산운용사)이라는 신조어까지 만들 정도다. 이 MAAM을 이끌고 운영하는 사람은 비교적 소수인 '핵심 종업원'이다. 어떤 사모펀드 회사는 신용 및 대출 사업 부문이 엄청나게 크고, 어떤 회사는 주요 보험회사를 소유하고 있고, 어떤 회사는 주로 부동산 투자 펀드를 운용한다. 사모펀드 외에도 투자할 펀드가 많다.

　MAAM으로 흘러 들어가는 자본은 해마다 크게 늘고 있다. 투자자들은 돈을 쉽게 넣었다 뺐다 할 수 없다. 사모자본펀드는 코로나19 팬데믹이나 금융위기 같은 혼란기에 포트폴리오 자산 가치의 변동에도 불구하고 뮤추얼펀드나 ETF와 같은 시장 변동성을 보이지 않는다. 이들은 문을 걸어 잠근 채 참을성 있게 기다리는 자본의 금고다. 그러면서 이 책에서 살펴본 특성을 이용해 끊임없이 성과를 내고 있다. 이 투자 성과로 인해 사모펀드에 연금 프로그램 및 여타 투자자들의 의존도는 커져만 가고 있다. 사모펀드는 진화하기 위해 잘 발전시킨 우위 덕분에 이제는 자산 운용 분야, 더 나아가 금융 서비스 분야의 주류로 인식될 뿐만 아니라 우리 경제의 중요한 한 부분으로 인식되고 있다. 언젠가는 경제 전체에 커다란 영향을 미치는 시스템의 일부로 인식될 수도 있을 것이다.

맺음말

거대 금융의 시대

"우리가 감수할 리스크에 합당한 보상을 받을 수 있겠소?"

무심코 던진 듯한 이 질문은 투자위원회에서 안건을 논의하다 듣게 되는 말 중 가장 본질적이면서도 정곡을 찌르는 말일 것이다. 적당히 둘러대고 빠져나갈 수도 없고, 그렇다고 무시할 수도 없는 질문이다. 잘못된 대답을 하거나 불완전하게 대답하면 신뢰를 상실한다. 사실을 왜곡하거나 은폐하려고 하면 경력이 곧바로 끝난다. 나는 두 가지 경우를 다 목격했다. 하지만 다행스럽게도 관련 데이터를 제시하며 미묘한 차이점을 강조하는 균형 잡힌 대답을 하는 경우를 훨씬 더 많이 봤다. 그 결과는 연금펀드와 여타 투자자들에게서 들어오는 수십억 달러의 투자금이었고, 그것이 몇 배로 증식되어 되돌아가는 수익이었으며, 2+20이나 이것을 약간 변형한 비율의 수수료였다.

투자 프로젝트는 대부분 잘 진행된다. 만약 그렇지 않더라도 관련 전문가들이 늦기 전에 잘못을 바로잡으려고 최선을 다한다. 이들은 자신의 경력을 위해서도 일하지만 자신이 몸담고 있는 회사의 평판을 위해서도 노력한다. 대형 사모펀드 회사는 투자자의 돈을 잘 투자하는 직원뿐만 아니라 수익을 내고 엑시트하는 직원의 공로도 인정한다. 이들은 엄청난 주목을 받는다. 어떤 프로젝트의 리스크 대비 수익을 계산할 때는 당연히 오차가 있을 수 있다. 투자 대상 자산이 일반적으로 비상장 기업이고, 필요하다면 문제를 바로잡아 다시 모멘텀을 얻기 위해 당초 예상보다 투자 기간을 길게 가져가야 할 수도 있기 때문이다. 하지만 심각한 계산 착오가 일어날 여지는 거의 없다. 게다가 간신히 원금을 되찾거나 혹은 그마저도 못 찾고 손해를 보면서 10년 이상 시간을 낭비하고 싶은 사람도 없을 것이다.

질문을 이렇게 뒤집어서 하면 어떨까? 연금 프로그램이나 기타 사모펀드 투자자들이 사모펀드 업계, 더 나아가 사모자본에 이런 질문을 한다면? 기대 수익은 리스크를 감당할 가치가 있을까? 우리가 리스크에 대한 값을 잘못 매기는 것은 아닐까? 사모펀드 전문가와 경영진의 업무 관행, 투자자들에 대한 투명성의 수준, 책임의 정도, 중요한 경제적 역할을 담당하는 상당한 규모의 많은 영업 회사에 미치는 영향력에 동의하는가? 수수료는 오늘날 업계 일부 펀드의 규모에 비추어봤을 때 적절한 수준인가? 수수료 차감 전 수익(총수익)과 사모펀드 몫을 차감한 수익(순수익)의 차이는 받아들일 만한가? 현재 적용되고 있는 인센티브를 이해하고 있는가? 운용 보수와 성과 보수의 상관관계는 이해하고 있는가? 사모펀드 회사의 주가 및 펀드 운용 규모와 펀드 투자 성과의 상관관계는 이해하고 있는가? 사모펀드 프로젝트의 소셜 임팩트는 어떠한가? 체계적 위험은 없는가?

사모펀드를 향한 이런 까다로운 질문이 새로운 것은 아니다. 성과보수의 세율을 소득세율에 맞춰야 한다거나 아니면 둘 사이의 차이를 줄여야 한다는 요구도 마찬가지다. 투자 성과를 높이기 위해 차입 매수 시 이용하는 하이일드 채권 발행에 한도를 정해야 한다는 요구, 투자가 잘못되었을 때 사모펀드 전문가들의 투명성을 높이고 책임을 강화해야 한다는 요구, 사모펀드나 그 밖에 다른 형태의 사모자본이 투자한 기업의 노동자를 보호해야 한다는 요구, 사모펀드 포트폴리오 기업에 대한 연금펀드 투자금의 안전성을 확보해야 한다는 요구, '민감한' 분야의 자산에 대해서는 규제기관이 사모펀드의 자산 매수를 제한해야 한다는 요구, 사모펀드의 기업 경영에 대해 규제기관의 감독을 강화해야 한다는 요구도 마찬가지다.

이런 질문이 제기된 지는 오래되었다. 그동안 열띤 논쟁이 벌어졌지만 아직도 분명한 해결책은 보이지 않는다.

사모펀드 회사와 관련한 신문 기사를 읽다 보면 이 업계에 관한 수많은 오해와 몰이해를 접하게 된다. 물론 개중에는 조금 과열되기는 했지만 매우 타당한 질문도 많다. 외부에서 본다면 신호와 소음을 구분하기 힘들 수도 있을 것이다.

사모펀드의 장점에 관한 논의는 양극화로 치달을 수 있다. 심지어 서로를 공격하는 무기가 되기도 한다. 이 산업에서 창출되는 부의 크기 때문에 무조건 부정적으로 보는 사람들도 있다. 사모펀드에 관한 다음과 같은 비판은 잘 알려져 있다. 상위 극소수의 사람에게 지나치게 많은 부가 쏠린다, 투자 대상 기업에 돌아가는 혜택이 명확히 보이지 않는다, 비즈니스 모델이 과도한 부채에 의존하고 있다, 사모펀드는 투명한 산업이 아니다, 사모펀드가 투자한 기업의 일반 종업원들은 충분한 배려를 받지 못하고 있다는 등의 비판이다. 이런 주장은 이미 언론에서 많이 다루어 오던 것이며 때때로 정치적 관심의 대상이 되기도 했다.

그렇다면 앞으로 나아가야 할 바람직한 방향은 무엇일까? 개인적으로는 참여라고 생각한다. 양 진영의 적대적인 주장을 듣다 보면 차가운 머리와 건설적인 대화가 필요한 시점이라는 사실이 분명해진다. 사모펀드에 대한 이해의 폭이 넓어지면 대중은 우리 경제에서 사모펀드가 창출하는 수익을 바라는 투자자, 이런 일을 수행하고 그에 대한 보상을 받는 사모펀드 회사, 사모펀드의 투자를 받는 기업, 이런 여러 비즈니스를 둘러싼 지역사회, 그리고 궁극적으로는 일반 대중의 공생이 중요하다는 사실을 인정하게 될 것이다. 이 말은 모든 사람이 이런 상호의존성을 좋아해야 한다거나 거기에 동의해야 한다는 뜻이 아니다. 중요한 것은 단지 사모펀드를 인정하는 것이다. 사모펀드가 이미 거대한 산업이 되었을 뿐만 아니라 갈수록 빠르게 성장하고 있다는 사실을 인정해야 한다.

내가 보기에 특히 대형 사모펀드 회사를 중심으로 최근 몇 년 사이에 다양성, 지속가능성, 디스클로저disclosure(기업공개를 말한다. 주식공개뿐만 아니라 기업의 사회적 책임의 견지에서 경제적 업적 공개까지 포함하는 광의의 개념-옮긴이) 등과 같은 큰 주제에서 눈에 띄는 진전이 있었다. 사모펀드 회사가 성장하면 기관이나 고액 순자산 보유 가문뿐만 아니라 부유층, 그리고 규제기관이 허용한다면 일반 소매 투자자까지도 투자하는 하나의 투자 수단으로서 사모펀드에 대한 참여도 늘어날 것이다. 사모자본은 무시하기에는 너무 커졌다.

참여가 늘면 사모펀드와 사모자본을, 그중에서도 특히 대형 사모펀드 회사를 우호적으로 바라보는 시선이 늘어날 것이다. 사모펀드 산업은 이제 주류가 되었다. 점점 더 많은 회사가 1천억 달러 이상을 운용할 것이고, 일부는 1조 달러까지도 운용할 것이다. 금액이 이렇게 커지면 사모자본에 대한 대중의 이해 증진은 필수가 된다. 일반 대중도 아마존 주식이나 애플 주식, 알파벳 주식, 또는 여타 주식 사는 것을 이해하듯 자신이 (혹은 자신의 연금 프로그램이) 어떤 위험과 기회에 노출되어 있는지, 혹은 노출될 가능성이 있는지 이해해야 할 것이다.

대중의 이해 증진을 위해 한 가지 덧붙이자면 사모펀드 투자가 실패하는 일은 드물고, 사모펀드 회사 자체가 망하는 일은 더욱 드물다. 금융위기와 코로나19 팬데믹의 거대한 충격 와중에도 이 산업이 얼마나 안정적이었는지(그리고 얼마나 많은 수익을 냈는지) 보면 알 것이다. 사모펀드가 투자자에게 돌려주는 수익은 거의 언제나 현금으로 지급된다. 이 돈은 실현된 수익이나 투자 소득에서 나오는 것이다. 서류상의 숫자가 아니다. 그리고 이런 일이 경기 순환이나 시장의 변동에도 불구하고 해마다 일어난다. 이런 일이 계속 일어나려면 제대로 잘 돌아가야만 한다.

사모자본은 새로운 거대 금융이다. 금리가 여전히 낮고 사모펀드 회사가 진출하려는 영역에 월스트리트 일부 은행은 절대 들어가지 않으려는 상황이므로 이 산업은 연금펀드의 돈을 더 많이 운용함으로써 은퇴자의 대차대조표에서 차지하는 자신의 몫을 창의적으로 성장시킬 여지가 있다.

사모펀드는 거대한 규모로 액티브 투자를 한다. 이들은 시장을 뒤따르거나 지수를 추종하지 않는다. 사모펀드 회사는 여러 가지 전략으로 항상 자본을 모집한다. 한 손으로는 투자자의 돈을 운용하고 다른 손으로는 수익을 되돌려준다. 고객은 하나 이상의 펀드에 약정하는 추세이며 이들의 사모펀드 의존도는 갈수록 높아지고 있다. 사모펀드 회사는 고성장 사업을 키워냈다. 이들은 항상 승리하고 있다.

이 생태계를 채우는 결합조직은 사모펀드 회사에서 일하며 이끌어가는 '사람'이다. 사모펀드는 갈수록 기술과 데이터 과학의 도움을 많이 받기는 하지만, 결과적으로 사람 장사다. 수익을 올리고 그 대가로 2+20을 버는 적극적 투자 결정을 내리는 것은 사람, 다시 말해 사모펀드 대가들이다. 우리가 의존하는 것은 그들의 판단력이다. 그래서 우리는 그들이 어떻게 일하고, 무엇이 그들을 움직이게 하고, 그들이 투자 자산에 어떤 영향을 미치는지 잘 이해해야 한다. 이 책을 통해 내가 설명하려고 노력했던 것이 바로 그것이다.

사모자본이 투자한 기업의 제품이나 서비스를 구매하든, 연금 프로그램을 통해 사모자본에 투자하든, 혹은 둘 다가 되었든, 우리는 어떤 식으로든 모두 사모펀드의 고객이다. 나는 더 많은 사람이 깨달았으면 한다. 우리의 은퇴 자금과 사랑하는 사람들의 재무적 안전을 확보하기 위한 방편으로 이 거대한 산업에 대한 우리의 의존도가 높아질수록, 더 많은 일반 시민이 사모자본은 어떤 식으로 돌아가고, 이 산업은 어디를 향해 가고 있으며, 이 산업의 개선 방안에 대한 논의에 우리가 기여할 수 있는 것이 무엇인지 알아야 한다.

우리는 모두 사모펀드에 적극적으로 관심을 가져야 한다. 우리 모두가 이 매력적인 게임에 어느 정도 이해관계가 있기 때문이다.

감사의 말

가족의 지원에 감사드린다. 아버지의 권유로 책을 쓰게 되었다. 이 책을 아버지에게 바친다. 자신의 통찰과 견해를 아낌없이 나누어준 업계의 친구와 동료, 그리고 멘토에게 큰 빚을 졌다. 처음부터 이 책에 신뢰를 보여준 뛰어난 에이전트 에릭 룹퍼Eric Lupfer와 재능 있는 편집자 폴 위트래치Paul Whitlatch에게 감사의 말을 전한다. 두 사람의 긍정적 피드백과 현명한 조언이 큰 도움이 되었다. 호기심과 참을성이 많은 두 사람이 없었더라면 이 책도 없었을 것이다. 펭귄 랜덤 하우스의 관계자 여러분에게도 깊은 감사의 말씀을 드린다.

◇ NOTE ◇

◇ NOTE ◇

세상을 움직이는 사모펀드 이야기

초판 발행 · 2023년 9월 8일
지은이 · 사친 카주리아
옮긴이 · 장용원
발행인 · 이종원
발행처 · (주)도서출판 길벗
출판사 등록일 · 1990년 12월 24일
주소 · 서울시 마포구 월드컵로 10길 56(서교동)
대표 전화 · 02)332-0931 | **팩스** · 02)323-0586
홈페이지 · www.gilbut.co.kr | **이메일** · gilbut@gilbut.co.kr

기획 및 책임편집 · 이치영(young@gilbut.co.kr) | **마케팅** · 정경원, 김진영, 최명주, 김도현
제작 · 이준호, 이진혁, 김우식 | **영업관리** · 김명자, 심선숙 | **독자지원** · 윤정아, 최희창

교정교열 · 김은혜 | **디자인** · 바이텍스트
CTP 출력 및 인쇄 · 금강인쇄 | **제본** · 금강제본

ISBN 979-11-407-0607-5 03320
(길벗도서번호 070494)

정가 19,800원

독자의 1초를 아껴주는 정성 길벗출판사
(주)도서출판 길벗 | IT교육서, IT단행본, 경제경영서, 어학&실용서, 인문교양서, 자녀교육서 www.gilbut.co.kr
길벗스쿨 | 국어학습, 수학학습, 어린이교양, 주니어 어학학습, 학습단행본 www.gilbutschool.co.kr